Immobilien im Mixed-Asset Portfolio

Europäische Hochschulschriften

Publications Universitaires Européennes

European University Studies

Reihe V

Volks- und Betriebswirtschaft

Série V Series V

Sciences économiques, gestion d'entreprise

Economics and Management

Bd./Vol. 2995

PETER LANG

Frankfurt am Main · Berlin · Bern · Bruxelles · New York · Oxford · Wien

Isabelle Jandura

Immobilien im Mixed-Asset Portfolio

Eine empirische Analyse des Diversifikationspotentials von Immobilien-Aktien

PETER LANG
Europäischer Verlag der Wissenschaften

Bibliografische Information Der Deutschen Bibliothek
Die Deutsche Bibliothek verzeichnet diese Publikation in der Deutschen Nationalbibliografie; detaillierte bibliografische Daten sind im Internet über <http://dnb.ddb.de> abrufbar.

Zugl.: Freiburg (Breisgau), Univ., Diss., 2003

D 25
ISSN 0531-7339
ISBN 3-631-51202-3

www.peterlang.de

Geleitwort

Die normative Portfoliotheorie und die deskriptive Kapitalmarkttheorie sind mit dem generellen Anspruch entwickelt worden, alle Assetklassen zu erfassen und in die Erklärung der Gleichgewichtspreise sowie die Gestaltung optimaler Vermögensportfolios einzubeziehen. In der Literatur und insbesondere auch in der praktischen Umsetzung beschränkt sich dann aber die Auswahl der Assetklassen auf börsen-gehandelte Wertpapiere. Nicht an hoch organisierten Märkten gehandelte Vermögenswerte wie z.B. direkt gehaltene Immobilien bleiben dagegen unberücksichtigt. Dies ist theoretisch wie vor allem für die praktische Portfoliogestaltung ein sehr unbefriedigender Befund, zumal wenn man den hohen Anteil der Immobilienanlagen am gesamten Vermögen der privaten Haushalte und an den Anlageinvestitionen der Wirtschaft in Betracht zieht.

Forschungsstrategisch stellen sich damit zwei miteinander verbundene Fragen:

(1) Lassen sich Immobilienanlagen in die Moderne Portfoliotheorie integrieren und welche Folgerungen für die praktische Portfoliobildung ergeben sich aus der gefundenen Antwort?

(2) Welche Effekte der Verbesserung der Anlageperformance (gemessen als risikoadjustierte Rendite) lassen sich (ließen sich für die Vergangenheit) durch die Einbeziehung von Immobilienanlagen erzielen?

Frau Jandura widmet sich in ihrer Arbeit intensiv den Möglichkeiten des Einbaus direkter und indirekt, d.h. in verbriefter Form gehaltener Immobilienanlagen in Mixed-Asset Portfolios und ihrer ökonomischen Vorteilhaftigkeit. Die in aufwendigen und methodisch anspruchsvollen empirischen Analysen erarbeiteten Befunde zum Diversifikationspotential von Immobilieninvestments und die daraus abgeleiteten Empfehlungen sind für die wissenschaftliche Analyse wie für die konkrete praktische Umsetzung zu großen Teilen innovativ und wertvoll und werden weitere Forschungsarbeiten anregen und befruchten.

Ich kann daher dieses Buch nur jedem, der sich auf sicherer methodischer Basis mit Fragen der Integration von (indirekten) Immobilien in Assetportfolios befasst, ans Herz legen und bin mir sicher, dass ihm in Theorie und Praxis die gebührende Aufmerksamkeit zuteil wird.

Freiburg, im April 2003 Prof. Dr. Heinz Rehkugler

Vorwort

Die vorliegende Arbeit entstand während meiner Zeit als wissenschaftliche Assistentin am Lehrstuhl für Finanzwirtschaft und Banken an der Albert-Ludwigs-Universität zu Freiburg. Sie wurde im Januar 2003 von der Wirtschafts- und Verhaltenswissenschaftlichen Fakultät der Albert-Ludwigs-Universität als Dissertation angenommen.

Zum Gelingen dieser Arbeit hat eine Vielzahl von Personen direkt oder indirekt beigetragen, denen mein besonderer Dank gilt:

Meinem akademischen Lehrer Herrn Prof. Dr. Heinz Rehkugler danke ich ganz besonders für die wissenschaftliche Betreuung meiner Arbeit und die vielen Freiheiten, die meine Kollegen und ich am Lehrstuhl genossen haben. Herrn Prof. Dr. Dr. h.c. Hans-Hermann Francke sei für die Übernahme des Zweitgutachtens gedankt. Sowohl bei Herrn Prof. Dr. Rehkugler als auch bei Herrn Prof. Dr. Dr. h.c. Francke möchte ich mich außerdem für die Möglichkeit bedanken, an der Deutschen Immobilien Akademie (DIA) den Studiengang Immobilien-Sachverständigenwesen zu absolvieren, der schließlich einen erheblichen Einfluss auf meinen inzwischen eingeschlagenen beruflichen Weg hatte.

Großen Anteil an dem Gelingen dieser Arbeit haben ebenfalls meine ehemaligen Freiburger Kollegen. So haben mir Frau Dipl.-Vw. Ulrike Jedem und Frau Dipl.-Vw. Simone Glunz beim täglichen „Käffchen“ sowohl fachlich als auch freundschaftlich bei meinen Stimmungsschwankungen zur Seite gestanden. Herr Dipl.-Vw. Jarek Morwaski hat mir jederzeit sehr hilfsbereit und geduldig Hilfestellung in theoretischen sowie empirischen Fragestellungen geleistet. Frau Dipl.-Vw. Alexandra Brandner, der Kollegin vom Lehrstuhl gegenüber, gilt mein besonderer Dank für die sorgfältige Durchsicht des Manusskripts. Allen meinen Kollegen und Freunden gilt mein tiefempfundener, herzlicher Dank für Ihre Unterstützung.

Meinen Eltern möchte ich für die grenzenlose Unterstützung meiner schulischen und akademischen Aktivitäten danken. Sie haben mir eine von finanziellen Sorgen befreite Ausbildungs- und Studienzeit sowohl im In- als auch im Ausland ermöglicht und mir bei allen Problemen mit Rat und Tat zur Seite gestanden.

Mein größter Dank gilt jedoch meinem Mann. Er hat mich nicht nur in meiner Entscheidung, in Freiburg zu promovieren, in jeder Hinsicht unterstützt und die daraus resultierende drei-jährige Wochenend-Ehe mit mir durchlitten, sondern auch mit den äußerst fruchtbaren Diskussionen und kritischen Anmerkungen am Telefon oder am Wochenende wesentlich zur Entstehung dieser Arbeit beigetragen. Die gemeinsamen Wochenenden waren mir immer eine erholsame Abwechlung, aus der ich neue Kraft schöpfen konnte. Ihm und meinen Eltern möchte ich diese Arbeit widmen.

Frankfurt, im Juni 2003 Isabelle Jandura

Inhaltsverzeichnis

Abkürzungsverzeichnis

AG	Aktiengesellschaft
AktG	Aktiengesetz
allg.	allgemein
BAK	Bundesaufsichtsamt für das Kreditwesen
BGB	Bürgerliches Gesetzbuch
Bros.	Brothers
BVI	Bundesverband Deutscher Investment- und Vermögensverwaltungs-Gesellschaften e.V.
bzw.	beziehungsweise
ca.	circa
CAPM	Capital Asset Pricing Modell
CMBS	Commercial Mortgage Backed Securities
CPI	Consumer Price Index
CREF	Commingled Real Estate Fund
d.h.	das heißt
DAX	Deutscher Aktienindex
DIMAX	Deutscher Immobilien-Aktien Index
EAI	Evaluation Association Index
EStG	Einkommensteuergesetz
et al.	et alii
etc.	et cetera
f.	folgende
ff.	fortfolgende
FN	Fußnote
FTSE	Financial Times Stock Exchange
GbR	Gesellschaft bürgerlichen Rechts
GewStG	Gewerbesteuergesetz
ggf.	gegebenenfalls

GmbH	Gesellschaft mit beschränkter Haftung
GPR	Global Property Research
HGB	Handelsgesetzbuch
HVB	HypoVereinsbank
i.V.m.	in Verbindung mit
IPD	International Property Data
KAG	Kapitalanlagegesellschaft
KAGG	Gesetz über Kapitalanlagegesellschaften
KG	Kommanditgesellschaft
KStG	Körperschaftsteuergesetz
KWG	Kreditwesengesetz
LOB	Lease Obligation Bond
MBS	Mortgage Backed Securities
Mio.	Millionen
MPT	Moderne Portfolio Theorie
Mrd.	Milliarden
MSCI	Morgan Stanley Capital International
MVP	Minimum Varianz Portfolio
n.	nach
NAREIT	National Association of Real Estate Investment Trusts
NCREIF	National Council of Real Estate Investment Fiduciaries
Nr.	Nummer
o.ä.	oder ähnliche
o.g.	oben genannt
o.V.	ohne Verfasser
OLS	Ordinary Least Square
p.a.	per annum
PPI	Producer Price Index
RARE	Real Asset Residual Equity
REIT	Real Estate Investment Trust
S&P	Standard and Poors
SPV	Special Purpose Vehicle

SR	Sharpe-Ratio
St.	Steuern
TOTMKEU	Total Market Europe (Datastream-Kürzel)
u.a.	unter anderem
U.S.	United States
vgl.	vergleiche
z.B.	zum Beispiel

Abbildungsverzeichnis

Tabellenverzeichnis

1. Einleitung

Das direkte Immobilienvermögen privater Haushalte in Deutschland hat in den letzten Jahren stetig zugenommen und ist von 2.598 Mrd. € Ende 1990 um durchschnittlich 3,73% p.a. auf 3.887 Mrd. € Ende 2001 gestiegen.[1] Wird dieses Immobilienvermögen in Relation zu dem Gesamtvermögen privater Haushalte gesetzt, so zeigt sich, dass Immobilien mit einem Anteil von über 40% eine bedeutende Stellung unter den Kapitalanlageformen einnehmen.[2] Unabhängig davon, ob ein direkter oder ein indirekter Erwerb von Immobilien erfolgt, bleiben die Motive des Käufers i.d.R. die gleichen: Als Sachwert bietet die Immobilie einen hohen Grad an Wertbeständigkeit, die Mieteinnahmen sichern einen regelmäßigen Cash Flow und darüber hinaus besteht die Möglichkeit, an Wertsteigerungen zu partizipieren. Bei der Auswahl der Objekte bzw. der Anlageform tritt neben die klassischen objektorientierten Kriterien wie Lage, Sicherheit und Rentabilität mehr und mehr die portfoliotheoretische Sichtweise, d.h. neben der Rendite und dem Risiko von Immobilienobjekten wird auch deren Effekt auf die Rendite/Risikostruktur eines Gesamtportfolios beachtet.

Aus der Sicht eines privaten Anlegers bedingt der direkte Erwerb einer Immobilie ein hohes Investitionsvolumen sowie umfangreiche Verwaltungstätigkeiten. Zudem stellt eine Immobilie eine relativ langfristig ausgerichtete, unflexible Anlageform dar. Insofern wird es einem typischen Kleinanleger kaum möglich sein, sein Vermögen im Sinne der Portfoliotheorie über mehrere Immobilien und andere Anlageformen zu streuen. Als Alternative zu einer direkten Immobilieninvestition besteht jedoch die Möglichkeit, sich indirekt an einer Immobilie oder an einem Immobilienportfolio zu beteiligen. Als indirekte Beteiligung an einer Immobilie stehen einem Anleger geschlossene Immobilienfonds zur Verfügung; eine Beteiligung an einem Immobilienportfolio kann hingegen über offene Immobilienfonds oder auch Immobilien-Aktien erfolgen. Der Vorteil einer indirekten Immobilieninvestition liegt u.a. im geringeren Verwaltungsaufwand, vor allem aber in den geringeren Mindestanlagebeträgen im Verhältnis zu einer Direktinvestition. Die Attraktivität von offenen Immobilienfonds als eine Form der indirekten Immobilienanlage zeigt sich z.B. im Mittelzufluss. So konnten offene Immobilienfonds in Deutschland im Jahr 2001 einen Mittelzufluss von 7,3 Mrd.

---

1 Diese Angaben beziehen sich auf private Haushalte ohne Organisationen ohne Erwerbszwecke. Wert 2001 nach telefonischer Auskunft der Deutschen Bundesbank vom 18.12.02; vgl. zum Wert 1990 Deutsche Bundesbank (1999), S. 43.

2 Vgl. Deutsche Bundesbank (2002), S. 31.

€ verzeichnen; im Jahr 2002 fiel dieser schon in den ersten 10 Monaten mit 13,9 Mrd. € fast doppelt so hoch aus.[3]

Einem Anleger stehen somit eine Vielzahl an Kapitalanlagemöglichkeiten in Immobilien mit höchst unterschiedlichen Ckarakteristika zur Verfügung. Die wichtige Stellung, die Immobilien im Vermögensportfolio privater Haushalte einnehmen, spiegelt sich jedoch weder in einer intensiven wissenschaftlichen Behandlung dieser Anlageform in der Literatur noch in einer praktischen Umsetzung in entsprechende Managementkonzepte von Immobilienanlagen wider. Dies lässt sich möglicherweise damit erklären, dass Immobilien bisher als eine eher „passive Vermögensanlage und Sicherheit für schlechte Zeiten" verstanden wurden. Zunehmend werden Immobilien jedoch als Kapitalanlage gesehen, die mit anderen Anlageformen in Konkurrenz im Werben um das anzulegende Kapital tritt. Dieser Effekt wird verstärkt durch den in Deutschland in den letzten Jahren zu beobachtenden Abbau steuerlicher Vorteile für Immobilien, so dass die Rendite vor Steuern sich zunehmend der Rendite nach Steuern angleicht und die ursprüngliche Sonderstellung von Immobilieninvestitionen sukzessive beendet.

1.1. Problemstellung und Zielsetzung

Für private oder institutionelle Investoren stellt eine Immobilie eine Alternative zu anderen Formen der Kapitalanlage dar. Daher wird ein professioneller Anleger an Immobilieninvestitionen die gleichen Anforderungen stellen wie an andere Kapitalanlagen. Rationale risikoaverse Investoren werden versuchen, eine Kombination von Kapitalanlagen in Immobilien und/oder Finanzanlagen zu bilden, bei der eine möglichst hohe Risikoprämie für das eingegangene Risiko erzielt werden kann. Zentraler Ausgangspunkt für solche Überlegungen ist das bahnbrechende Modell von Markowitz.[4] Wendet ein Investor dieses Modell zur Portfolioselektion an, dann übernimmt er stillschweigend auch die darin getroffenen Annahmen. Da die Eigenschaften von Immobilieninvestitionen sich jedoch in einem erheblichen Maße von den Charakteristika anderer Anlageformen unterscheiden, dürfte eine Übertragbarkeit der Portfolio-Selektion auf diese Anlageform nicht problemlos möglich sein.

Für eine grundlegende Behandlung der Immobilie als Kapitalanlage stellt sich in einem ersten Schritt die Frage, welche Anlageformen sowohl privaten als auch institutionellen Investoren auf dem Immobilienmarkt zur Verfügung stehen und nach welchen Kriterien diese unterteilt werden können. Anschließend steht ein Anleger vor der Frage, ob bewährte Modelle des Portfoliomanagements auf die Kapitalanlagen in Immobilien übertragen werden können und wenn ja, welche Diversifikationseffekte sich durch eine Mischung von Immobilienanlagen bzw.

---

[3] Vgl. BVI (2002).
[4] Vgl. Markowitz (1952) sowie Markowitz (1959).

durch eine Mischung dieser Anlagen mit anderen (Finanz-)Anlagen erzielen ließen.

Es ergeben sich folglich zwei aufeinander aufbauende Zielsetzungen:

1. **Anwendbarkeit der Modernen Portfolio Theorie (MPT) auf Immobilienanlagen**

   Auf der Basis einer Darstellung der sich einem Investor auf dem Immobilienmarkt bietenden Anlagemöglichkeiten soll die Anwendbarkeit der MPT auf diese Kapitalanlagen in Immobilien diskutiert werden.

2. **Messung des Diversifikationspotentials von Immobilien im Rahmen von Mixed-Asset Portfolios.**

   Für Aktien, Renten und diejenigen Immobilienanlageformen, die die Prämissen der MPT erfüllen oder die für die durchzuführenden Analysen eine adäquate Preisfindung aufweisen, sollen die Rendite-/Risikocharakteristika verglichen werden, bevor anhand von verschiedenen Verfahren das Diversifikationspotential dieser Assetklassen im Rahmen von Mixed-Asset Portfolios auf der Basis historischer Daten quantifiziert wird.

1.2. Aufbau der Arbeit

Durch die aufeinander aufbauenden Zielsetzungen ist der Verlauf der Arbeit bereits im wesentlichen vorgegeben. Den Schwerpunkt bildet die Darstellung der Immobilienanlage-formen auf dem Immobilienmarkt (Kapitel 2), die Diskussion der Anwendbarkeit der MPT auf diese einzelnen Anlageformen (Kapitel 3.3.) sowie die Quantifizierung des Diversifikationspotentials von Immobilien im Rahmen eines Mixed-Asset Portfolios (4.3.). Die Inhalte der einzelnen Kapitel werden nachfolgend kurz beschrieben. Abbildung 1 stellt den Aufbau der Arbeit schematisch dar.

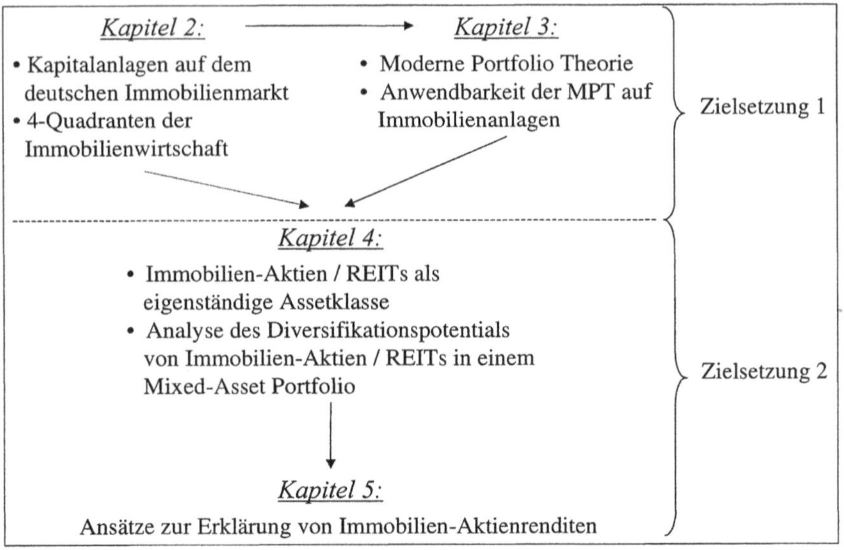

Abbildung 1: Aufbau der Arbeit

Als Ausgangspunkt der vorliegenden Arbeit werden in Kapitel 2 die sich einem Investor auf dem Immobilienmarkt bietenden Anlageformen dargestellt und anschließend in das Konzept der 4-Quadranten der Immobilienwirtschaft eingegliedert. Dieses aus den USA stammende Konzept baut auf einer Einteilung der Immobilienanlageformen in Eigen-/ und Fremdkapitalanlagen sowie in börsengehandelte und nicht-börsengehandelte Anlageformen auf. Dieses Konzept wird in Kapital 2.3. beschrieben sowie die sich aus ihm ergebenden Vorteile dargelegt. Eine Gliederung der Immobilienanlagemöglichkeiten in Eigen- bzw. Fremdkapitalanlagen basiert auf der Auffassung, dass sich eine direkte Immobilieninvestition in einen eigenkapital- und einen rentenähnlichen Zahlungsstrom aufspalten lässt. Diese Cash-Flow Komponenten werden in Kapitel 2.4. erläutert. Schließlich erfolgt in Abschnitt 2.5. eine Darstellung spezieller ausländischer Immobilienanlagen, da sie sich in verschiedenen Punkten von den deutschen Immobilienanlageformen unterscheiden und in den empirischen Teil dieser Arbeit einfließen.

Im dritten Kapitel werden zuerst allgemein die Grundlagen des Portfolio-Managements dargelegt. Dabei wird auf die Portfolio-Selektion unter Anwendung des μ/σ-Prinzips eingegangen sowie der Asset-Allocation Prozess dargestellt. Im Anschluss werden die Möglichkeiten einer effizienten Diversifikation mit direkten Immobilieninvestitionen beschrieben und bisherige Untersuchungen ihres Diversifikationspotentials dargestellt. In Kapitel 3.3. werden die der MPT zugrundeliegenden Prämissen und deren Bedeutung für den Optimierungsprozess vorgestellt, bevor für die einzelnen Immobilienanlagemöglichkeiten die Erfüllung dieser Prämissen diskutiert wird. Eine kritische Würdigung dieser Ergebnisse schließt dieses Kapitel sowie den theoretischen Teil der Arbeit ab.

Im Rahmen des empirischen Teils dieser Arbeit steht die Quantifizierung des Diversifikationspotentials von Immobilienanlageformen im Rahmen von Mixed-Asset Portfolios sowie der Vergleich der Ergebnisse für den europäischen und den amerikanischen Immobilienmarkt im Mittelpunkt. Dabei werden diejenigen Immobilienanlagen vernachlässigt, die die Prämissen der Modernen Portfolio Theorie nicht erfüllen, die für die durchzuführenden Analysen eine nicht adäquate Preisfindung aufweisen oder für die keine ausreichende Datenverfügbarkeit gegeben ist, so dass letztlich nur Immobilien-Aktien betrachtet werden können. In einem ersten Schritt werden in Kapitel 4.1. die Vorgehensweisen und Ergebnisse bisheriger Untersuchungen des Diversifikationspotentials von Immobilien-Aktien bzw. REITs dargestellt, ehe das Untersuchungsziel und die Vorgehensweise der eigenen empirischen Analysen erläutert wird. Eine effiziente Portfoliodiversifikation setzt das Vorliegen von in sich homogenen und untereinander heterogenen Assetklassen voraus, so dass in Abschnitt 4.3.1. zunächst untersucht wird, ob Immobilien-Aktien bzw. REITs sich von den sonstigen Aktien so unterscheiden, dass von dem Vorliegen einer eigenständigen Assetklasse ausgegangen werden kann. Im Anschluss daran wird mittels einer Korrelationsanalyse sowie einer ex-post Optimierung von Mixed-Asset Portfolios das Diversifikationspotential von Immobilien-Aktien bzw. REITs quantifiziert. Ein Vergleich des Erfolgs verschiedener Anlagestrategien von Mixed-Asset Portfolios wird in Abschnitt 4.3.4. zeigen, ob eine konservative, eine aggressive oder eine naive Strategie in der Vergangenheit erfolgreicher gewesen wäre. Eine Zusammenfassung der empirischen Ergebnisse schließt dieses Kapitel ab.

Im fünften Kapitel wird schließlich der Frage nachgegangen, welche Risikofaktoren die Renditeentwicklung von Immobilien-Aktien und im Vergleich dazu die sonstigen Aktien beeinflussen. In einem ersten Schritt wird ein Marktmodell zur Erklärung der Renditeentwicklung von Immobilien-Aktien und sonstigen Aktien geschätzt, um eine Aussage über den Einfluss des Marktindizes auf diese beiden Anlageformen ableiten zu können. Im Anschluss daran wird untersucht, ob eventuell makroökonomische Faktoren einen systematischen Einfluss auf die Renditeentwicklungen von Immobilien-Aktien und sonstigen Aktien haben. Eine vergleichende Diskussion der Ergebnisse für die beiden Anlageformen sowie der Ergebnisse im Zeitablauf beendet dieses Kapitel.

Das sechste Kapitel rundet die Arbeit mit einer Zusammenfassung der im Laufe dieser Arbeit gewonnenen Erkenntnisse sowie einer Formulierung ihrer Konsequenzen für das Management von Mixed-Asset Portfolios unter Einbeziehung von Immobilien-Aktien, Renten und sonstigen Aktien ab.

„Somebody rolled a rock in front of a cave and created real estate by distinguishing that natural void from the void around it.“[5]
(J.A. Graaskamp)

2. Kapitalanlage in Immobilien

Folgt man der bisher in Deutschland üblichen Auffassung von Immobilieninvestitionen, so fallen darunter die klassischen Direktinvestitionen sowie die Beteiligungen an offenen und geschlossenen Fonds. Neben diesen Anlageformen gewinnt neuerdings auch das Halten von Immobilienaktien an Bedeutung. Diese Anlageformen haben gemeinsam, dass es sich jeweils um reine Eigenkapitalbeteiligungen handelt. Es wäre jedoch ebenfalls denkbar, mit Fremdkapital an den Entwicklungen des Immobilienmarktes zu partizipieren. Auf dem amerikanischen Immobilienmarkt hat sich diese weiter gefasste Auslegung von Immobilien-anlagemöglichkeiten durchgesetzt.[6] Dort werden die Immobilienanlageformen in Eigenkapital- und Fremdkapitalanlagen einerseits und nicht-börsennotierte und börsennotierte Anlageformen andererseits unterteilt, so dass schließlich die *4-Quadranten der Immobilienwirtschaft* resultieren.

Bei einer genaueren Betrachtung von Immobilienanlagen zeigt sich nämlich, dass sie in einen eigenkapitalähnlichen (Barwert der aus zukünftigen Mietverträgen resultierenden Zahlungen) und einen rentenähnlichen Zahlungsstrom (Barwert der aus dem bestehenden Mietvertrag resultierenden Zahlungen) zerlegt werden können. Diese Zerlegung der Zahlungsströme scheint nicht nur für direkte Immobilien, sondern für alle Eigenkapitalanlagen in Immobilien möglich. Da beide Zahlungsströme von unterschiedlichen Risikofaktoren beeinflusst werden, sollten deren Charakteristika bei der Zusammenstellung von Immobilienportfolios berücksichtigt werden.

Auf diese Auslegung aufbauend werden in der Folge die verschiedenen Immobilienanlagemöglichkeiten erläutert, um das Anlagespektrum für einen Investor auf dem deutschen Immobilienmarkt darzustellen. Anschließend wird herausgearbeitet, wie die Erweiterung der Sicht auf die 4-Quadranten der Immobilienwirtschaft die Diversifikation eines Immobilienportfolios verbessern könnte. Schließlich wird der Grundgedanke der Zerlegung von direkten Immobilienanlagen in einen rentenähnlichen und in einen eigenkapitalähnlichen Zahlungsstrom sowie die daraus resultierenden Auswirkungen beschrieben.

---

5 Graaskamp (1991), S. 52.
6 Vgl. Hudson-Wilson (2001), Hudson-Wilson/Elbaum (1995) sowie Gordon (1994).

2.1. Anlage mit Eigenkapitalcharakter

Eine Eigenkapitalanlage zeichnet sich dadurch aus, dass „(...) *der Finanzierungsbeitrag jedes Eigenkapitalgebers durch einen Anspruch auf eine Quote des aus einem Unternehmen fließenden Netto-Zahlungsstroms entlohnt*"[7] wird. Es handelt sich somit um eine Eigenkapitalanlage in Immobilien, wenn sich der Investor an einem Immobilienvermögen beteiligt und die Rendite auf diesen Kapitaleinsatz von der Ertragskraft und dem Wertsteigerungspotential der jeweiligen Immobilien abhängt. Während es sich bei direkten Immobilienanlagen um eine unmittelbare Investition in eine spezifische Immobilie handelt, stellt eine indirekte Immobilienanlage eine mittelbare Beteiligung an einem Immobilienvermögen dar. Zusätzlich zu der Unterteilung in direkte und indirekte Immobilienanlagen lassen sich (indirekte) Kapitalanlagen in Immobilien danach unterscheiden, ob es sich um börsennotierte oder nicht-börsennotierte Anlageformen handelt. Im folgenden werden die einzelnen Immobilienanlagen mit Eigenkapitalcharakter beschrieben, wobei zuerst auf die nicht-börsennotierten und anschließend auf die börsennotierten Anlageformen eingegangen wird.

2.1.1. Nicht-börsengehandelte Immobilienanlagen

2.1.1.1. Direkte Immobilienanlage

Eine Immobiliendirektanlage, die traditionelle Form der Kapitalanlage in Immobilien, entspricht dem unmittelbaren Eigentumserwerb an einem Grundstück. Die rechtliche Definition von Immobilien setzt in Deutschland beim Grundstücksbegriff an und umfasst neben dem Grundstück „(...) *die mit dem Grund und Boden fest verbundenen Sachen, insbesondere Gebäude, sowie Erzeugnisse des Grundstücks, solange sie mit dem Boden zusammenhängen*"(§ 94 I Satz 1 BGB). Neben dieser juristischen Begriffsbestimmung lassen sich Immobilien auch an Hand ihrer physisch-materiellen und wirtschaftlichen Eigenschaften definieren.

Immobilien stellen eine Einheit von Boden und dazugehörigen Gebäudestrukturen dar, die sich vor allem durch Immobilität, Heterogenität sowie Unzerstörbarkeit des Bodens auszeichnen.[8] Liegenschaften grenzen sich insofern von anderen Anlagegütern ab, als dass sie als Ganzes an einen bestimmten Standort gebunden sind (Immobilität). Die konkrete Lage einer Immobilie ist grundsätzlich einzigartig und kann aufgrund wertbestimmender Externalitäten, ihrer Vor- und Nachteile weder dupliziert noch transferiert werden (Heterogenität). Während Gebäudestrukturen durch Abnutzung, mangelnden Unterhalt, Brände, Unwetterkatastrophen etc. in ihrer Funktion beeinträchtigt oder aufgrund veränderter Nachfragestrukturen nicht mehr

---

7 Schmidt/Terberger (1996), S. 428.

8 Vgl. hier und in der Folge Suter (1995), S. 8.

benötigt werden, bleibt der Boden prinzipiell erhalten und kann unter der Voraussetzung einer entsprechenden Investition einem neuen Nutzungszweck zugeführt werden (Unzerstörbarkeit des Bodens).[9]

Bei einer direkten Immobilieninvestition steht jedoch weniger der Erwerb der eigentlichen Gebäudestrukturen einer Liegenschaft als vielmehr der Erwerb der Fläche in wirtschaftlicher Hinsicht im Vordergrund. Für einen Anleger ist es entscheidend, welche Einzahlungsüberschüsse sich durch den Erwerb einer Immobilie realisieren lassen. Insofern wird die raumbezogene Begriffsbestimmung von Immobilien um einen Zeitfaktor ergänzt (man spricht z.B. von Wohnung pro Monat, Hotelzimmer pro Nacht oder einer Tennishalle pro Stunde) und mit diesem Ertragsstreben in Verbindung gebracht, so dass Immobilien im wirtschaftlichen Sinne als „money flows over time" definiert werden können.[10] Im Zusammenhang mit dem wirtschaftlichen Erfolg einer Immobilie steht die bestehende bzw. potentielle Nutzung und Verwendung eines Immobilienobjektes, wobei grundsätzlich zwei Immobilientypen zu unterscheiden sind: Wohnimmobilien und Gewerbeimmobilien. Unter dem Begriff der Wohnimmobilien lassen sich Objekte wie Eigentumswohnungen, Einfamilienhäuser, Zwei- und Mehrfamilienhäuser oder Wohnheime zusammenfassen, „(...) *bei denen die Befriedigung von menschlichen Bedürfnissen nach Wohnen im Vordergrund steht.*"[11] Im Gegensatz dazu stehen Gewerbeimmobilien, die meist als Residualgröße interpretiert werden, d.h. Immobilien, die nicht oder nicht überwiegend zu Wohnzwecken dienen. Zu dieser Gruppe zählen Büroimmobilien, Handelsimmobilien, Beherbergungsimmobilien sowie Freizeitimmobilien.

Eine direkte Immobilienanlage stellt keine Kapitalanlage in abstrakte Vermögenswerte dar, sondern ist eine Realinvestition mit Anlagecharakter, die von einem hohen Kapitaleinsatz gekennzeichnet ist und zusätzlich erhebliche Transaktionskosten auslöst.[12] Das Eigentum an einer Immobilie erfordert eine „(...) *responsibility for the complete operation of the investment as a business*"[13] und bedingt daher einen erheblichen Verwaltungsaufwand. Soll das Engagement wirtschaftlich erfolgreich sein, wäre es zudem zweckmäßig, wenn der Immobilieneigentümer über spezifisches Wissen über den Immobilienmarkt sowie das jeweilige Objekt verfügt. Der Verwaltungsaufwand ließe sich aber einschränken, indem ein Immobilieneigentümer diesen an eine professionelle Immobilienverwaltung abgibt. Der Immobilieneigentümer besitzt jedoch die

---

9 Einschränkungen sind hier aufgrund von Altlasten (= Grundstücke, sofern durch sie schädliche Bodenveränderungen oder sonstige Gefahren für den einzelnen oder die Allgemeinheit hervorgerufen werden) anzubringen. Für eine Darstellung der Altlastenproblematik sowie der rechtlichen Konsequenzen vgl. Sparwasser (2000).

10 Vgl. Graaskamp (1991), S.53 und Pyhrr et al. (1989), S. 4.

11 Maier (1999), S. 53.

12 Vgl. Suter (1995), S. 14 sowie Jandura/Rehkugler (2001), S. 130.

13 Wurtzebach/Miles (1995), S. 601.

volle Entscheidungsfreiheit über die Immobilie und kann so die Erträge aus der Immobilie -unter Berücksichtigung der Situation am Immobilienmarkt- selbst beeinflussen. Eine gewisse Beschränkung dieser Entscheidungsfreiheit kann existieren, wenn es sich bei der Immobilie um einen Miteigentumsanteil handelt und somit innerhalb einer Eigentümergemeinschaft über die Immobilie abgestimmt wird.

2.1.1.2. Indirekte Immobilienanlagen durch Kapitalsammelstellen

Neben der direkten Anlage in Immobilien kann sich der Investor auch indirekt an Immobilien beteiligen. Dabei stehen dem Anleger zum einen offene, zum anderen geschlossene Immobilienfonds zur Verfügung, wobei es sich in beiden Fällen um nicht-börsengehandelte Anteile handelt. Offene und geschlossene Immobilienfonds können als eine „(...) *der unternehmerischen Investition in alle Arten von Immobilien gewidmete, organisatorische Ausprägung der gemeinschaftlichen Kapitalanlage bezeichnet werden, bei der ein qualifiziertes Management in Fremdverwaltung und für Rechnung der Anleger die bei der Immobilieninvestition notwendigen unternehmerischen Entscheidungen fachmännisch vornimmt*“[14] verstanden werden.

Geschlossene Immobilienfonds

Geschlossene Immobilienfonds *sind in ihrer rechtlichen Gestaltung weitgehend frei und nur an die allgemeinen Vorschriften des HGB und BGB gebunden.*[15] *Die Fonds sind meist unter steuerlichen Gesichtspunkten als Personengesellschaften aufgelegt und werden entweder in der Rechtsform einer Gesellschaft bürgerlichen Rechts (GbR) oder einer Kommanditgesellschaft (KG) geführt.*

Die Gesellschafter eines geschlossenen Immobilienfonds in der Rechtsform der GbR bilden eine Interessengemeinschaft, deren Zweck in dem Erwerb, der Bebauung, der Vermietung und der Verwaltung von Immobilien liegt. Die GbR-Gesellschafter sind dabei keine direkten Eigentümer der Fonds-Immobilien, sondern lediglich Inhaber von Gesellschaftsrechten an einem Immobilien-Gesamthandsvermögen.[16] Um zu verhindern, dass sämtliche Gesellschafter als Eigentümer des Immobilienobjektes ins Grundbuch eingetragen werden müssen und zur Verbesserung der Handlungsfähigkeit des Fonds wird üblicherweise ein Treuhänder als juristischer Eigentümer in das Grundbuch eingetragen, verbunden mit einer Auflassungsvormerkung für die Gesellschafter. Dabei existieren zwei Möglichkeiten der Einbindung des Treuhänders in die Gestaltung eines GbR-Fonds:[17] Tritt der Treuhänder als Geschäftsführer nach

---

14 Abromeit-Kremser (1986), S. 32.
15 Vgl. Schlag (1995), S. 22.
16 Vgl. Tiemann (1998), S. 601.
17 Vgl. hier und in der Folge Schlag (1995), S. 24 f sowie Kurth/Grass (1990), S. 57 f.

außen unbeschränkt im Namen und für Rechnung der Gesellschafter auf und legt im Innenverhältnis Rechnung über seine Tätigkeit gegenüber den Anlegern ab, so handelt es sich um einen sog. *Verwaltungstreuhänder*. Im Gegensatz dazu besteht die Möglichkeit, dass der Treuhänder nach außen zwar für Rechnung der Anleger aber in eigenem Namen auftritt. Die Stellung im Innenverhältnis dieses sog. *Beteiligungstreuhänders* wird in diesem Falle im Gesellschaftsvertrag geregelt. Ein geschlossener Immobilienfonds in der Rechtsform der GbR ist eine Gesamthandsgemeinschaft mit grundsätzlich unbeschränkter und gesamtschuldnerischer Haftung der Gesellschafter. Dieser Haftungsumfang der Anleger wird in der Praxis meist durch eine Modifizierung des Gesellschaftsvertrages beschränkt.[18]

Die am häufigsten auftretende Konstruktion geschlossener Immobilienfonds ist jedoch die vermögensverwaltende Kommanditgesellschaft (KG). Die persönlich haftenden Gesellschafter (Komplementäre) gehören meist dem Initiatorenkreis des Fonds an und haften unbeschränkt für die Verbindlichkeiten der Gesellschaft. Für diese Haftung und die Geschäftsführung bzw. Vertretung der KG erhalten die Komplementäre in der Regel eine feste Vergütung. Im Gegensatz dazu ist die Haftung sowie der Verlust der Kommanditisten auf den Betrag ihrer Vermögensanlage beschränkt, während ihr Anteil am Gewinn sowie am Auseinandersetzungsguthaben des Fonds unbeschränkt, d.h. abhängig von ihrem prozentualen Anteil an der Gesamtzeichnungssumme ist.

Auch in der vermögensverwaltenden KG ist der Einsatz eines Treuhänders üblich. Dieser tritt nach außen im eigenen Namen und für Rechnung der Anleger auf, während ein Treuhandvertrag das Verhältnis zwischen Treugebern und Treuhänder regelt, der die Anleger in allen Elementen rechtlich so stellt, als wären sie selbst Kommanditisten.[19] Der Treuhänder hält im eigenen Namen das Zeichnungskapital aller Anleger und wird als alleiniger *Treuhand-Kommanditist* in das Grundbuch eingetragen. Rechtlicher Eigentümer des Immobilien-Gesamthandsvermögen und als solcher eingetragen ist jedoch die KG.

Eine besondere Stellung unter den KG-Fonds nehmen die Gesellschaften mit einer GmbH als persönlich haftende Gesellschafterin in Form einer GmbH & Co. KG ein. Sind bei einem Fonds in Form der GmbH & Co. KG ausschließlich eine oder mehrere Kapitalgesellschaften persönlich haftende Gesellschafter und sind nur diese oder Personen, die nicht Gesellschafter sind, zur Geschäftsführung befugt, so handelt es sich aus steuerlicher Sicht um eine

---

[18] Als Sonderform der GbR ist die „Gesellschaft bürgerlichen Rechts mit auf das Gesellschaftsvermögen beschränkter Haftung" entstanden, bei der die Haftung der Zeichner im Gesellschaftsvertrag ausdrücklich auf das Fondsvermögen begrenzt wird, so dass die wirtschaftliche Stellung eines GbR-Gesellschafters weitgehend identisch mit der eines Kommanditisten ist. Vgl. Tiemann (1998), S. 602, Nann (1998), S. 80 f sowie Schlag (1995), S. 27.

[19] Vgl. hier und in der Folge Opitz (1998), S. 76.

gewerblich geprägte Personengesellschaft.[20] Die Anleger eines solchen Fonds erzielen Einkünfte aus Gewerbebetrieb (§ 15 EStG), auf der Ebene der Gesellschaft unterliegen die Gewinne zudem der Gewerbesteuer. Wird hingegen einer der Kommanditisten zur Geschäftsführung bestellt, lässt sich eine durch die Rechtsform geprägte Gewerblichkeit umgehen und somit für die Anleger die Einkunftsart Vermietung und Verpachtung (§ 21 EStG) erhalten.

Die Auflegung eines geschlossenen Immobilienfonds erfolgt in der Regel im Hinblick auf eine (oder mehrere) spezifische Immobilie(n). Für die Anleger eines geschlossenen Immobilienfonds besteht daher meist eine engere und längerfristige Bindung an das Anlageobjekt. Ist die im vorhinein festgelegte Zeichnungssumme erreicht, wird der Fonds geschlossen, d.h. es werden keine weiteren Fondsanteile ausgegeben.[21] Zudem gilt bei einem geschlossenen Fonds das sog. „*closed-end*" Prinzip, d.h. es besteht keine Rücknahme-verpflichtung der Anteilscheine von Seiten der Fondsverwaltung. Dieser erheblichen Einschränkung der Fungibilität wird zunehmend durch einen von den Fondsinitiatoren organisierten Zweitmarkt entgegengewirkt.[22]

Offene Immobilienfonds

Seit 1969 die besonderen Vorschriften für Grundstücks-Sondervermögen in das Gesetz über Kapitalanlagegesellschaften (KAGG) eingefügt wurden, bildet dieses die gesetzlichen Rahmenbedingungen für *offene Immobilienfonds*. Durch die in § 2 I KAGG vorgenommene Einstufung als Kreditinstitut unterliegen die offenen Immobilienfonds zusätzlich dem Kreditwesengesetz (KWG) und daher der laufenden Kontrolle des Bundesaufsichtsamtes für das Kreditwesen (BAK).

Die Struktur eines offenen Immobilienfonds ist im wesentlichen gekennzeichnet durch die Kapitalanlagegesellschaft, das Grundstücks-Sondervermögen sowie die Depotbank, wobei diese drei Bestandteile oft als „*Investmentdreieck*"[23] bezeichnet werden.

Der *Kapitalanlagegesellschaft* (KAG) obliegt die Verwaltung des in Grundstücke und liquide Mittel investierten Sondervermögens, das als solches kein eigenes Rechtssubjekt darstellt und strikt von dem Vermögen der verwaltenden Gesellschaft getrennt bleibt.[24] Dabei kann die KAG entweder in der Rechtsform der GmbH oder als AG betrieben werden, wodurch die Anwendung der umfassenden Regelungen des Aktiengesetzes bzw. des GmbH-Gesetzes sichergestellt wird.[25]

---

20 § 15 Abs. 3 Nr.2 EStG

21 Vgl. hier und in der Folge Abromeit-Kremser (1986), S. 70 f.

22 Die Fondsinitiatoren sind am ehesten in der Lage, den Anteilseignern bei der Suche nach einem Abnehmer des Fondsanteils Hilfestellung zu leisten. Vgl. Tiemann (1998), S. 619.

23 Vgl. Laux/Ohl (1988), S. 16.

24 Vgl. Schlag (1995), S. 7, Bone-Winkel (1994), S. 67 f sowie Laux/Ohl (1988), S. 16 f.

25 Vgl. Laux/Ohl (1988), S. 23.

Das *Grundstücks-Sondervermögen*[26] setzt sich aus den von den Anlegern eingezahlten Geldbeträgen zusammen bzw. den damit angeschafften Grundstücken und grundstücksgleichen Rechten, aus dem Guthaben bei der Depotbank sowie den zur Liquiditätsvorsorge erworbenen Wertpapieren.[27] Es wird unter dem Gesichtspunkt des Anlegerschutzes strikt getrennt von dem Besitz der KAG aufbewahrt und ist kraft Gesetz von jeglicher Haftung für Verbindlichkeiten der KAG bzw. im Falle deren Konkurses ausdrücklich von der Konkursmasse ausgenommen.[28] Zum Zweck der Risikomischung darf nach § 28 I KAGG ein Grundstück nicht mehr als 15% des Wertes des Sondervermögens übersteigen, wobei der Gesamtwert aller Grundstücke, deren einzelne Werte mehr als 10% des Wertes des Sondervermögens beträgt, 50% dieses Wertes nicht übersteigen darf. Insofern muss sich das Grundstücks-Sondervermögen aus mind. 8 Grundstücken zusammensetzen.

Die *Depotbank* hat neben zahlreichen Überwachungs- und Kontrollfunktionen die Aufgabe der Verwahrtätigkeit der Bankguthaben und Wertpapiere, der Ausgabe und Rücknahme der Anteilscheine, der Schutzfunktion bei der Wahrnehmung von Interessen der Anleger gegenüber der KAG sowie der Ermittlung des Anteilwertes unter Mitwirkung der KAG (§12, 21, 31 I KAGG).

Diesen drei Pfeilern sind zwei weitere Institutionen beigeordnet: der Aufsichtsrat sowie der Sachverständigenausschuss. Die Aufgabe des rechtsformunabhängigen Aufsichtsrates besteht in der Überwachung der Geschäftspolitik des Fondsmanagements.[29] Der Sachverständigen-ausschuss ist ausschließlich für die Bewertung der im Grundstücks-Sondervermögen befindlichen Objekte zuständig.[30] Die mind. drei Mitglieder des Ausschusses müssen unabhängige, zuverlässige und fachlich geeignete Persönlichkeiten mit besonderer Erfahrung auf dem Gebiet der Immobilienbewertung sein und dürfen maximal fünf Jahre für die KAG tätig sein (§32 KAGG).

Der offene Immobilienfonds ist dadurch gekennzeichnet, dass er das offene Emissionsprinzip mit dem „open-end"-Prinzip verbindet. Das offene Emissionsprinzip bedeutet, dass kontinuierlich Anteilscheine ausgegeben werden, so dass im Rahmen der Anlagepolitik die Investitionen auf das Mittelaufkommen ausgerichtet werden müssen.[31] Das *„open-end"*-Prinzip hingegen garantiert die jederzeitige Rücknahme von Zertifikaten zum jeweiligen

---

26 Einer KAG ist es erlaubt, mehrere Sondervermögen zu bilden (§6 III KAGG). Sie müssen jedoch durch ihre Bezeichnung unterscheidbar sein und ihre Vermögensmassen getrennt gehalten werden. Vgl. Laux/Ohl (1988), S. 27.

27 Vgl. Bone-Winkel (1994), S. 69 sowie Laux/Ohl (1988), S. 27.

28 Vgl. Baur (1997), S. 981, Bone-Winkel (1994), S. 69 sowie Laux/Ohl (1988), S. 26 f.

29 Vgl. Schlag (1995), S. 8.

30 §32 I KAGG. Vgl. zur ausführlichen Darstellung der Aufgaben des Sachverständigenausschusses Baur (1997), S. 1021 ff.

31 Vgl. hier und in der Folge Abromeit-Kremser (1986), S. 70 f.

Anteilwert, d.h. dem anteiligen Verkehrswert aller im Sondervermögen befindlichen Vermögenswerte. Diese Form der Kapitalanlage in Immobilien ist daher in hohem Maße fungibel und spricht eine breite Anlegerschaft an.[32]

Neben den offenen Publikums-Immobilienfonds existieren offene Immobilien-Spezialfonds, deren Vermögen von nicht mehr als zehn Anteilinhabern, die nicht natürliche Personen sind, gehalten werden dürfen und deren Anteilscheine nur mit Zustimmung der KAG von den Anteilinhabern übertragen werden dürfen.[33] Bei diesen Spezialfonds lassen sich zwei Varianten unterscheiden: (1) der „Individualfonds", bei dem ein Unternehmen seinen Immobilienbestand in einen Fonds einbringt, an dem das Unternehmen wiederum Anteile zeichnet oder (2) der „Fresh-Money Fonds", bei dem Investoren einer KAG Gelder zur Verfügung stellen, mit denen die Gesellschaft neue Immobilien für den Fonds erwirbt.[34] Es handelt sich bei Spezialfonds um ein auf institutionelle Investoren zugeschnittenes Anlageprodukt.[35]

Eine indirekte Beteiligung an einem Immobilienbestand (geschlossene bzw. offene Immobilienfonds) ist im Gegensatz zu einer direkten Immobilienanlage dadurch gekennzeichnet, dass sämtliche die Immobilienverwaltung betreffenden Tätigkeiten von dem Fonds übernommen werden und sich für den Anleger nur ein geringer Zeitaufwand für die Verwaltung seiner Fondsbeteiligung ergibt. Bezüglich der Mindestanlagebeträge weisen offene bzw. geschlossene Fonds zwar sehr große Unterschiede auf, aber gegenüber einer direkten Immobilienanlage fallen die Beträge besonders bei offenen Immobilienfonds niedriger aus.

2.1.2. Börsengehandelte Immobilienanlage

Neben den im Abschnitt 2.1.1. dargestellten nicht-börsengehandelten Immobilienanlagen besteht mit einer Beteiligung an einer Immobilien-Aktiengesellschaft eine weitere Möglichkeit, indirekt in ein Immobilienvermögen zu investieren.[36] Eine genaue Definition, die die Immobilien-AG von den sonstigen Aktiengesellschaften abgrenzt, existiert nicht, jedoch lassen sich aus der Praxis Kriterien ableiten, die auf das Vorliegen

---

32 Vgl. Schlag (1995), S. 9 f.

33 § 1 II KAGG.

34 Vgl. Schneider (2002), S. 46 f.

35 Vgl Laux/Ohl (1988), S. 17f.

36 Neben den börsengehandelten Immobilien-AGs könnte es in Zukunft sog. „*Exchange Traded Funds*" geben, die ebenfalls eine börsengehandelte Anlagemöglichkeit in Immobilien darstellen würden. *Exchange Traded Funds* bieten einem Anleger vor allem die Möglichkeit sich an einem Portfolio (Index) mit hoher Liquidität und niedrigen Transaktionskosten zu beteiligen. Bisher sind am Marktsegement *XFT* der Deutschen Börse allerdings nur Fondsanteile von Aktienindexfonds sowie aktiv gemanagten Aktienfonds notiert. Vgl. Deutsche Börse (2001), Gastineau (2001) sowie Sills/Rutter (2001).

einer Immobilien-AG schließen lassen.[37] Die Organe der Immobilien-AG (Vorstand, Aufsichtsrat, Hauptversammlung) sowie die Rechte und Pflichten der Aktionäre entsprechen jeder anderen deutschen Aktiengesellschaft und sind im Aktiengesetz aufgeführt.[38] Orientiert man sich an dem Geschäftszweck der Unternehmen, so spricht man von einer Immobilien-AG, wenn die gehaltenen und verwalteten Immobilien maßgeblich den Börsenwert der Aktiengesellschaft bestimmen und sich ihr Tätigkeitsbereich überwiegend auf die Erstellung, den Erwerb, den Besitz oder die Verwaltung von Immobilien erstreckt.[39] Richtet man sich nach den vom Bankhaus Ellwanger&Geiger definierten Aufnahmekriterien für den Deutschen Immobilienmarktindex (DIMAX), so handelt es sich um eine Immobilien-AG, sobald mehr als 75% der Erträge aus dem Immobiliengeschäft stammen.[40]

Betrachtet man die Entstehungsgeschichte der deutschen Immobilien-AGs, so lassen sich im wesentlichen vier Kategorien unterscheiden:[41]

- In die erste Gruppe fallen Aktiengesellschaften, deren alleiniger Geschäftszweck in der Verwaltung und Vermietung eines konzerneigenen Immobilienbestandes besteht. Sie fungieren meist als Holding für die betriebsnotwendigen Immobilien eines Konzerns und vielfach sind sämtliche Objekte und Grundstücke an die Muttergesellschaft vermietet. Die Mehrheit der Aktien wird meist von der Muttergesellschaft gehalten, so dass nur ein eingeschränkter Börsenhandel stattfindet. Als Beispiel für diese Gruppe lässt sich die Bayerische Immobilien AG nennen, die ihre Immobilien an die Hacker-Pschorr-Bräu AG vermietet.
- Zur zweiten Kategorie lassen sich die Aktiengesellschaften zählen, die aus Unternehmen hervorgegangen sind, deren Haupttätigkeitsfeld heute nur noch nachrangig oder überhaupt nicht mehr betrieben wird. Statt dessen befassen sie sich mit der Verwaltung und dem aktiven Management der im Gesellschaftsvermögen befindlichen Immobilien. Zu diesen Unternehmen gehört z.B. die Hamborner AG (ehemals Hamborner Bergbau AG), die

---

37 Im Gegensatz zu den deutschen Immobilien-AGs sind z.B. die amerikanischen REITs eindeutig definiert. Ein REIT ist eine Konstruktion der amerikanischen Steuerbehörden. Bei Einhaltung der vorgegebenen Bedingungen wird den REITs eine körperschaftsteuerliche Sonderstellung eingeräumt, die es ihnen erlaubt, die laufenden Einkünfte sowie die Wertsteigerungen aus Immobilien unversteuert an die Eigentümer auszuschütten. Vgl. Rehkugler (2001), S. 1210 sowie Brueggeman/Fisher (1997), S. 661 f.

38 Vgl. Bone-Winkel (1996), S. 675 sowie Bone-Winkel (1998), S. 517.

39 Vgl. Leinemann (2000), S. 408, Mitropoulos/Andersen (2000), S. 7, Bone-Winkel (1998), S. 516, Martin/Maurer (1997), S. 351 sowie Bone-Winkel (1996), S. 675.

40 Vgl. Beck (2000a), S. 192 sowie Beck (2000b), S. 15.

41 Vgl. hier und in der Folge Rehkugler (2000), S. 231, Mitropoulos/Andersen (2000), S. 7 f., Scharpenack et al. (1998), 665 f., Leinemann (2000), S. 8 f.

betriebliche Grundstücke mit geringen Ertragsaussichten veräußert und verstärkt in neue Immobilien investiert.

- Die dritte Kategorie umfasst Immobilien-AGs, die in das Geschäftsfeld Immobilien diversifiziert haben. Hier lässt sich z.B. die IVG AG nennen, bei der das Geschäftsfeld Immobilie neben den Geschäftsfeldern Service und Logistik betrieben wird.
- Schließlich gibt es eine vierte Gruppe, die von vornherein mit dem Ziel gegründet wird, ein Immobilienportfolio an der Börse zu notieren. Diese Portfolios sind (bisher) noch wenig nach Regionen bzw. Immobilientypen spezialisiert.[42] Da diese Immobilien-AGs jedoch besonders für die Anleger konzipiert sind, die sich ihr eigenes Portfolio aus verbrieften Immobilienbeständen zusammenstellen möchten, wird sich eine Tendenz zur Spezialisierung entwickeln. Als Beispiel für diese Kategorie kann man die Deutsche Wohnen AG nennen, deren Erträge im wesentlichen aus der Bewirtschaftung von Wohnimmobilien stammen.

Unterscheidet man die Immobilien-AGs hingegen nicht nach ihrer Entstehungsgeschichte, sondern nach ihrem Tätigkeitsschwerpunkt, lassen sich drei Typen unterscheiden:

- Die sogenannten *Immobilien-Projektentwickler* konzentrieren sich auf die Konzeption, die Erstellung und möglichst frühzeitige Veräußerung von Liegenschaften, so dass deren primäre Ertragsquelle die Differenz aus den Entwicklungskosten der Immobilie und dem Verkaufspreis darstellt.[43] Der Erfolg der Projektentwickler ist in erheblichem Maß von der Entwicklung auf dem Immobilienmarkt abhängig und insofern mit einem relativ hohen Risiko verbunden.
- Die *Immobilien-Bestandshalter* verwalten die im eigenen Vermögen gehaltenen Liegenschaften, so dass in ihrem Fall Miet- und Pachtzinsen die wichtigsten Ertragsquellen ausmachen.[44] Der Erfolg von Bestandshaltern ist im wesentlichen von dem Vermietungsmarkt und der Zusammensetzung des Portfolios abhängig und insofern mit einem mittleren Risiko behaftet.[45]
- Schließlich sind die *Immobilien-Dienstleister* zu nennen, die Serviceleistungen rund um die Immobilie anbieten (*Facility Management*). Hierzu lassen sich u.a. die Verwaltung der Mietverträge und die Mieterbetreuung, das laufende Rechnungswesen sowie die Abrechnung der Betriebskosten zählen.[46] Die Erträge der Immobilien-Dienstleister stammen

---

42 Vgl. Beck (2000b), S. 415 f.
43 Vgl. Martin/Maurer (1997), S. 351.
44 Vgl. Mitropoulos/Andersen (2000), S. 8.
45 Vgl. Martin/Maurer (1997), S. 351.
46 Vgl. Leibold (2000), S. 55.

im wesentlichen aus Rechnungssätzen und sind weitgehend marktunabhängig, so dass die Ergebnisschwankungen eher gering ausfallen.[47] Immobilien-Dienstleister werden überlicherweise jedoch nicht zu den Immobilien-AGs gezählt.

In der Praxis lassen sich Immobilien-AGs nicht eindeutig einem Tätigkeitsschwerpunkt zuordnen. Vielmehr treten Mischformen auf, so dass z.B. planmäßig Objekte weiter im Bestand gehalten werden, die selbst entwickelt wurden (Bestandsentwickler) oder Immobilien-Bestandshalter das Facility Management für ihre eigenen Immobilien übernehmen, es aber zudem als Dienstleistung am Markt anbieten.

Die Problematik, eine Immobilien-AG von den sonstigen Aktiengesellschaften abzugrenzen, macht deutlich, dass es sich bei dieser Form der Immobilienanlage meist nicht um ein reines Immobilieninvestment handelt. Die Rendite einer Immobilien-Aktie ist nicht alleine von der Immobilienmarktentwicklung abhängig, sondern sie wird ebenfalls von eventuell anderen Geschäftsbereichen sowie der allgemeinen Aktienmarktbewegung beeinflusst.

Die Vorteile einer Investition besonders in bestandshaltende Immobilien-AGs[48] sind darin zu sehen, dass ein Aktionär sich bereits mit geringen Mitteln an einem professionell geführten Immobilienportfolio beteiligt. Soweit ein ausreichender Free-Float[49] der Aktien gewährleistet ist, kann der Anleger zudem aufgrund der hohen Fungibilität seiner Anteile von Immobilienmarktzyklen profitieren, da er Aktien jederzeit kaufen und verkaufen kann. Dieses ist vor allem auch dadurch möglich, dass die Transaktionskosten bei einem Aktienkauf bzw. -verkauf im Vergleich zu anderen Immobilienanlageprodukten gering ausfallen. Zudem besitzen die Immobilien-AGs eine höhere Transparenz als andere Unternehmensrechtsformen, da die Börse und die gesetzlich vorgeschriebenen Publizitätspflichten wichtige Kontroll- und Überwachungsfunktionen ausüben.[50] Die Aussagefähigkeit bisher veröffentlichter Jahresabschlüsse der Immobilien-AGs ist jedoch noch verbesserungsfähig, da insbesondere für eine adäquate Bewertung des Immobilienvermögens durch die Marktteilnehmer ein erheblicher Informationsmangel besteht.[51]

---

47 Vgl. Mitropoulos/Andersen (2000), S. 8.

48 Für eine Abgrenzung von Immobilien-Bestandshaltern und Immobilien-Developern siehe Rehkugler (2000), S. 231.

49 Als Free-Float (Streubesitz) bezeichnet man die Menge der ausgegebenen Aktien, die nicht als strategische Beteiligung von z. B. dem Staat, Unternehmen, institutionellen Investoren oder der Aktiengesellschaft selbst (eigene Anteile) gehalten werden. Als strategische Beteiligung werden dabei Anteile > 1-5% angesehen. Vgl. o.V. (2000a), S. 2.

50 Vgl. Mitropoulos/Andersen (2000), S. 15.

51 Vgl. Rehkugler (2000), S 234.

2.2. Anlage mit Fremdkapitalcharakter

Alternativ zu den bisher dargestellten Immobilienanlagen mit Eigenkapitalcharakter besteht die Möglichkeit, Immobilienprojekten Fremdkapital zur Verfügung zu stellen. Fremdkapital ist durch *„eine fest vereinbarte Erfolgsteilung (Anspruch auf Tilgung und Zins unabhängig vom Erfolg) ohne Gestaltungseinfluss und mit einer Gläubigerstellung im Insolvenzfall (Vermögensanspruch vorrangig vor Gesellschaftern) charakterisiert.“*[52] Im Unterschied zu einer Eigenkapitalbeteiligung ist insofern die Höhe der Entlohnung des Fremdkapitals unabhängig vom Erfolg bzw. Einkommen des Projektes und das Risiko durch die Gläubigerstellung des Fremdkapitalgebers beschränkt. Wie die Immobilienanlagen mit Eigenkapitalcharakter lassen sich auch die Anlagen mit Fremdkapitalcharakter in börsengehandelte und nicht-börsengehandelte Anlageformen unterteilen.

2.2.1. Nicht-börsengehandelte Immobilienanlagen

Bei Immobilienfinanzierungen mit Fremdkapital handelt es sich typischerweise um die Bereitstellung von Finanzierungsmitteln zum Ankauf, zur Bebauung, zur baulichen Veränderung und Erweiterung sowie für andere projektbezogene Maßnahmen von Immobilien.[53] Kredite können von Unternehmen, Privatpersonen oder der öffentlichen Hand vergeben werden, wobei sich zahlungstechnisch keine Unterschiede zwischen den verschiedenen Kreditgläubigern ergeben.[54] Die Arten und Formen der Kreditfinanzierung von Immobilien lassen sich, wie in Abbildung 2 dargestellt, nach verschiedenen Kriterien unterteilen, z.B. der Kreditart, den zu finanzierenden Objekten sowie den Zins- bzw. Tilgungsmodalitäten.[55]

---

52 Oehler/Unser (2001), S. 195.

53 Vgl. Steiner (1990), S. 24.

54 Vgl. Schöpe (2000), S. 29 f.

55 Vgl. Lausberg (2001), S. 67 ff. Daneben werden zunehmend innovative Finanzierungsformen entwickelt, um für die Gläubiger bei einer höheren Kreditfinanzierung das Dilemma zu beseitigen, am Projektrisiko beteiligt zu sein, ohne am Gewinn zu partizipieren bzw. unternehmerische Entscheidungen mit treffen zu können. Vgl. o.V. (2000b).

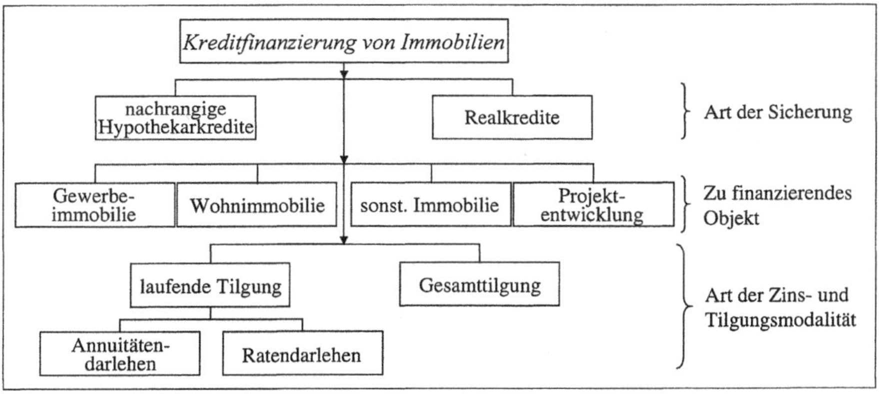

Abbildung 2: Arten und Formen der Kreditfinanzierung von Immobilien[56]

Die Einteilung in Kreditarten erfolgt u.a. nach der Art der Sicherung (unbesichert oder besichert) und bezieht sich hauptsächlich auf die von Kreditinstituten[57] begebenen Kredite.[58] Die für die Immobilienfinanzierung bedeutendste Art des Kredits stellt der *Hypothekar-* bzw. *Realkredit* dar, bei dem der Kreditgeber seine Entscheidung überwiegend auf die Qualität einer grundpfandrechtlichen Sicherung (hier: Immobilie) stützt.[59] Durch die Einhaltung einer bestimmten Beleihungsgrenze (höchstens 60% des Beleihungswertes nach § 11 II HBG) wird die Werthaltigkeit nicht voll ausgeschöpft, so dass im Falle einer Zwangsverwertung Reserven für Verkehrswertschwankungen der Immobilie und Leistungsrückstände aus dem Kredit bestehen. In diesem Falle kann die persönliche und sachliche Kreditwürdigkeitsprüfung (Bonität) des Kreditnehmers zwar nicht unterbleiben, aber in den Hintergrund treten und sich auf die Frage der allgemeinen Zuverlässigkeit des Kreditnehmers beschränken.

Von einem *nachrangigen Hypothekarkredit* spricht man, wenn die Anforderungen an einen Realkredit nicht erfüllt, d.h. Kredite außerhalb der Beleihungsgrenze von 60% grundpfandrechtlich abgesichert werden. In diesem Falle orientiert sich die Kreditvergabe primär an der Kreditfähigkeit und Kreditwürdigkeit des Darlehensnehmers und weniger an dem Wert bzw. der Verwertbarkeit der belasteten Immobilie.[60]

---

56 In Anlehnung an Lausberg (2001), S. 67.

57 *„Kreditinstitute sind Unternehmen, die Bankgeschäfte gewerbsmäßig oder in einem Umfang betreiben, der einen in kaufmännischer Weise eingerichteten Geschäftsbetrieb erfordern. Bankgeschäfte sind (...) die Gewährung von Gelddarlehen (...) (Kreditgeschäft)"*. § 1 I S. 1 und S. 2 Nr. 2 KWG.

58 Vgl. Rode (1993), S. 26.

59 Vgl. hier und in der Folge Rode (1993), S. 27.

60 Vgl. Rode (1993), S. 27.

Eine Unterscheidung der Immobilienkredite kann ebenfalls nach dem zu finanzierenden Objekt und damit zusammenhängend der Laufzeit des Kredites erfolgen. Bei der klassischen Immobilienfinanzierung handelt es sich um langfristige Kredite, die für die Finanzierung eines Immobilienerwerbs verwendet werden. Im Gegensatz dazu steht die sog. Bauzwischenfinanzierung (Projektentwicklungskredite), bei der es sich um kurz- bis mittelfristige Finanzierungen in der Bauphase einer Immobilie handelt. Sie dient der Finanzierung der bautechnischen Produktion inklusive der Bauvorbereitungs- und Projektierungskosten sowie gegebenenfalls des dafür vorgesehenen Grundstücks.[61] Die Kreditauszahlung an den Projektentwickler richtet sich nach dem Baufortschritt, die Tilgung erfolgt aus den Kaufpreiszahlungen für die fertiggestellten Immobilien. Das besondere Risiko bei diesen meist ein bis drei Jahre laufenden Krediten besteht darin, dass der relativ kurze Zeitraum des Abverkaufs (ca. 1 Jahr) entscheidend für den Erfolg bzw. Misserfolg der jeweiligen Immobilie ist. Tritt eine kurzfristige Verschlechterung der Immobilienkonjunktur ein, die die in der Konzeption der betroffenen Immobilie unterstellten Annahmen obsolet werden lassen, so ist der Abverkauf der Objekte nicht mehr zu den ursprünglichen Konditionen und/oder in dem vorgesehenen Zeitraum möglich.[62] Auf die langfristigen Objektfinanzierungen wirken sich diese kurzzeitigen Veränderungen der relevanten Rahmenbedingungen nur in abgeschwächter Form aus, da z.B. die Mietpreise meist über einen bestimmten Zeitraum fest vereinbart sind oder zumindest in einer vorher festgelegten und daher antizipierten Weise angepasst werden.[63] Unter die sonstigen Immobilien fallen z.B. Betreiberimmobilien. Bei den typischen Betreiberimmobilien (Hotels, Musicaltheater, Großkinos, Sportstätten etc.) verschiebt sich die Grenze von einer reinen Immobilienfinanzierung hin zur Unternehmensfinanzierung, da die Entwicklung, die Errichtung und die anschließende Nutzung der Immobilie das Know-How und die Erfahrung des Betreibers benötigt.[64]

Schließlich lassen sich Immobilienfinanzierungen nach der Art der Zins- bzw. Tilgungsmodalitäten differenzieren. Hinsichtlich der Zinsmodalitäten werden Kredite mit festem Zins für eine Laufzeit von fünf bis zehn Jahren oder die gesamte Laufzeit von bis zu 30 Jahren vereinbart oder mit variablem Zins, der in bestimmten Zeitintervallen an das allgemeine Zinsniveau angepasst wird. Bei einer Zinsfestschreibung hat der Kreditnehmer nach Ablauf der

---

61 Vgl. hier und in der Folge Peiß (1998), S. 69.

62 Vgl. Lausberg (2001), S. 70.

63 Vgl. Peiß (1998), S. 70.

64 Dabei ergeben sich von den reinen Immobilienrisiken abweichende Aspekte, die bei der Vergabe von Finanzierungen berücksichtigt werden sollten. Vgl. Hardegen (2000) sowie Schäfer (1994).

Zinsbindungsfrist[65] üblicherweise das Recht, den Kredit zu verlängern, durch Eigenmittel abzulösen oder durch eine Umschuldung zurückzuzahlen.[66] Für die Tilgungsleistungen ist der Zahlungstermin (eine oder mehrere unterjährige Zahlungen) und die Fälligkeit bzw. Verrechnung (nachschüssig oder vorschüssig) festzulegen, wobei sich bei der Tilgungsstruktur drei Grundtypen unterscheiden lassen: (1) Annuitätentilgung, (2) Ratentilgung sowie (3) gesamtfällige Tilgung.[67] Im Fall (1) ist ein jährlich gleichbleibender Betrag, die sog. Annuität, zu erbringen, die Zins- sowie Tilgungsleistungen beinhaltet.[68] Während der Kreditlaufzeit nimmt der Tilgungsanteil im Gesamtbetrag der Annuität zu, da sich die Verzinsung jeweils auf die Restschuld bezieht und somit verringert. Demgegenüber erfolgt im Fall (2) die Tilgung in meist jährlich gleichbleibenden Tilgungsbeträgen, die Gesamtbelastung nimmt somit bei der Ratentilgung von Jahr zu Jahr ab, da sich die Zinsen auf die noch ausstehende Restschuld verringern. Schließlich wird im Fall (3) die Rückzahlung des Kredits in Höhe des Gesamtbetrages am Ende der Kreditlaufzeit fällig, so dass sich während der Laufzeit die Belastung auf die gleichbleibenden Zinszahlungen reduziert. Von diesen üblichen Tilgungsmodalitäten können auch abweichende Vereinbarungen, wie z.B. tilgungsfreie Jahre bei Annuitäten- oder Ratenkrediten, vereinbart werden.[69]

Die Risiken einer Immobilienfinanzierung mit Fremdkapital sind entscheidend von der Immobilie selbst abhängig. Da die in regelmäßigen Abständen zu zahlenden Zins- und Tilgungsleistungen meist „aus der Immobilie" finanziert werden, kann es zu einem Ausfall dieser Leistungen kommen, wenn die Immobilienerträge ausbleiben. Unter Zuhilfenahme verschiedener Bewertungsverfahren versucht man, im Zuge der Kreditwürdigkeitsprüfung eine Risikoklassifizierung der Immobilie durchzuführen, um sich so vor diesen Kreditausfällen zu schützen.[70] Kommt es jedoch zu einem Kreditausfall, besteht zusätzlich die Gefahr, dass die Verwertung der Kreditsicherheit (Immobilie) wegen mangelnder Veräußerbarkeit oder Werthaltigkeit nicht die Kreditforderung zuzüglich der anfallenden Zinsen und Kosten deckt.[71]

Neben den klassischen Fremdkapitalprodukten sind, aufgrund der gesunkenen Bereitschaft von Investoren, eigenkapitalähnliche Risiken im Rahmen von klassischen Hypothekenkrediten zu übernehmen, innovative Finanzierungs-

---

65 Eine Tilgung des Kredits *während* der Zinsbindungsfrist ist nur gegen Zahlung einer Vorfälligkeitsentschädigung seitens des Kreditnehmers möglich. Vgl. Schaber/Gill (1999), S. 4 sowie Diamond/Lea (1992), S. 88.

66 Vgl. Schöpe (2000), S. 23.

67 Vgl. Schöpe (2000), S. 24.

68 Vgl. hier und in der Folge Perridon/Steiner (2002), S. 425.

69 Vgl. Schöpe (2000), S. 24.

70 Vgl. Lehner (1995), S. 366.

71 Vgl. Lausberg (2001), S. 63.

formen entstanden.[72] Diese sog. strukturierten Finanzierungen (Structured Finance) zählen auf den angloamerikanischen Immobilienmärkten bereits zum Standardangebot der Immobilienfinanzierungen und können aufgrund ihrer Ausgestaltung zwischen einer Eigenkapital- und einer klassischen Fremdkapitalfinanzierung positioniert werden.[73] Einen Überblick über diese Produkte bietet folgende Grafik:

Mezzanine Finanzierung	*Participarting Mortgage*	*Joint-Venture Finanzierung*
Sicherheiten: • Grundstücke • weitere Sicherheiten	Sicherheiten: • Grundstücke • Cash-Flow • Ergebnisbeteiligung	Sicherheiten: • Cash-Flow ausgewählter Projekte • weitere Sicherheiten

niedrig ⇦ Höhe der Risikoprämie / Bedeutung der Cash Flows des Projektes ⇨ hoch

Abbildung 3: Innovative Finanzierungsformen[74]

Einen Vorteil dieser Finanzierungsformen bietet vor allem ihre individuelle Gestaltung, wobei dabei die Gegebenheiten des zu finanzierenden Immobilienprojektes oder -portfolios optimal berücksichtigt werden können. Ein Nachteil dieser Individualität besteht hingegen darin, dass solche Finanzierungen meist erst ab einem zu finanzierenden Volumen von € 5 Mio. durchführbar sind. Die Basis dieser Finanzierungen bilden die zu erwarteten Cash-Flows aus den Immobilien.

2.2.2. Börsengehandelte Immobilienanlagen

Die einzige in Deutschland gängige Form der verbrieften Immobilienanlage mit Fremdkapitalcharakter stellt der Hypothekenpfandbrief dar. *Hypothekenpfandbriefe* sind Schuldverschreibungen, die der Refinanzierung von durch Hypotheken oder Grundschulden in der Regel erstrangig gesicherten Darlehen dient.[75] Pfandbriefe weisen zum überwiegenden Teil eine feste Verzinsung auf, wobei Laufzeiten von einem bis zu zehn Jahren möglich sind und die Tilgung endfällig erfolgt. Die auf gesetzlicher Basis stark standardisierten Pfandbriefe müssen sehr hohe Sicherheitsanforderungen

---

72 Vgl. Westrup (2002), S. 33.
73 Vgl. Ibhler/Lucius (2001), S. 13.
74 In Anlehnung an Doswald (2002), S. 69.
75 Vgl. hier und in der Folge Arndt (1999), S. 12 ff.

erfüllen, die in erster Linie die Deckungsmasse betreffen. Die im Umlauf befindlichen Pfandbriefe müssen jederzeit in Höhe des Nennwertes durch erstrangige Hypothekendarlehen mit mindestens gleichem Zins gedeckt sein. Innerhalb dieses Deckungspools stehen sich nicht der einzelne Pfandbrief und die einzelne Forderung, sondern der Gesamtbetrag der Hypothekenkredite und der Gesamtbetrag der Pfandbriefe gegenüber. Die Deckungsmasse für Hypothekenpfandbriefe umfasst sowohl Darlehen zur Finanzierung des Wohnungsbaus als auch zur Finanzierung gewerblich genutzter Objekte, wobei eine Beleihungsgrenze von maximal 60% des nach konservativen Vorschriften ermittelten Beleihungswertes eingehalten werden muss. Insgesamt wird ein „(...) *nach den strengen gesetzlichen Regeln ausgegebener Pfandbrief* (...) *als absolut sichere Anlage betrachtet*“[76], da ein Pfandbriefanleger sich darauf verlassen kann, dass seine Zinserträge konstant bleiben und die Papiere bei Fälligkeit mit Sicherheit zum Nennwert eingelöst werden.[77] Insofern stellen Hypothekenpfandbriefe zwar eine verbriefte Form von Immobilienfremdkapital dar, der Wert oder die Bonität eines Pfandbriefes wird durch die Entwicklungen auf dem Immobilienmarkt jedoch nicht beeinflusst. Dies liegt in erster Linie daran, dass mögliche Risiken aus Preisschwankungen auf dem Immobilienmarkt durch die niedrige Beleihungsgrenze beschränkt werden und ein *Vorfälligkeitsrisiko* vollständig ausgeschlossen ist.[78]

Eine andere Form der verbrieften Immobilienanlage mit Fremdkapitalcharakter, die in Deutschland bisher kaum existiert, sind die sog. Mortgage Backed Securities (MBS).[79] *Mortgage Backed Securities* sind eine aus den USA stammende Form der Verbriefung von Fremdkapital, die sich in zwei wesentlichen Punkten von den traditionellen deutschen Pfandbriefen unterscheiden. Die folgende Abbildung 4 stellt eine MBS-Transaktion (vereinfacht) dar:

---

76 Arndt (1999), S. 23.

77 Vgl. Schmidt (1993), S. 1051.

78 Das *Vorfälligkeitsrisiko* besteht darin, dass es bei fallenden Zinsen für Kreditnehmer attraktiv wird, sich zu niedrigeren Zinsen neu zu verschulden und für den Kreditgeber somit Zinszahlungen verloren gehen. Die Möglichkeit der frühzeitigen Rückzahlung festverzinslicher Kredite ist jedoch vertraglich auszuschließen und wenn kann eine Tilgung nur durch Zahlung einer sog. Vorfälligkeitsentschädigung erfolgen. Vgl. Werle/Krüger (2001), S. 29 f.

79 Vgl. Hardt/Lichtenberg (2001), S. 26.

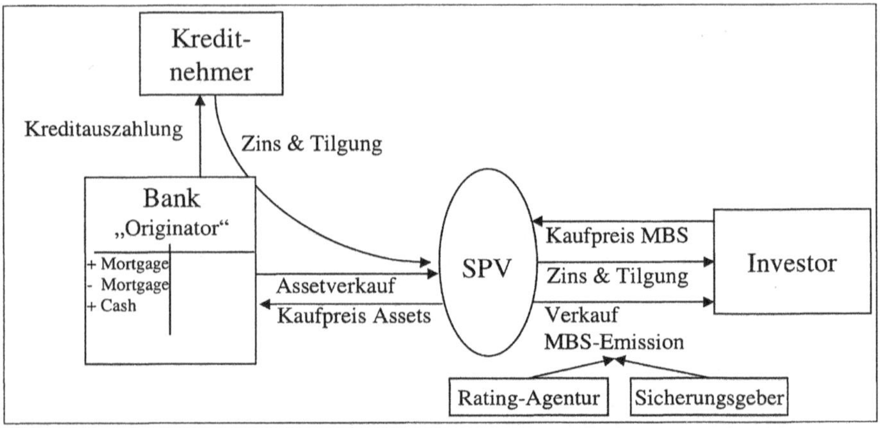

Abbildung 4: Struktur einer MBS Transaktion[80]

Im Mittelpunkt einer MBS-Transaktion steht das Beziehungsdreieck Mortgageverkäufer (Originator) – Zweckgesellschaft (Special Purpose Vehicle) – Wertpapierkäufer (Investor).[81] Eine Bank als Originator verkauft von ihr begebene Immobiliendarlehen (Forderungen) an eine Zweckgesellschaft (SPV); im Gegenzug fließt ihr der Kaufpreis für diese Forderungen zu. Die Zweckgesellschaft tritt als Emittent auf und platziert über ein Bankkonsortium *Mortgage Backed Securities* bei den Investoren. In der Regel sind diese Wertpapiere mit Sicherungen durch den Originator selbst oder dritte Parteien versehen. Zudem prüfen Rating-Agenturen die Wertpapierunterlegung sowie die komplette Emissionsstruktur zum Zwecke der Qualitätseinstufung der Papiere. Das Management der übertragenen Forderungen wird meistens von dem Originator selbst als sog. *Service Agent* durchgeführt. Die Cash-Flows (Zins- und Tilgungszahlungen) der Forderungen werden von dem SPV unverändert an die Investoren weitergeleitet (Pass-Through-Verfahren).

Der wesentliche Unterschied zu den Pfandbriefen liegt zum einen darin, dass für die Pfandbriefinhaber eine Befriedigung ihrer Ansprüche aus dem allgemeinen Vermögen der Hypothekenbank erfolgt, während die MBS–Investoren auf die Werthaltigkeit der Forderungen und die zusätzliche Sicherung angewiesen sind.[82] Zum anderen handelt es sich aus Sicht der Banken bei der Refinanzierung über einen Pfandbrief um eine *on-balance sheet* Finanzierung, wohingegen die

---

80 In Anlehnung an Riel (2001), S. 369 sowie Hardt (2000), S. 21.

81 Vgl. hier und in der Folge Paul (1994), S. 132 sowie Paul/Fehr (1996a), S. 353 f.

82 Hinzu kommt, dass zur Refinanzierung mit Pfandbriefen nur Kredite bis zu einer Beleihungsgrenze von 60% des Beleihungswertes in Frage kommen, wohingegen bei MBS-Transaktionen auch Kredite mit *Loan-to-Value* Ratios von bis zu 90% verwendet werden. Vgl. Paul/Fehr (1996a), S. 356.

Refinanzierung durch MBS eine *off-balance sheet* Finanzierung darstellt.[83] Es wird angenommen, dass diese Form der Refinanzierung im Hinblick auf die neue risikoorientierte Eigenkapitalunterlegung von Krediten (Basel II) in Zukunft vermehrt auftritt, um die Kreditrisiken aus den Bankbilanzen an die Investoren zu transferieren.[84] Dies zeigt z.B. eine neue Verbriefung von Hypothekendarlehen in Höhe von € 3 Mrd., mit der die HVB (HypoVereinsbank) „*das Risikokapital reduzieren, Eigenkapitalkosten senken und Raum für die Vergabe neuer Wohnbaudarlehen schaffen*“ möchte.[85]

2.3. Vier Quadranten der Immobilienwirtschaft

Unterscheidet man die in den vorherigen Abschnitten beschriebenen Immobilienanlagen zum einen nach Eigenkapital- und Fremdkapitalanlagen und zum anderen nach börsengehandelten und nicht-börsengehandelten Produkten, so ergeben sich die folgenden in Tabelle 1 dargestellten 4-Quadranten der Immobilienwirtschaft:

	Eigenkapital *(Equity)*	***Fremdkapital*** *(Debt)*
Nicht-börsengehandelt *(Private)*	- direkte Immobilienanlagen - offene Fonds - geschlossene Fonds	- traditionelle langfr. Darlehen - Projektentwicklungskredite - (Bau-)Zwischenkredite
Börsengehandelt *(Public)*	- Immobilien-Aktiengesellschaften	- Hypothekenpfandbriefe - Mortgage Backed Securities

Tabelle 1: 4-Quadranten der Immobilienwirtschaft

Eine Kombination von verschiedenen Anlageformen wird in einem Portfolio unter Diversifikationsaspekten für sinnvoll erachtet, wenn sie jeweils unterschiedliche Rendite-/Risikostrukturen aufweisen. Die Realisierung einer höheren Rendite bei gleichem Risiko (oder vice versa) ist für jeden rationalen Investor ein erstrebenswertes Ziel und stellt das wesentliche Verdienst einer effizienten Diversifikation dar.[86] Ein Anleger stellt sein Immobilienportfolio üblicherweise aus reinen Eigenkapital-Produkten zusammen und schöpft ein bestimmtes Diversifikationspotential aus. Eine Ausweitung des

[83] Vgl. O'Reilly/Hardt (2001), S. 124.
[84] Vgl. Riel (2001), S. 374 sowie Pfingsten/Homölle (2001), S. 23
[85] Vgl. o.V. (2002a), S. 4.
[86] Für eine theoretische Darstellung des Diversifikationseffektes siehe Jandura/Rehkugler (2001), S. 132.

Anlagespektrums auf Fremdkapital-Produkte ermöglicht theoretisch die Realisierung zusätzlicher Diversifikations-effekte. Der Erfolg einer solchen Mischung aus Anlagen mit Eigenkapital- bzw. Fremdkapitalcharakter wird im Hinblick auf die zu erzielenden Diversifikationseffekte im folgenden für den US-Markt dargestellt.

Beginnend mit der Lage des private equity-Quadranten (x) zeigen *Hudson-Wilson/Elbaum* (*1995*) in Abbildung 5, wie immer stärker ausgeprägte Effizienzlinien durch Hinzufügung jeweils eines weiteren Quadranten (1. public equity, 2. public debt und 3. private debt) entstehen. Dies bedeutet, dass sich z.B. durch die Mischung der *private equity*- und *public equity*-Quadranten (Linie mit den schwarzen Dreiecken) weniger Risiko vernichten lässt als das mit einer Mischung aller Quadranten (Linie mit schwarzen Vierecken) möglich wäre. Zudem verschieben sich die Effizienzlinien im μ/σ-Raum immer weiter nach links oben, so dass Portfolios mit einem geringeren Risiko bei gleicher Rendite gebildet werden können.

Die Untersuchung bezieht sich auf den Zeitraum 1980-1992 und verwendet repräsentativ für die einzelnen Quadranten den NCREIF (private equity), den Equity REIT Index der National Association of Real Estate Investment Trusts (public equity), ein CMBS proxy (public debt) sowie den Gilberto-Levy Mortgage Index (private debt). Das Portfolio *K* (*Maximum Ertragsportfolio*) setzt sich zu 77.5% aus public equity, 18,0% private equity und 4,5% private debt zusammen, während das Portfolio *A* (*Minimum Varianz Portfolio*) sich aus 41,2% private equity, 37,9% private debt und 10,9% public debt zusammensetzt. Im Verlauf der Effizienzlinie zwischen K und A nimmt insofern der Anteil an private equity sowie private debt erheblich zu, während der Anteil an public equity wesentlich abnimmt. Gegenüber Portfolio *K* lässt sich mit Portfolio *A* 50% des Risikos vernichten, während die Rendite lediglich um 18,1% geringer ausfällt.

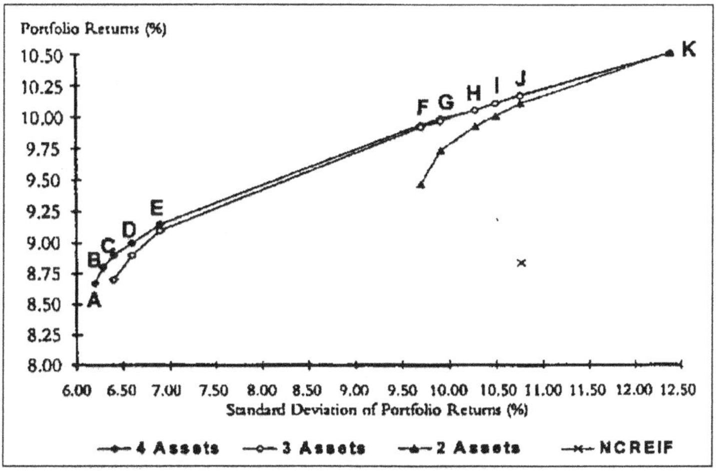

Abbildung 5: Effizienzlinien für Immobilien[87]

Insofern lassen sich für jedes Risikoniveau Portfolios mit einer höheren Rendite bzw. für jedes Renditeniveau Portfolios mit einem geringeren Risiko realisieren. Das individuelle Rendite-/Risikoprofil eines Investors bestimmt seine optimale Portfoliozusammensetzung aus den Anlageprodukten der vier Quadranten.

Die Notwendigkeit einer Portfolioumschichtung tritt dann auf, wenn sich im Verlauf des Immobilienmarktzyklus bei gegebenem Rendite-/Risikoprofil diese optimale Zusammensetzung ändert oder das Portfolio an veränderte Ziele des Anlegers angepasst werden muss.[88]

---

87 Abbildung entnommen aus Hudson-Wilson/Elbaum (1995), S. 97. Die Korrelationen zwischen den einzelnen Quadranten stellten sich wie folgt dar:

	Private Equity	Public Equity	Public Debt	Private Debt
Private Equity	1			
Public Equity	0,247	1		
Public Debt	-0,236	0,395	1	
Private Debt	-0,016	0,302	0,871	1

88 Vgl. für eine Darstellung von Anlegerzielen Schmidt-von Rhein (1996), S. 97 ff.

Eine Einbeziehung von Immobilien in ein aus Wertpapieren bestehendes Mixed-Asset Portfolio wird allgemein als sinnvoll erachtet, da Immobilien eine sich von Aktien und Renten deutlich unterscheidende Rendite-/Risikostruktur aufweisen.[89]

Im Hinblick auf die Gewichtung von Immobilien in Mixed-Asset Portfolios spielt die Zusammensetzung des Immobilienanteils aus den vier Quadranten der Immobilienwirtschaft eine bedeutende Rolle. Dies beruht darauf, dass aus den vier Quadranten effiziente -in ihrer Zusammensetzung differierende-Immobilienportfolios gebildet werden können, deren Renditeentwicklungen gegenüber Aktien- bzw. Rentenportfolios sehr unterschiedlich ausfallen.

Eine genauere Analyse der Zahlungsströme aus einer Immobilieninvestition zeigt, dass sie in einen Barwert der aus dem bestehenden Mietvertrag resultierenden Zahlungen und einen Barwert der aus zukünftigen Mietverträgen resultierenden Zahlungen zerlegt werden können. Im folgenden wird diese Zerlegung der Zahlunsgströme sowie ihre Bedeutung für Immobilienportfolios erläutert.

2.4. Cash-Flow Komponenten von Immobilienanlagen

Seit Anfang der neunziger Jahre wird in den USA die Meinung vertreten, dass sich sog. *whole real estate assets* in einen Mietzahlungsstrom und einen Residualwert aufspalten lassen.[90] Dies hat weitreichende Implikationen für das Portfolio-Management von Immobilien- und somit auch von Mixed-Asset-Portfolios. Betrachtet man beispielsweise eine (direkte) Immobilie, für die ein langfristiger Mietvertrag besteht und für die der Mieter sämtliche Bewirtschaftungskosten trägt, so lässt sich der Zahlungsstrom aus der Immobilie in die Netto-Mietzahlungen[91] und den Wert der Immobilie nach Beendigung des Mietverhältnisses zerlegen. Die Mietzahlungen stellen eine in Bezug auf die Höhe und den Fälligkeitszeitpunkt im vorhinein festgelegte Verbindlichkeit des Mieters gegenüber dem Immobilieneigentümer dar und weisen somit für Fremdkapitalanlagen charakteristische Zahlungsstromeigenschaften auf.[92] Die

---

89 Zahlreiche empirische Untersuchungen über die Einbeziehung von Immobilien in ein Mixed-Asset Portfolio sind vor allem in den USA durchgeführt worden. Vgl. beispielhaft Ibbotson/Siegel (1984), Hartzell et al. (1986) sowie Firstenberg et al. (1988). Dabei werden Immobilien als einheitliche, homogene Assetklasse behandelt, die sich von Aktien und Renten abheben. Vgl. Goetzmann/Ibbotson (1990) sowie Ross/Zisler (1991). Für den deutschen Markt konnten bisher mangels Daten nur Aussagen zu dem Diversifikationseffekt von Immobilienfonds bzw. Immobilien-Aktiengesellschaften getroffen werden. Vgl. beispielsweise Rehkugler (2001).

90 Vgl. u.a. Booth et al. (1989), Gordon (1994), Hudson-Wilson/Elbaum (1995), Hudson-Wilson/Günther (1995) sowie Hudson-Wilson (1997a).

91 Die Netto-Mietzahlungen entsprechen der Brutto-Miete abzüglich aller Betriebskosten der Immobilie.

92 Vgl. Schmidt/Terberger (1996), S. 408.

Mietzahlungen werden daher als ein rentenähnlicher Zahlungsstrom interpretiert. Der Barwert dieses sog. ***L**ease **O**bligation **B**onds* (rentenähnlichen Zahlungsstroms) wird vor allem durch Zinsveränderungen, die Bonität des Mieters sowie die verbleibende Laufzeit des Mietvertrages beeinflusst.[93] Die Volatilität der Netto-Mietzahlungen ähnelt weitgehend der Volatilität der Cash-Flows einer Rente; für beide Zahlungsströme ist eine geringe Volatilität charakteristisch.

Hingegen lässt sich der Wert der Immobilie am Ende des bestehenden Mietverhältnisses als Barwert der unsicheren zukünftigen Cash-Flows aus der Immobilie ermitteln und wird daher als ***R**eal **A**sset **R**esidual **E**quity* (eigenkapitalähnlicher Zahlungsstrom) bezeichnet.[94] Dieser Residualwert einer Immobilie wird durch das (erwartete) allgemeine Zinsniveau, den Immobilienmarkt und dessen Effekt auf das Mietniveau, die Immobilienverwaltung sowie immobilienspezifische Eigenschaften (Lage, Architektur, Verkehrsanbindung etc.) beeinflusst. Im Falle eines langfristigen Mietvertrages ist der Residualwert der Immobilie gering und stark volatil, da kleinste Veränderungen der o.g. wertbeeinflussenden Größen den Barwert dieses über die Restnutzungsdauer der Immobilie laufenden Zahlungsstroms erheblich beeinflussen. Der Anteil des *RARE* am Gesamtwert der Immobilie steigt jedoch mit Verkürzung der Restlaufzeit des Mietverhältnisses an.

Abbildung 6 veranschaulicht, wie sich der Wert einer Immobilie aus einem *LOB* und einem *RARE* zusammensetzt.[95] Je nach verbleibender Laufzeit des Mietverhältnisses sowie den Konditionen des Mietvertrages überwiegt der Wertanteil des *LOB* bzw. des *RARE*.

---

93 Vgl. Steiner/Bruns (2000), S. 55 f., Hudson-Wilson/Elbaum (1995) Young/Greig (1995), S. 245 sowie S. 93 sowie Cashdan (1990), S. 43.

94 Vgl. hier und in der Folge Young/Greig (1995), S. 244 f.

95 Der Begriff eines *Lease Obligation Bond* (*LOB*) beruht auf der Ähnlichkeit der Zahlungsströme einer Rente und den Mieteinnahmen aus einer Immobilie. Das *Real Asset Residual Equity* (*RARE*) ergibt sich als Barwert der zukünftigen Mieten nach Ablauf des bestehenden Mietvertrages. Vgl. Booth et al. (1989), S. 54.

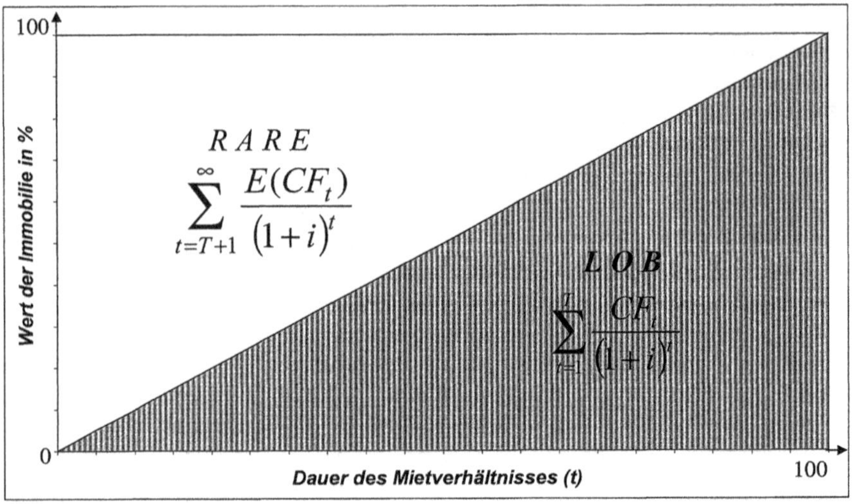

Abbildung 6: Wertbestandteile einer direkten Immobilieninvestition[96]

Die Betrachtungsweise, dass sich der Wert einer Immobilie aus einem fremdkapitalähnlichen Zahlungsstrom (Netto-Mietzahlungen) und einem eigenkapitalähnlichen Zahlungsstrom (Residualwert am Ende der Mietvertragslaufzeit) zusammensetzt, birgt in sich die Notwendigkeit, diese Zusammensetzung bei der Portfoliobildung von sowohl reinen Immobilien- als auch von Mixed-Asset Portfolios zu berücksichtigen. Es besteht die Möglichkeit, den gewünschten Mix von Anlagen mit Eigen- bzw. Fremdkapitalcharakter entweder auf der Ebene der einzelnen Immobilie oder im Immobilien-Portfolio zu realisieren.[97]

Bei der einzelnen Immobilie ließe sich z.B. durch die Mieteranzahl im Gebäude, die durchschnittliche Länge der Mietverträge und den Einsatz von Fremdkapital (Leverage) zur Finanzierung der Immobilie die Mischung von eigenkapital- bzw. fremdkapitalähnlichen Zahlungsströmen beeinflussen und die gewünschte Struktur erzeugen.

Auf der anderen Seite bietet sich jedoch auch die Möglichkeit, durch Investitionen in die verschiedenen Anlageformen der 4-Quadranten der Immobilienwirtschaft die geforderte Struktur auf der Ebene des Immobilien-Portfolios herzustellen. Dabei ist jedoch zu beachten, dass sich nicht nur direkte Immobilieninvestitionen aus einem eigenkapital- und einem

---

96 Da sich der Wert einer Immobilien im Zeitablauf verändern kann, dies aber die Aufteilung in den RARE- bzw. *LOB*-Anteil nicht notwendiger Weise beeinflusst, wird der Immobilienwert in der Abbildung in Prozent angegeben.

97 Vgl. hier und in der Folge Hudson-Wilson/Elbaum (1995), S. 94.

fremdkapitalähnlichen Zahlungsstrom zusammensetzen, sondern dies auch für alle anderen Eigenkapitalanlageformen zutrifft. Insofern weisen auch die Zahlungsströme der offenen und geschlossenen Immobilienfonds sowie Immobilien-Aktiengesellschaften fremdkapital- und eigenkapitalähnliche Charakteristiken auf, die innerhalb eines Immobilienportfolios berücksichtigt werden sollten.

Für den deutschen Markt lässt sich mangels adäquater Daten leider nicht feststellen, ob dieses neue Verständnis von (direkten) Immobilienanlagen bzw. die Diversifikation über die vier Quadranten der Immobilienwirtschaft zu einer Effizienzsteigerung von Immobilienportfolios führt. Jedoch ergibt sich durch das erweiterte Verständnis von Immobilienanlagen die Möglichkeit, Immobilienportfolios breiter, d.h. über alle vier Quadranten, zu streuen und sie auf den Verlauf des Immobilienzyklus bzw. die sich verändernden Anlegerpräferenzen feiner abzustimmen.

2.5. *Ausgewählte ausländische Formen der Immobilienanlage*

Im empirischen Teil der vorliegenden Arbeit (4. Kapitel) werden neben den deutschen börsengehandelten Immobilienanlagen auch ausländische Formen der Kapitalanlage in Immobilien des *public equity*-Quadranten betrachtet. Daher werden im Anschluss an die Darstellung der Immobilienanlageprodukte für Deutschland nun die amerikanischen REITs sowie die wesentlichen europäischen verbrieften Immobilienanlagen dargestellt.

2.5.1. USA: Real Estate Investment Trust (REIT)

Das Konzept der Real Estate Investment Trusts existiert bereits seit Ende des 19. Jahrhunderts. Eine Entscheidung des U.S. Supreme Court im Jahre 1935 führte jedoch die Besteuerung für alle passiven Anlageformen ein, die zentral organisiert und wie Aktiengesellschaften geführt wurden, so dass REITs keine große Bedeutung erlangen konnten.[98] Von dieser Entscheidung waren Aktien-, Renten- sowie Immobilienfonds in gleicher Weise betroffen, jedoch konnten die *stock* bzw. *bond investment companies* auf Grund ihrer stärkeren Organisation für sich eine Freistellung von dieser Besteuerung (*federal taxation*) erreichen. Nach dem Zweiten Weltkrieg setzte in den USA eine erhebliche Nachfrage nach Immobilieneigen- und Immobilienfremdkapital ein, so dass man sich für eine Steuerbefreiung der REITs erneut einsetzte. Mit der Verabschiedung einer neuen Einkommensteuergesetzgebung im Jahre 1960 entstand der *Real Estate Investment Trust* (*REIT*) in seiner heutigen Form und stellt somit im wesentlichen eine Konstruktion der obersten Finanzverwaltung dar. Im Laufe der Jahre wurde die Steuergesetzgebung im Hinblick auf die Behandlung von Immobilien bzw. REITs häufig verändert. An dieser Stelle seien drei gesetzliche

---

[98] Vgl. hier und in der Folge Brueggeman/Fisher (1997), S. 661.

Veränderungen erwähnt, die die Entwicklung der REITs erheblich begünstigten und entscheidend zu ihrer jetzigen Marktposition beitrugen. Im Jahre 1986 wurden die erst 1981 eingeführten erheblichen Steuerbegünstigungen für direkte Immobilieninvestitionen abgeschafft, was die renditeorientierten REITs im Gegensatz zu den abschreibungsorientierten *real estate partnerships* begünstigte.[99] Gleichzeitig wurde es REITs ermöglicht, ihre Immobilien selbstständig zu managen, so dass „*Real estate investment trusts have evolved into fully integrated, dynamic, real estate operating companies that are organized as investment trusts simply to avoid taxation at the corporate level.*“[100] Zudem wurde 1993 die „*five-or-fewer*“-Regel modifiziert, die bis dahin vorsah, dass fünf oder weniger Personen nicht 50% oder mehr der Anteile besitzen dürften.[101] Diese „*five-or-fewer*“-Regel verhinderte bis dahin vor allem eine Beteiligung von Pensionsfonds an REITs. Diese werden jetzt jedoch nicht mehr als eine Person behandelt, sondern es wird unterstellt, dass die Pensionsfonds-Begünstigten Anteile am REIT in Proportion zu ihrer Beteiligung am Pensionsfonds halten.

REITs dürfen gesellschaftsrechtlich als Corporation (Aktiengesellschaft), als Trust nach amerikanischem Recht oder als sonstige Association (Vereinigung) geführt werden.[102] Erfüllt eine Gesellschaft die folgenden von der Steuergesetzgebung vorgegebenen Kriterien, so kann sie sich als REIT qualifizieren und einen „tax-exempt status“ erreichen:

1. *Vermögensanforderungen*[103]

   - Mindestens 75% des REIT-Vermögens muss aus Immobilien, Bargeld und Staatspapieren bestehen.
   - Nicht mehr als 5% des Vermögens darf aus Wertpapieren eines Emittenten bestehen, wenn diese Wertpapiere nicht unter die 75%-Regel fallen.
   - Ein REIT darf nicht mehr als 10% der stimmberechtigten Anteile eines Emittenten halten, wenn diese Anteile nicht unter die 75%-Regel fallen.

2. *Einkommensanforderungen*[104]

   - Mindestens 95% des Bruttoeinkommens müssen aus Dividenden, Zinsen, Mieten oder Veräußerungsgewinnen bestimmter Vermögensgegenstände erwirtschaftet werden.

---

[99] Vgl. Mullaney (1998), S.12.
[100] Taylor (1998), S. 339.
[101] Vgl. Greer (1997a), S. 412.
[102] Vgl. Madlem/Sykes (2000), S. 285.
[103] Vgl. Brueggeman/Fisher (1997), S. 662.
[104] Vgl. Downs/Hartzell (1995), S. 630.

- Mindestens 75% des Bruttoeinkommens müssen aus Mieten, Zinsen aus immobiliengesicherten Darlehen, Veräußerungsgewinnen bestimmter Vermögensgegenstände oder Einkommen aus Investitionen in andere REITs stammen.
- Nicht mehr als 30% des Bruttoeinkommens darf aus der Veräußerung von Wertpapieren, die nicht länger als sechs Monate, oder Immobilien, die nicht länger als vier Jahre gehalten wurden, bestehen.

3. *Ausschüttungsanforderung*[105]

- Mindestens 90% des Einkommens aus gewöhnlicher Geschäftstätigkeit muss innerhalb des auf das Geschäftsjahr folgenden Jahres an die Anteilseigner ausgeschüttet werden.

4. *Organisationsanforderungen*[106]

- Die REIT-Anteile müssen von mindestens 100 Personen gehalten werden, wobei fünf oder weniger Personen nicht 50% oder mehr der Anteile im letzten halben Jahr des jeweiligen Steuerjahres besitzen dürfen.
- REIT-Anteile müssen voll übertragbar sein.
- REITs müssen von einem Vorstand (*Board of Directors*) oder Treuhändern (*Trustees*) geführt werden.

Erfüllt ein REIT während des Geschäftsjahres die genannten Anforderungen, so sind die Ausschüttungen auf der Ebene der Gesellschaft von der Körperschaftsteuerpflicht befreit und nur bei den Anteilseignern zu versteuern. Die meisten Bundesstaaten folgen dieser steuerlichen Behandlung auf Bundesebene, so dass REITs ebenfalls von der *state income tax* befreit sind.[107] Schüttet ein REIT mehr als seine steuerbaren Einkünfte aus, so stellt der über das steuerbare Einkommen hinaus gezahlte Betrag eine Kapitalrückzahlung dar und mindert das bei dem Anteilseigner zu versteuernde Einkommen aus dem REIT.[108]

Je nach Geschäftsgrundlage lassen sich drei Formen von REITs unterscheiden: Equity REITs, Mortgage REITs und Hybrid REITs. Während Equity REITs tatsächlich in Immobilien investieren, engagieren sich Mortgage REITs in

---

105 Vgl. Edwards (1999), S. 8.

106 Vgl. Downs/Hartzell (1995), S. 630.

107 Vgl. Madlem/Sykes (2000), S. 284.

108 Eine über die zu besteuernden Einkünfte eines REITs hinausgehende Ausschüttung kann dadurch zu Stande kommen, dass er für die Berechnung seines zu besteuernden Einkommens andere Abschreibungsmethoden verwenden darf als für die Ermittlung der ausschüttungsfähigen Einkünfte. Vgl. hier und in der Folge Brueggeman/Fisher (1997), S. 663 sowie Rölle (1990), S. 135.

erstklassige oder zweitklassige Hypotheken.[109] Daneben haben sich Produkte entwickelt, die die Vorteile dieser beiden Formen kombinieren: die Hybrid REITs. Abbildung 7 verdeutlicht die Anteile der drei REIT Varianten sowie die Entwicklung der REIT-Marktkapitalisierung.

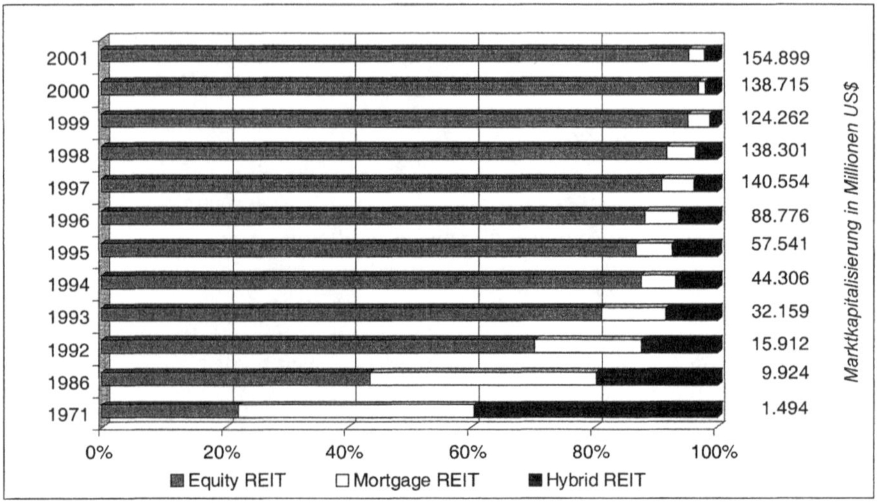

Abbildung 7: Entwicklung der Marktkapitalisierung von REITs sowie der Anteile von Equity-, Mortgage- bzw. Hybrid-REITs im Zeitraum 1971-2001[110]

In Abbildung 7 wird deutlich, dass sich im Zeitablauf die Bedeutung der einzelnen REIT Varianten erheblich verändert hat. Während in den 70er Jahren die Bedeutung von Mortgage-REITs deutlich größer war als die der Equity-REITs, nahm diese bis zum heutigen Zeitpunkt jedoch laufend ab. Der Anteil von Mortgage-REITs lag im Jahr 2001 nur noch bei 2,6%, während der Anteil der Equity-REITs 95,3% betrug. Diese Entwicklung lässt sich darauf zurückführen, dass in den späten 60er und frühen 70er Jahren die Mortgage-REITs eine Fremdkapitalquelle besonders für Projektentwicklungen und die Baubranche waren, die über die Beleihungsgrenze der normalen Finanzinstitute (Banken, S&L, Versicherungs-gesellschaften etc.) hinaus ging. Somit konnten die Mortgage-REITs eine Finanzierungslücke schließen und für die Investoren mit der Differenz zwischen Zinseinkommen und Zinsaufwand ordentliche Renditen erwirtschaften.[111] Das Zusammenfallen steigender Zinsen, eines überhöhten Immobilienangebots sowie einer nationalen Rezession im Jahre 1975 führte jedoch bei den Mortgage-REITs zu finanziellen Schwierigkeiten

---

[109] Vgl. Mullaney (1998), S. 5f.
[110] Quelle: NAREIT sowie eigene Berechnungen.
[111] Vgl. Brueggeman/Fisher (1997), S. 673.

und löste eine Transformation des REIT-Marktes aus.[112] Ein Grund für die erhebliche Zunahme der Bedeutung von Equity-REITs Anfang der 90er Jahre war ein Mangel an Fremdkapital, der durch den Wegfall von Lebensversicherungen als die wesentliche Fremdkapitalquelle entstand.[113] Eine Lösung dieses Finanzierungsengpasses wurde in der Börsennotierung der Equity-REITs und somit der Aufnahme von Eigenkapital gesehen. Gleichzeitig boten die niedrigen Immobilienpreise gute Einstiegsmöglichkeiten für eigenkapitalfinanzierte Immobilieninvestitionen.[114] Der erhebliche Anstieg der REIT-Marktkapitalisierung ab Mitte der 90er Jahre wurde zusätzlich durch die Erkenntnis ausgelöst, dass Immobilien nach ihrer Wirtschaftlichkeit und ihrer Rendite beurteilt werden sollten und REITs diesem Anspruch besser gerecht wurden als alternative Immobilienanlageprodukte, da sie als wirtschaftlich handelnde Unternehmen ihren Immobilienbesitz selbst effizient bewirtschaften konnten.

Der wesentliche Unterschied der REITs zu den deutschen Immobilien-Aktiengesellschaften stellt deren eindeutige Definition dar, die von den amerikanischen Steuerbehörden formuliert wurde und eine Steuerbefreiung auf der Ebene der Gesellschaft ermöglicht. Da der Unternehmensgegenstand bestandhaltender Equity-REITs im Halten und Verwalten von Immobilien besteht und ein REIT-Anteil insofern einer indirekten Beteiligung an einem Immobilienportfolio entspricht, sind von den drei REIT-Varianten am ehesten die Equity-REITs mit den deutschen Immobilien-Aktiengesellschaften vergleichbar. Aus diesem Grund werden diese im weiteren Verlauf der Arbeit im Vordergrund stehen.

In den letzten Jahren wurden REITs auch in anderen Ländern eingeführt (Australien, Japan, Korea, Neuseeland und Singapur).[115] Mit dem Gang an die japanische Börse der ersten beiden sog. JREITs im März 2001 wird die Hoffung verbunden, dass diese Anlageform den japanischen Immobilienmarkt transformieren und bisher niedrig verzinstes Kapital anziehen wird. In Korea wurden sog. KREITs entwickelt, um Unternehmen den Verkauf ihrer Immobilien, individuellen Investoren eine Kapitalanlage auf dem gewerblichen Immobilienmarkt sowie Immobiliengesellschaften eine Eigenkapitalaufnahme über die Börse zu ermöglichen.

2.5.2. Weitere europäische verbriefte Immobilienanlagen

In Europa haben sich die börsengehandelten Immobilienanlagen frühzeitig in England, in den Niederlanden sowie in Frankreich entwickelt, so dass diese

---

112 Vgl. Madlem/Sykes (2000), S. 287.
113 Hier und in der Folge vgl. Graff (2001), S. 101 f.
114 Vgl. hier und in der Folge Cadmus (2003), S. 199.
115 Vgl. hier und in der Folge CB Richard Ellis (2001), S. 2 sowie Ernst&Young (2001). S. 3 f.

Länder nun die größte Anzahl an Immobilien-Aktiengesellschaften aufweisen.[116] Dies zeigt sich u.a. auch in dem hohen Anteil, den englische, niederländische und französische Immobilien-Aktien in den europäischen Immobilien-Aktienindizes aufweisen (EPRA Europe Index, GPR 250 Europa etc.). Die börsennotierten Immobilien-Aktiengesellschaften in den Niederlanden sowie in Frankreich entsprechend weitgehend den deutschen Immobilien-Aktiengesellschaften. In England werden Immobilien-Aktiengesellschaften als *Public Limited Companies* (*plc*) geführt. Diese im Immobilienbereich tätigen Public Limited Companies werden im allgemeinen Sprachgebrauch als *Property Companies* bzw. ihre Aktien als *Property Shares* bezeichnet.[117] Im Gegensatz zu den Real Estate Investment Trusts (REITs) existiert für Property Companies jedoch keine spezifische Rechtsform oder Steuervergünstigung, so dass sie sich nur über ihre Tätigkeit im Immobilienbereich definieren können.[118] Die Mehrheit der Property Companies beschäftigt sich mit dem Kauf und der Verwaltung von Immobilienvermögen im Hinblick auf eine langfristige Miet- bzw. Wertsteigerung. Ein kleinerer Teil spezialisiert sich auf das Handeln mit Immobilien. Im Unterschied zu den deutschen Immobilien-AGs handelt es sich bei den britischen Property Companies um eine am Markt lange etablierte Assetklasse, deren Performance durch den Real Estate Index im Rahmen der FTSE Sector Indizes abgebildet wird.[119] Dieser FTSE Real Estate Index umfasste Ende 2001 36 Unternehmen mit einer Marktkapitalisierung von insgesamt 23,8 Mrd. £ bzw. 39,1 Mrd. €.

2.6. Zusammenfassung

Ziel dieses Kapitels war, das Modell der 4-Quadranten der Immobilienwirtschaft für die Anlagemöglichkeiten auf dem deutschen Immobilienmarkt vorzustellen und seine Implikationen für die Bildung von Immobilien- und Mixed-Asset Portfolios aufzuzeigen.

Ausgehend von den Ergebnissen der Studie von Hudson-Wilson/Elbaum (1995) stellt sich die Frage, inwiefern die 4-Quadranten der Immobilienwirtschaft für einen Anleger auf dem deutschen Immobilienmarkt von Bedeutung sind, bzw. welche Konsequenzen sich für das Management von Immobilien- und Mixed-Asset Portfolios ableiten lassen. Eine Quantifizierung des Diversifikationspotentials der 4-Quadranten der Immobilienwirtschaft für den deutschen Immobilienmarkt ist erst möglich, wenn jeder Quadrant durch eine Anlageform repräsentiert wird und zudem Daten für eine empirische Untersuchung zur Verfügung stehen. Börsengehandelte Fremdkapitalanlagen, die einem Investor tatsächlich die Möglichkeit geben, an den Chancen und

---

[116] Vgl. Beck (2003), S. 154.
[117] Vgl. Westdeutsche Immobilien Holding GmbH (1999), S. 87.
[118] Vgl. hier und in der Folge Barkham (1995), S. 91.
[119] Vgl. FTSE International Ltd. (2001), S. 13.

Risiken des Immobilienmarktes zu partizipieren, stehen bisher jedoch kaum zur Verfügung. Hypothekenpfandbriefe schließen diese Möglichkeit aufgrund ihrer Konstruktion aus und Mortgage Backed Securities (MBS) sind auf dem deutschen und auch europäischen Markt nur geringem Umfang vorhanden. Für die anderen Quadranten stehen leider kaum Daten mit einer ausreichenden Historie zur Verfügung. Dies ist insbesondere der Fall bei direkten Immobilienanlagen und nicht-börsengehandeltem Immobilienfremdkapital. Für Immobilien-AGs ist zwar eine ausreichende Datenverfügbarkeit gegeben, jedoch besteht die Schwierigkeit ihrer eindeutigen Abgrenzung zu anderen Aktiengesellschaften.

Für die zukünftige Gestaltung von Immobilienportfolios lässt sich jedoch ableiten, dass das vorhandene Spektrum an Immobilienanlageformen ausgeschöpft werden sollte und diese Diversifikation innerhalb eines reinen Immobilienportfolios zu einer Verringerung des Risikos beitragen kann. Sollen Immobilien mit anderen Anlageformen in einem Portfolio gemischt werden, so ist der Risikodiversifikationseffekt des Immobilienanteils von dessen Zusammensetzung abhängig und insofern ebenfalls im Sinne der 4-Quadranten gestaltbar.

3. Anwendbarkeit der MPT auf Immobilien

Eines der zentralen Probleme eines Anlegers stellt die Aufteilung seines Vermögens auf verschiedene Anlagemöglichkeiten (Aktien, Renten, Immobilien etc.) dar.[120] Bei dieser Entscheidung handelt es sich typischerweise um eine Entscheidung unter Unsicherheit, die nicht nur eindimensional anhand der zu erwartenden Rendite, sondern zusätzlich mittels einer Risikomaßzahl beurteilt werden sollte, die mögliche Abweichungen von der erwarteten Rendite erfasst. Grundsätzlich wird davon ausgegangen, dass Anleger sich rational verhalten und durch eine risikoscheue Einstellung gekennzeichnet sind,[121] so dass sie bei gleicher Rendite immer die Anlage vorziehen, die das geringere Risiko aufweist.

Bernoulli und Cramer kamen schon im 18. Jahrhundert zu dem Schluss, dass Anlageentscheidungen nicht nur auf der Basis von erwarteten (durchschnittlichen) Renditen durchgeführt werden sollten.[122] Diverse Ökonomen versuchten, ein Maß für die Unsicherheit von erwarteten Renditen zu finden, jedoch gelang dies erst *Markowitz (1952, 1959)* und *Tobin (1958)* mit der Formulierung der „*Modernen Portfolio Theorie*" (Portfolio Selection). Das handlungsweisende Modell der *Portfolio Selection* ermöglicht es, eine optimale Mischung von Vermögensgegenständen zu finden, die den Nutzen eines Investors unter Berücksichtigung seiner individuellen Risikobereitschaft maximiert. Das Modell, welches Theorie und Praxis des Portfolio-Managements entscheidend geprägt hat, basiert auf dem Mittelwert und der Varianz der Verteilung von erwarteten Renditen. Ursprünglich war es allgemein, d.h. für alle Formen von Vermögensgegenständen, formuliert.[123] Es wird jedoch hauptsächlich auf das Management von Wertpapierportfolios angewendet, da die Wertpapiermärkte die restriktiven Modellprämissen am ehesten erfüllen.

Eine Anwendung der Modernen Portfolio Theorie (MPT) auf alle Formen der Kapitalanlage in Immobilien ist aus theoretischer Sicht nur möglich, wenn die dieser Theorie zugrundeliegenden Prämissen erfüllt werden. Insofern werden im folgenden zuerst allgemein die verschiedenen grundlegenden Begriffe der Portfolio Selection erläutert. Daran anschließend wird auf die Asset Allocation eingegangen, bevor verschiedene Alternativen der Diversifikation innerhalb der Assetklasse Immobilie sowie von Mixed-Asset Portfolios erläutert werden. Anschließend wird diskutiert, welche in Kapitel 2 dargestellten Formen der Immobilienanlagen die Prämissen der MPT erfüllen und somit ein auf dieser

---

[120] Vgl. Elton/Gruber (1997), S. 1743.
[121] Vgl. Markowitz (1991), S. 206 ff.
[122] Vgl. Bernoulli (1954), S. 23-36.
[123] Vgl. Markowitz (1952), S. 91.

Theorie aufbauendes effizientes Management von Portfolios erlauben. Eine kritische Würdigung der gewonnenen Ergebnisse sowie eine Formulierung ihrer Konsequenzen für das Management von Immobilien- bzw. Mixed-Asset Portfolios schließt dieses Kapitel ab.

3.1. Portfolio Selection

3.1.1. Rendite-/Risikobegriff

Die *Rendite* einer Anlage ergibt sich allgemein als Gewinn, bezogen auf das eingesetzte Kapital. Die Rendite (R) einer Anlage in einer Periode (t) wird berechnet, indem sämtliche Kapitalerträge innerhalb der Periode (E_t) und die Differenz des Verkaufspreises (P_t) und des Kaufpreises (P_{t-1}) zum Kaufpreis ins Verhältnis gesetzt werden.[124] Diese diskrete Rendite ist also die relative (gedanklich) einmalig erfolgende Wertänderung des eingesetzten Kapitals von Periode $t-1$ zu Periode t und ergibt sich wie folgt[125]:

(1) $$R_t = \frac{P_t - P_{t-1} + E_t}{P_{t-1}}.$$

mit: P_t: Wert der Kapitalanlage zum Zeitpunkt t

P_{t-1}: Wert der Kapitalanlage zum Zeitpunkt $t-1$

E_t: Kapitalerträge während der Periode ($t-1$) bis t

Im Rahmen von Renditebetrachtungen in Modellen der Kapitalmarkttheorie werden hauptsächlich stetige Renditen verwendet. Eine *stetige Rendite* ist als die durchschnittliche Wachstumsrate des investierten Vermögens interpretierbar und entspricht einer „stetigen" (= fortlaufenden) Verzinsung des eingesetzten Kapitals.[126] Die stetige Rendite (r_{st}) einer Anlage ergibt sich aus deren absoluten logarithmierten Wertveränderungen:

(2) $$r_{st,t} = LN\left(1 + \frac{P_t - P_{t-1} + E_t}{P_{t-1}}\right) = LN(P_t + E_t) - LN(P_{t-1}) = LN\frac{P_t + E_t}{P_{t-1}}$$

Die *durchschnittliche stetige Rendite* ($\bar{r}_{st}$) lässt sich als einfacher (arithmetischer) Durchschnitt der stetigen Einzelrenditen jeder Periode berechnen:

---

124 Da Immobilien je nach ihrer Form und Zugehörigkeit zu einem Privat- oder Betriebsvermögen steuerlich sehr unterschiedlich behandelt werden und sich dies auf die Ermittlung der Renditen auswirkt, wird die steuerlichen Behandlung von Immobilienanlagen in Deutschland in einem Exkurs auf S. 63 gesondert thematisiert.

125 Vgl. Poddig et al. (2000), S.103.

126 Vgl. hier und in der Folge Zimmermann et al. (1996), S. 31 ff.

$$(3) \quad \bar{r}_{st} = \frac{1}{n}\sum_{t=1}^{n} r_{st,t}.$$

Die Verwendung von stetigen Renditen hat vor allem den statistischen Vorteil, dass sie als ungefähr normalverteilt angenommen werden können. Dies führt zu entscheidenden Vereinfachungen, da die Normalverteilung durch die beiden Parameter μ (Mittelwert) und σ (Standardabweichung) vollständig bestimmt ist und somit nicht die ganze Verteilung, sondern nur der Erwartungswert (μ) und die Standardabweichung (σ) geschätzt werden müssen.[127] Von besonderer Bedeutung ist zudem die Symmetrieeigenschaft der Normalverteilung: Beträgt bspw. die durchschnittliche stetige Rendite einer Kapitalanlage 7,5%, so besitzt eine Rendite von 7,5% + 3% = 10,5% die gleiche Eintretenswahrscheinlichkeit wie eine Rendite von 7,5% - 3% = 4,5%, d.h. Abweichungen von der durchschnittlichen Rendite oberhalb des Mittelwertes sind genauso wahrscheinlich wie Abweichungen der Rendite unterhalb des Mittelwertes. Anhand der Fläche unter der Normalverteilungskurve kann darüber hinaus die Wahrscheinlichkeit bestimmt werden, mit welcher eine bestimmte Rendite übertroffen oder unterschritten wird.

Die zweite wichtige Größe der Portfolio Selection ist das Risiko, mit dem die oben ermittelte durchschnittliche (auch erwartete) Rendite einer Kapitalanlage behaftet ist. *Risiko* existiert, wenn aufgrund der unsicheren Zukunft die Rendite einer Anlage nicht im voraus quantifizierbar ist, deren mögliche Renditen und die Eintretenswahrscheinlichkeiten jedoch abzuschätzen sind.[128]

Das *durchschnittliche Risiko* oder auch die *Volatilität* ($\sigma_{r_{st}}$) einer Anlage wird üblicherweise berechnet als die Standardabweichung ihrer stetigen Renditen und drückt somit die Abweichung (Streuung) der Renditen vom Erwartungswert aus[129]:

$$(4) \quad \sigma_{r_{st}} = \sqrt{\frac{1}{n-1}\sum_{t=1}^{n}\left(r_{st,t} - \bar{r}_{st}\right)^2}.$$

Somit wird sowohl die Chance, von der erwarteten Rendite positiv abzuweichen, als auch die Gefahr einer negativen Abweichung als Risiko bezeichnet.[130]

---

127 Vgl. Poddig et al. (2000), S. 125.

128 Vgl. Steiner/Bruns (2000), S. 53 f.

129 Vgl. Zimmermann et al. (1996), S. 37.

130 Für eine kritische Darstellung weiterer Risikomaßzahlen, vgl. Schmidt-von Rhein (1996), S. 165 ff. oder Wittrock (1995), S. 22 ff. Zur Quantifizierung von mit Immobilien verbundenen Risiken vgl. Wheaton et al. (2001) sowie Sivitanides (1998).

3.1.2. Diversifikation

Die Betrachtung einer Rendite als stochastische Zufallsvariable ist die Voraussetzung für eine Risikoquantifizierung und ermöglicht durch die Anwendung statistischer Methoden eine Berechnung des Risikodiversifikationseffektes, der durch eine Mischung verschiedener Kapitalanlagen auftreten kann.[131] In einer Risikosituation kann der Anleger die unsichere Rendite einer Anlage durch mehrere, alternativ eintretende Renditemöglichkeiten beschreiben und für jede mögliche Rendite eine Eintretenswahrscheinlichkeit angeben.[132] Die Beurteilung möglicher Portfoliozusammensetzungen erfolgt im Rahmen der Portfolio Selection ausschließlich anhand der erwarteten Rendite (r) und des erwarteten Risikos (σ).[133] Die erwartete Portfoliorendite ergibt sich aus der Summe der im Portfolio enthaltenen gewichteten Einzelrenditen[134]:

$$(5) \qquad r_{Pf} = \sum_{i=1}^{N} x_i \bar{r}_{i,M}$$

mit: x_i: Anteil der Kapitalanlage i im Portfolio
$\bar{r}_{i,M}$: erwartete Rendite der Kapitalanlage i
N: Anzahl der Kapitalanlagen i

Im Gegensatz dazu lässt sich durch die Mischung von Vermögensgegenständen das Gesamtrisiko im Vergleich zur gewichteten Summe der Einzelrisiken reduzieren (Diversifikationseffekt).[135] Daher kann das Risiko eines Portfolios mit zunehmender Anzahl von Anlagetiteln abnehmen.[136] Um die für diesen Effekt verantwortliche Größe zu verdeutlichen, wird zuerst die Formel zur Berechnung der Varianz des Portfolios (σ^2_{PF}) bzw. der Standardabweichung (σ_{PF}) dargestellt, wobei N der Anzahl der im Portfolio enthaltenen Anlagetitel entspricht.

---

131 Um Renditen tatsächlich als stochastische Zufallsvariable behandeln und sie mittels statistischer Methoden untersuchen zu können, muss es sich mindestens um schwach stationäre Zeitreihen handeln. Diese Zeitreihen weisen dann Erwartungswerte und Varianzen ihrer Elemente sowie Kovarianzen zwischen ihnen unabhängig vom Zeitindex t auf. Vgl. Poddig et al. (2000), S. 96 f.

132 Vgl. Schmidt-von Rhein (1996), S. 221 sowie von Auer (1999), S. 24.

133 Die Moderne Portfolio Theorie ist als ex-ante Entscheidungsmodell in Erwartungsgrößen formuliert. Zur Vereinfachung wird hier und in der Folge jedoch auf die Erwartungsparameter verzichtet.

134 Vgl. Elton/Gruber (1995), S. 55.

135 Vgl. Grubel (1968), S. 1301.

136 Für eine genaue Herleitung vgl. Elton/Gruber (1995), S. 51 ff.

(6) $$\sigma_{Pf} = \sqrt{\sum_{j=1}^{N}\left(x_j^2\sigma_j^2\right) + \sum_{\substack{j=1,\\ j\neq k}}^{N}\sum_{\substack{k=1,\\ k\neq j}}^{N} x_j x_k \sigma_j \sigma_k \, \rho_{jk}}$$

mit: x_j, x_k: Gewichtung der Kapitalanlage im Portfolio

σ_j, σ_k: Standardabweichung der Renditen

ρ_{jk}: Korrelationskoeffizient der Renditen *j* und *k* ($j \neq k$).[137]

Der Grad der Risikoreduktion hängt dabei von dem Gleichlauf der Anlagerenditen untereinander ab.[138] Der Gleichlauf zweier Renditereihen wird mittels der Kovarianz berechnet[139]:

(7) $$\sigma_{jk} = \frac{1}{n-1}\sum_{t=1}^{n}\left(r_{j,t} - \bar{r}_j\right)\left(r_{k,t} - \bar{r}_k\right).$$

mit: $\bar{r}_j, \bar{r}_k$: erwartete Renditen der Kapitalanlagen *j* und *k* ($j \neq k$)

$r_{j,t}, r_{k,t}$: Anlagerenditen r_j, r_k zum Zeitpunkt *t*

N: Anzahl der betrachteten Perioden.

Wird die Kovarianz zweier Kapitalanlagen durch das Produkt der Standardabweichungen der beiden einzelnen Anlagen geteilt, so erhält man eine Maßzahl mit der gleichen Aussage wie die Kovarianz, die jedoch auf das Intervall [-1;1] normiert ist und somit die Interpretation und vor allem den Vergleich zweier Anlagekombinationen erleichtert.[140]

(8) $$\rho_{jk} = \frac{\sigma_{jk}}{\sigma_j \sigma_k}.$$

Die Möglichkeiten der Risikoreduktion in Abhängigkeit vom Korrelationskoeffizienten wird anhand der folgenden Graphik deutlich.

---

137 Vgl. Elton/Gruber (1995), S. 71.
138 Vgl. Levy/Sarnat (1970), S. 668.
139 Vgl. Elton/Gruber (1995), S. 56.
140 Vgl. Elton/Gruber (1995), S. 56 f.

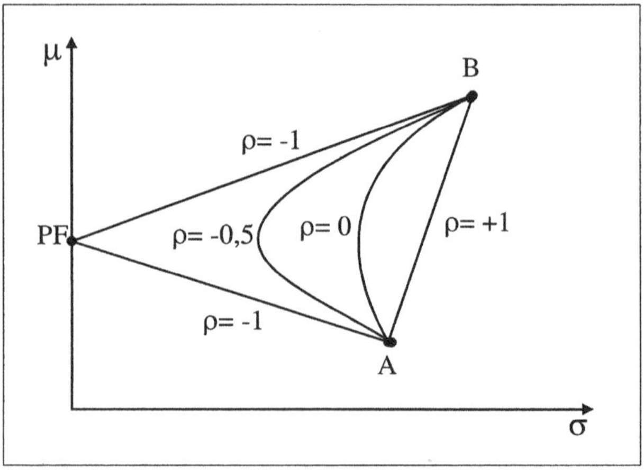

Abbildung 8: Möglichkeiten der Risikoreduktion im Zwei-Anlagen-Fall[141]

Abbildung 8 zeigt, dass im Zwei-Anlagen-Fall (ohne Leerverkäufe) kein Risiko vernichtet werden kann, wenn die Korrelation zwischen den beiden Renditereihen perfekt ist ($\rho = 1$), und das gesamte Risiko bei einer perfekt negativen Korrelation ($\rho = -1$) „diversifiziert" werden kann (Portfolio *PF*). Daraus folgt: je niedriger die Korrelation zwischen Kapitalanlagen, desto mehr Risiko kann durch eine kombinierte Anlage in diese vernichtet werden. Eine vollständige Vernichtung des Risikos ist jedoch in aller Regel nicht zu erreichen, da Korrelationskoeffizienten von $\rho = -1$ in der Realität kaum zu beobachten sind. Somit stellt sich die Frage nach den Grenzen des Diversifikationseffektes.

Es sei hierzu angenommen, dass ein gleichgewichtetes Portfolio bestehend aus *n* Vermögenstiteln betrachtet wird. Für das Portfoliorisiko (σ^2_{Pf}) ergibt sich dann[142]:

$$(9) \qquad \sigma^2_{Pf} = \sum_{j=1}^{n} \left(\frac{1}{n}\right)^2 \sigma^2_j + \sum_{j=1}^{n} \sum_{\substack{k=1 \\ k \neq j}}^{n} \left(\frac{1}{n}\right)^2 \sigma_{j,k}$$

Mit $\overline{\sigma}^2_j = \frac{1}{n} \sum_{j=1}^{n} \sigma^2_j$ als durchschnittliche Varianzen der Renditen sowie $\overline{\sigma}_{j,k} = \frac{1}{n(n-1)} \sum_{j=1}^{n} \sum_{\substack{k=1 \\ j \neq k}}^{n} \sigma_{j,k}$ als durchschnittliche Kovarianzen lässt sich (9) folgendermaßen schreiben:

---

[141] In Anlehnung an Elton/Gruber (1995), S. 79.

[142] Vgl. Markowitz (1991), S. 109 ff.

$$(10) \quad \sigma_{Pf}^2 = \frac{1}{n}\overline{\sigma}_j^2 + \frac{n-1}{n}\overline{\sigma}_{j,k}.$$

Mit zunehmender Anzahl von Vermögenstiteln ($n \to \infty$) strebt der erste Term gegen Null und das Portfoliorisiko somit asymptotisch gegen die Summe der durchschnittlichen Kovarianzen der im Portfolio enthaltenen Anlagetitel[143]:

$$(11) \quad \lim_{n \to \infty} \sigma_{Pf}^2 = \overline{\sigma}_{j,k}.$$

Das Portfoliorisiko lässt sich folglich unterteilen in ein *nicht diversifizierbares* oder auch *systematisches* (Markt-)Risiko und ein *diversifizierbares* oder *unsystematisches* Risiko.

Im Falle von Aktien entspricht das unsystematische Risiko dem unternehmensspezifischen Risiko. Das diversifizierbare Risiko eines Wertpapiers kann durch Kombination mit anderen Aktien vermindert werden, so dass das Risiko eines Aktienportfolios mit zunehmender Anzahl an Wertpapieren sich dem systematischen (Markt-)Risiko annähert. Eine weitere Reduktion des Portfoliorisikos kann durch eine Beimischung von internationalen Aktien erreicht werden, da „(...) *returns on foreign assets are influenced by business cycles, natural and hand-made catastrophies and government policies whose effects are limited to or felt most strongly in the economies of the affected countries.*“[144] Die insofern differierenden länderspezifischen Renditeentwicklungen von Wertpapieren führen zu geringen Korrelationen, die durch eine internationale Diversifikation ausgenutzt werden können. Die folgende Abbildung 9 zeigt, wie sich das Portfoliorisiko mit zunehmender Anzahl an Wertpapieren dem systematischen Risiko eines Anlageuniversums annähert.

143 Vgl. Markowitz (1976), S. 49 f. Er bezeichnet dies als das „*Law of the Average Covariance*“.

144 Grubel/Fadner (1971), S. 89.

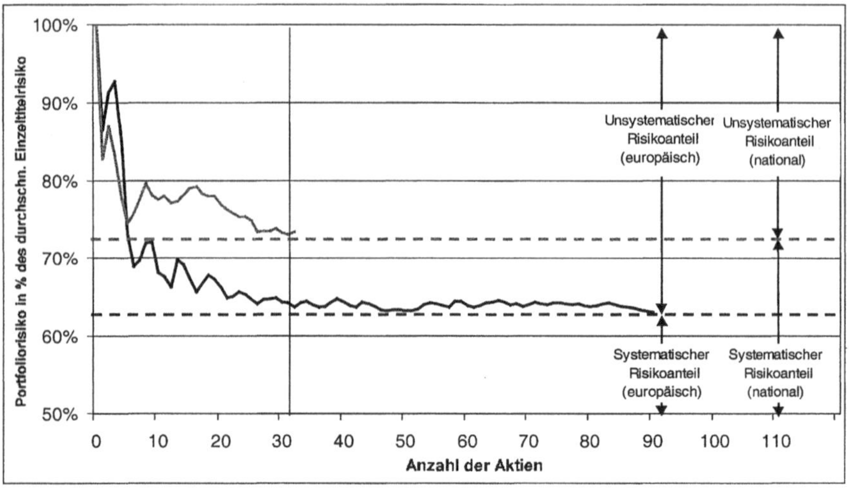

Abbildung 9: Risikodiversifikationseffekt bei zunehmender Anzahl deutscher bzw. europäischer Wertpapiere (1/1990-12/1997)[145]

Betrachtet man den Risikodiversifikationseffekt eines Portfolios von deutschen Wertpapieren (dünne Linie), so ist gut zu erkennen, dass das Risiko des Portfolios mit wachsender Titelanzahl gegen ein systematisches Risiko von ca. 73% der durchschnittlichen Varianz aller Einzeltitel konvergiert und somit ein unsystematisches Risiko von etwa 27% „vernichtet“ werden konnte.[146] Aus Abbildung 9 wird ebenfalls deutlich, dass das Portfoliorisiko mit zunehmender Anzahl an europäischen Aktien (dicke Linie) gegen ein Marktrisiko von ca. 63% konvergiert und somit deutlich mehr (unsystematisches) Risiko vernichtet werden konnte als bei einem rein nationalen Portfolio. Durch die Kombination verschiedener europäischer Märkte, wird sowohl das unsystematische Risiko der einzelnen Wertpapiere als auch das unsystematische Risiko der einzelnen Märkte „vernichtet“, so dass sich das Portfoliorisiko einem europäischen Marktrisiko annähert.[147]

---

[145] Abbildung entnommen aus Jandura (2000), S. 215.

[146] Die durchschnittliche Varianz der Einzeltitel wird in der Literatur üblicherweise als Benchmark zur Messung des Diversifikationseffektes verwendet. Vgl. hierzu u.a. Solnik (1974), S. 49 sowie S. 54, FN 2.

[147] Vgl. Reilly/Brown (1997), S. 76 f.

Eine weitere Risikoreduktion lässt sich nun nur noch durch eine weltweite Diversifikation des Aktienportfolios erreichen.[148]

Bezieht man neben Aktien noch andere Anlageformen (Renten, Immobilien etc.) bei der Portfoliobildung mit ein, so lässt sich bereits auf nationalem Niveau das Portfoliorisiko gegenüber einem rein nationalen Aktienportfolio weiter senken. Die Hinzunahme von Renten ermöglicht z.B. aufgrund ihrer von Aktien erheblich abweichenden Rendite-/Risikocharakteristika die Realisierung von effizienten Portfolios, die ein erheblich geringeres Risiko aufweisen als reine Aktienportfolios. Werden diese Mixed-Asset Portfolios nicht nur aus Anlagen eines nationalen Marktes gebildet, sondern international gestreut, so wird sich das Portfoliorisiko dieser globalen Mixed-Asset Portfolios schließlich dem entsprechenden systematischen Weltmarktrisiko annähern.[149]

3.1.3. Asset Allocation

Gegenstand der *Asset Allocation* ist eine möglichst effiziente Aufteilung des Anlagekapitals auf verschiedene Anlageobjekte, aus der dann eine konkrete, anlegergerechte Portfoliostruktur hervorgeht.[150] Die Art der dabei verfolgten Anlagestrategie kann in aktives oder passives Management unterteilt werden. Diese Unterscheidung geht auf eine Arbeit von *Treynor/Black* (*1973*) zurück und basiert auf jeweils unterschiedlichen Annahmen bezüglich der (Informations-)Effizienz[151] des betreffenden Kapitalmarktes.

Grundlage des *passiven* Managements ist die Annahme, dass keine systematischen Überrenditen erzielt werden können, da Informationseffizienz

---

148 Es wurden zahlreiche empirische Analysen über Vorteile einer internationalen Diversifikation von Aktienportfolios durchgeführt. Vgl. stellvertretend Levy/Sarnat (1970), Solnik (1974), Solnik/Noetzlin (1982), Odier/Solnik (1993) sowie Solnik (1996a).

149 Eine große Anzahl an Untersuchungen über den Diversifikationseffekt von (internationalen) Mixed-Asset Portfolios wurde angefertigt, wobei neben Aktien meist Renten seltener aber auch Immobilien, Gold, Kunstgegenstände und Geld betrachtet wurden. Vgl. beispielweise Ibbotson et al. (1982), Solnik/Noetzlin (1982), Jorion (1989), Kaplanis/Schaefer (1991), Black/Litterman (1992), Black (1992), Odier/Solnik (1993), Reilly/Brown (1997), S. 67 ff. sowie Quan/Titman (1999).

150 Vgl. Schmidt-von Rhein (1996), S. 26.

151 Dabei lassen sich drei Formen von Informationseffizienz unterscheiden: (1) *schwache Informationseffizienz*: Alle Informationen über vergangene Marktpreise sind in den aktuellen Marktpreisen enthalten, (2) *halbstrenge Informationseffizienz*: Alle öffentlich zugänglichen Informationen sind im aktuellen Marktpreis enthalten und (3) *strenge Informationseffizienz*: alle existenten Informationen, also auch unternehmensinternes oder persönliches, exklusives Wissen sind in den aktuellen Marktpreisen enthalten. Vgl. Fama (1970), S. 387 ff sowie Fama (1991), S. 1576 f.

vorliegt, die besagt, dass die Anlagepreise zu jedem Zeitpunkt alle verfügbaren, wertrelevanten Informationen reflektieren.[152] [153]

Da sich bei Markteffizienz keine dauerhaften Überrenditen erreichen lassen, zielt das passive Portfolio-Management nicht darauf ab, eine höhere Rendite als ein Referenzindex zu erwirtschaften, sondern die vom Markt nicht vergütete Übernahme unsystematischen Risikos durch möglichst breite Diversifikation zu vermeiden.[154] In der praktischen Umsetzung beschränkt sich passives Portfolio-Management auf eine kostengünstige und hinsichtlich ihres Rendite/Risikoprofils möglichst genaue Nachbildung (*Tracking*) einer vom Anleger vorgegebenen Benchmark.[155] Bei einem passiv gemanagten Portfolio wird die Zusammensetzung folglich nur dann variiert, wenn

(1) sich die Präferenzen des Anlegers (und damit die Benchmark) ändern,

(2) sich die Zusammensetzung/Gewichtung der Benchmark bspw. durch Ausschluss oder Aufnahme neuer Anlagetitel ändert (Rebalancing).[156]

Die Leistung eines passiven Managements wird entsprechend an der Fähigkeit zur Minimierung des „Tracking Errors" gemessen.[157]

Im Gegensatz dazu unterstellt *aktives* Portfolio-Management einen nicht effizienten bzw. schwach effizienten Kapitalmarkt. Ziel des aktiven Managements ist die Erzielung einer Performance, die oberhalb einer vorgegebenen Benchmark liegt, d.h. die risikoadjustierte Rendite des aktiv gemanagten Portfolios sollte die risikoadjustierte Rendite der Benchmark übertreffen. Ein aktiver Portfolio-Manager geht somit davon aus, dass er gegenüber den übrigen Marktteilnehmern systematische Informationsvorteile erringen kann und diese auch durch eine adäquate Anlagestrategie auszunutzen vermag.[158] Dazu können zwei Vorgehensweisen zur Portfoliostrukturierung gewählt werden: der Bottom-Up-Ansatz und die Top-Down-Methode.

---

152 Kapitalmärkte können nur effizient sein, wenn sich hinreichend viele Marktteilnehmer um die Verbreitung, Auswertung und Umsetzung von Informationen bemühen. Mithin kann Kapitalmarkteffizienz nur dann vorliegen, wenn genügend viele Marktteilnehmer nicht an deren Existenz glauben (*Informationsparadoxon*). Vgl. Bruns/Meyer-Bullerdiek (1996), S. 84.

153 Diese ursprüngliche von *Fama (1970)* geprägte Definition der Finanzmarkteffizienz abstrahiert allerdings von Transaktions- und Informationskosten. Eine etwas abgewandelte Definition nimmt Finanzmarkteffizienz an, wenn sich nach Abzug von Informations- und Transaktionskosten keinerlei Überrenditen erzielen lassen. Vgl. Grossmann/Stiglitz (1980), S. 393 bzw. 400 f.

154 Ein theoretisch perfekter Ausschluss des unsystematischen Risikos setzt eine Investition in das Marktportfolio voraus.

155 Vgl. Steiner/Bruns (2000), S. 290.

156 Vgl. Schmidt-von Rhein (1996), S. 33 f.

157 Zur Berechnung des Tracking Errors vgl. Poddig et al. (2000), S. 146 f.

158 Vgl. Schmidt-von Rhein (1996), S. 29 f.

Portfolio-Manager, die den *Bottom-Up*-Ansatz verfolgen, analysieren die technischen und/oder fundamentalen Daten einer großen Anzahl von Anlagemöglichkeiten und wählen anhand der gewonnenen Daten Titel/Objekte zur Portfoliobildung aus.[159] Dabei wird deren Herkunftsland oder Währungsraum nicht berücksichtigt. Zusätzlich unterstützt durch Market Timing[160] hat diese Art der Auswahl und Gewichtung der Anlageobjekte zum Ziel, „günstige" Marktsituationen für den Anleger gewinnbringend auszunutzen.[161] Das Produkt dieser Vorgehensweise stellt eine mehr oder weniger zufällige Auswahl der Anlageprodukte dar und führt somit zu einem unsystematisch zusammengestellten Portfolio, d.h. „globale" Rendite-/Risikostrukturen werden nicht berücksichtigt.[162]

Im Gegensatz dazu verläuft die Portfoliobildung anhand der Top-Down-Methode strukturiert, d.h. von der Auswahl der zentralen Assetklassen bis zu der Wahl der Einzeltitel bzw. –objekte wird eine genaue Rendite-/Risikoanalyse durchgeführt. Assetklassen werden dabei als in sich homogene Gruppe von Anlageobjekten mit gemeinsamen Merkmalen gesehen.[163] *„While not strictly necessary, it is desirable that such asset classes be 1) mutually exclusive, 2) exhaustive, and 3) have returns that „differ"*".[164] Eine sinnvolle Allokation des zu investierenden Kapitals kann somit nur erfolgen, wenn die Assetklassen diese Voraussetzungen erfüllen und sich gegenseitig in einem Maße unterscheiden, dass eine Assetklasse nicht als Substitut einer anderen verwendet werden kann. Abbildung 10 verdeutlicht die Struktur der Bottom-Up- und Top-Down-Vorgehensweise sowie mögliche Einteilungen in Assetklassen:

159 Vgl. Solnik (1996b), S. 581.

160 Unter Market Timing versteht man die Bestimmung von günstigen Handelszeitpunkten mit niedrigen Kauf- und hohen Verkaufspreisen. Vgl. Rehkugler et al. (1999), S. 153 f.

161 Vgl. Schmidt-von Rhein (1996), S. 29.

162 Vgl. Solnik (1996b), S. 581.

163 Vgl. Greer (1997b), S. 86.

164 Sharpe (1992), S. 8.

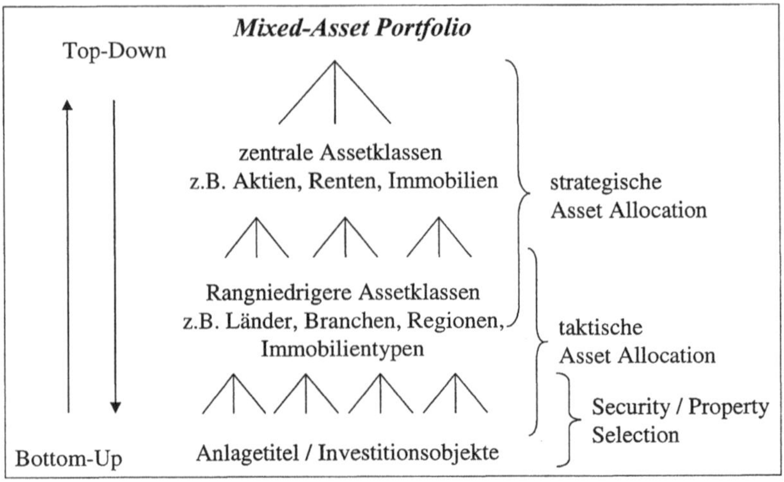

Abbildung 10: Portfoliostrukturierung[165]

Ausgangspunkt der Wahl zwischen zentralen Assetklassen bzw. deren Gewichtung in einem Portfolio sind zum einen vorgegebene Investorenziele (z.B. Wertsteigerungen, Dividenden, Zinsertrag), zum anderen die Einschätzung der wirtschaftlichen Entwicklung sowie der langfristigen Tendenzen und Strukturen der Märkte. Die Auswahl zwischen den rangniederen Assetklassen entscheidet über die weitere Portfoliostruktur bezüglich des Anlageraumes und des –zeitpunktes. Zunächst untersucht man Länder, Branchen, Regionen, Immobilientypen oder Währungsräume[166] auf deren Rendite-/Risikoprofil und ermittelt so eine dem Anlegerprofil entsprechende Gewichtung, bevor dann mittels der Security bzw. Property Selection bestimmte Aktien, Bonds oder Immobilien zum Kauf ausgewählt werden. Sowohl die Security/Property Selection als auch die Suche nach dem besten Kauf- bzw. Verkaufszeitpunkt

---

165 In Anlehnung an Schmidt-von Rhein (1996), S. 27.

166 Im Rahmen einer internationalen Portfoliodiversifikation spielt die Währungsallokation neben der Allokation anderer Assetklassen eine bedeutende Rolle. Zur Beurteilung des Risikos einer Fremdwährungsanlage ist es wichtig, zwischen Währungsrisiko (Zusatzvolatilität durch Umrechnung der lokalen Renditen in eine andere Referenzwährung) und Wechselkursvolatilität (Standardabweichung der Wechselkursrenditen) zu unterscheiden. Ein internationales Investment entspricht immer einer simultanen Anlage in eine Fremdwährung sowie in einen Kapitalmarkt, wobei die nicht vollständig parallele Entwicklung (d.h. die geringe Korrelation) des Wechselkurses und des ausländischen Kapitalmarktes es ermöglicht, Risiko zu vernichten. Vgl. Drummen/Zimmermann (1992), S. 82 und Knight (1991), S. 134. Für eine Darstellung der Behandlung von Währungsrisiken in global diversifizierten Portfolios vgl. beispielhaft Jorion (1994), Ziobrowski/Ziobrowski (1995), Gastineau (1995), Solnik (1996b), Solnik (1998) sowie Clark/Tullis (1999).

(Market Timing) werden als taktische Asset Allocation bezeichnet.[167] Aus der Top-Down-Methode resultiert insgesamt ein systematisch zusammengestelltes Portfolio, bei dem im Gegensatz zu dem Bottom-Up-Verfahren der Grundsatz der Diversifikation beachtet wird.

Die allgemeine Darstellung der Modernen Portfolio Theorie hat gezeigt, dass die Portfoliobildung entscheidend von den erwarteten Rendite-/Risikoeigenschaften sowie dem Gleichlauf der verschiedenen Vermögenstitel abhängt. Diese Größen werden der Asset Allocation zugrunde gelegt, die je nach verfolgter Strategie in einem zufällig oder systematisch zusammengestellten Portfolio resultiert. Für die weitere Vorgehensweise der Arbeit ist es sinnvoll, die steuerliche Behandlung von Einkünften aus verschiedenen Immobilienanlagen darzustellen, da diese einen erheblichen Einfluss auf deren Renditen und somit auf deren Berücksichtigung bei der Portfoliobildung ausübt.

3.2. *Diversifikationsmöglichkeiten mit Immobilien*

Einem Anleger steht zur Bildung von Portfolios eine Vielzahl von Vermögenstiteln (Aktien, Renten, Immobilien, Gold, Kunstgegenstände etc.) zur Verfügung.[168] Betrachtet man speziell die Diversifikationsmöglichkeiten mit Immobilien, so kann der Anleger zum einen reine Immobilienportfolios bilden, zum anderen kann er Immobilien mit anderen (Finanz-)Anlagen kombinieren und sog. Mixed-Asset Portfolios zusammenstellen. Diese beiden Ansätze werden im folgenden näher erläutert.

3.2.1. Diversifikation innerhalb der Assetklasse *Immobilie*

Zur Streuung eines reinen Immobilienportfolios bieten sich einem Investor die in Kapitel 2 beschriebenen Anlagemöglichkeiten. Dabei ist jedoch zu berücksichtigen, dass es sich bei einer Beteiligung an einer Immobilien-Aktiengesellschaft bzw. einem offenen Immobilienfonds um eine mittelbare Beteiligung an einem Portfolio aus direkten Immobilienanlagen handelt. Insofern wird im weiteren nur die Zusammensetzung von Portfolios aus direkten Immobilienanlagen - als die den anderen Immobilienanlagen zugrunde liegende Problematik - diskutiert. Ein geschlossener Immobilienfonds, der oft nur eine einzige Immobilie umfasst, könnte in diesem Kontext als eine Alternative zu einer direkten Anlage interpretiert werden. Dabei führt der geschlossene Fonds eine Losgrößentransformation durch, indem sich die Anleger an einer Immobilie mit relativ zu ihrem Gesamtkaufpreis geringen Beträgen beteiligen können.

---

167 Vgl. Sharpe (1990), S. 7-24 f. Für eine Darstellung des Erfolgs von Market Timing für Aktienportfolios vgl. u.a. Rehkugler et al. (1999) und für Immobilien vgl. Hudson-Wilson (1997b).

168 Vgl. Vogel (1990), S.446 sowie Solnik (1996b), S. 515 ff.

In der englischsprachigen Literatur wurden bereits seit Anfang der 80er Jahre die Diversifikationsmöglichkeiten von reinen Immobilienportfolios behandelt. Dabei beschränkte man sich anfänglich auf eine Diversifikation nach geographischen Regionen bzw. Immobilientypen, bevor -ausgelöst durch eine Zunahme der Datenverfügbarkeit- untersucht wurde, ob alternative Klassifikationen der Immobilien zu homogeneren Assetklassen und somit zu einem höheren Diversifikationspotential führen könnten. Hierbei betrachtet man hauptsächlich die sog. "economic diversification", d.h. man bildet Assetklassen auf der Basis von Städten/Regionen mit gleicher wirtschaftlicher Entwicklung.

Bei der geographischen Diversifikation geht man davon aus, dass sich die wirtschaftlichen und demographischen Rahmenbedingungen in den verschiedenen geographischen Regionen unterschiedlich entwickeln.[169] Davon könnten die Mieteinkünfte und Wertsteigerungen aus Immobilien unabhängig von der Immobilienart so beeinflusst werden, dass die Immobilienrenditen je nach wirtschaftlicher Situation in den geographischen Märkten unterschiedlich ausfallen. In Deutschland wäre dafür eine Unterteilung des Landes in grobe geographische Regionen (Nord/West/Süd/Ost) oder auch nach Bundesländern denkbar.

Die Diversifikation nach Immobilientypen beruht hingegen auf der Ansicht, dass ein einheitliches Set von ökonomischen Faktoren alle Immobilien eines Typs in gleicher Weise beeinflusst.[170] Dies würde bedeuten, dass Immobilienportfolios aus Gewerbe-, Büro- und/oder Wohnimmobilien zusammengestellt werden, während die geographische Lage eine untergeordnete Rolle spielt.

Verfolgt man hingegen eine Diversifikationsstrategie nach „wirtschaftlichen Regionen", wird unterstellt, dass es unabhängig von der geographischen Lage Städte oder auch Regionen gibt, die eine ähnliche wirtschaftliche Struktur aufweisen und für die somit eine gleichartige wirtschaftliche Entwicklung angenommen werden kann.[171] So könnte man sich für Deutschland z.B. eine ähnliche wirtschaftliche Entwicklung für die Regionen Wolfsburg, Rüsselsheim, Ingolstadt, Köln und Stuttgart aufgrund der hohen Bedeutung des Automobilsektors vorstellen.

Die bisher angefertigten Studien, die den Diversifikationseffekt innerhalb von direkten Immobilienportfolios behandeln, können zum einen nach der Quelle der verwendeten Daten, zum anderen nach der Art der gewonnenen Ergebnisse klassifiziert werden. Ein allen Untersuchungen besonders anfänglich zugrundeliegendes Problem besteht in einem Mangel an verfügbaren Daten über die Wertentwicklung sowie die laufenden Einkünfte (Mieten) von Immobilien. Die generelle Schwierigkeit der Erfassung einer Wertentwicklung besteht vor

---

169 Vgl. Penny (1980), S. 80.
170 Vgl. Penny (1980), S. 81.
171 Vgl. Hartzell et al. (1989), S. 19 sowie Mueller/Ziering (1992), S. 376.

allem darin, dass Immobilien nicht in regelmäßigen Abständen gehandelt werden, so dass keine fortlaufende Wertfeststellung auf einem Markt erfolgt. Diesen Mangel versucht man dadurch zu beheben, dass regelmäßige Bewertungen der Immobilien angefertigt werden, um dann anhand der festgestellten Wertveränderungen und den laufenden (Miet-)Einkünften eine Rendite (*appraisal-based return*) berechnen zu können. Diesen meist quartalsweise vorliegenden *appraisal-based returns* wird jedoch vorgeworfen, dass sie aufgrund einer nur einmal jährlich erfolgenden Bewertung (meist im 4. Quartal) verzerrt sind und zudem durch eine häufig erfolgende Wertfortschreibung nicht die tatsächlichen Wertschwankungen der Immobilien widerspiegeln.[172] Manche Untersuchungen[173] behelfen sich damit, dass sie zur Berechnung von Immobilienrenditen tatsächliche Transaktionsdaten (*transaction-based returns*) verwenden, wobei dann sowohl die Anzahl der Daten gering ist als auch die Transaktionen nur in einem großen Zeitabstand erfolgen und somit keine Informationen über die Wertentwicklung zwischen dem Kauf- bzw. Verkaufszeitpunkt vorliegen.

Verwendetes Datenmaterial: Der überwiegende Teil der empirischen Untersuchungen zur Diversifikation von Immobilienportfolios [Miles/McCue (1984), Hartzell et al. (1986), Grissom et al. (1987), Hartzell et al (1989), Mueller/Ziering (1992), Ziering/Hess (1995) sowie Viezer (2000)] basiert auf Daten einzelner Immobilien, die meist von einem großen Immobilienfonds (**C**ommingled **R**eal **E**state **F**und (CREF)) zur Verfügung gestellt werden. Diese Daten haben den Vorteil, dass sie aus einer Quelle stammen und insofern keine Differenzen in der Datenerfassung oder Renditeberechnung auftreten können. Allerdings umfassen diese Datensätze maximal 1000 einzelne Immobilien. Im Gegensatz dazu verwenden Firstenberg et al. (1988), D'Arcy/Lee (1998), Fisher/Liang (2000), Lee (2001) sowie Jandura/Rehkugler (2001) aggregierte Immobiliendaten in Form von Indizes.[174] Der Vergleich der Diversifikationsstrategien basiert dabei auf Subindizes, die die im Gesamtindex enthaltenen Immobilien nach geographischen Regionen bzw. nach Immobilientypen unterteilen. Die erste empirische Untersuchung der Diversifikationspotentiale von reinen Immobilienportfolios führten Miles/McCue (1982) hingegen anhand von Daten durch, die aus der Wertentwicklung von Equity-REITs abgeleitet wurden.

---

172 Vgl. Geltner/Goetzmann (1998), Corgel/deRoos (1999), Geltner (1999) sowie Fisher/Geltner (2000).

173 Vgl. Miles et al. (1990).

174 Für Untersuchungen des U.S. Immobilienmarktes wurden die Daten des NCREIF Index (National Council of Real Estate Investment Fiduciaries) verwendet, für den U.K. Immobilienmarkt IPD Indizes (International Property Data) und für den europäischen Immobilienmarkt Daten von ONCOR International.

Gewonnene Ergebnisse: Zwar variieren die Ergebnisse im Zeitablauf, aber die Untersuchungen haben gezeigt, dass die Korrelationen zwischen Immobilientypen bzw. geographischen Regionen gering sind, so dass sich Diversifikationspotentiale bei der Zusammenstellung von Immobilienportfolios ausnutzen lassen. Eine Diversifikation nach den Grundsätzen der MPT führt dabei zu effizienteren Portfolios als eine naive Diversifikation.[175] Die überwiegend verwendeten vier bis sechs Immobilientypen bzw. vier bis acht geographischen Regionen stellen jedoch so grobe Unterteilungskriterien dar, dass das Diversifikationspotential von reinen Immobilienportfolios nicht ausgeschöpft wird.[176] Die *economic diversification* bietet hingegen die Möglichkeit einer homogeneren Einteilung, die zu einem höheren Diversifikationspotential führen kann.[177]

Neben einer Portfoliobildung aus direkten Immobilienanlagen besteht jedoch auch die Möglichkeit, in einem nächsten Schritt dieses Portfolio mit weiteren Anlageformen zu kombinieren. Insofern werden im folgenden Abschnitt die Diversifikationsmöglichkeiten von Mixed-Asset Portfolios beschrieben und die bisher durchgeführten Untersuchungen zur Quantifizierung des Diversifikationspotentials von Mixed-Asset Portfolios bzw. des effizienten Anteils von Immobilien an Mixed-Asset Portfolios vorgestellt.

3.2.2. Diversifikation von Mixed-Asset Portfolios

Eine Kombination von Immobilien mit anderen (Finanz-)Anlagen erfolgt vor dem Hintergrund, dass Immobilien eine gegenüber Finanzanlagen (Aktien, Renten etc.) differierende Renditeentwicklung aufweisen. Die daraus resultierenden niedrigen Korrelationen zwischen den Renditen dieser Assetklassen lassen vermuten, dass sich ein hoher Grad an Risikodiversifikation erreichen lässt. Anhand der folgenden Abbildung 11 wird deutlich, dass in den USA im Zeitraum 1975-1993 eine Mischung von Aktien (S&P 500), Renten (Long Term Government Bonds), börsennotierten Immobilienanlagen (NAREIT) und direkten Immobilien (NCREIF) zu einer erheblichen Risikovernichtung führen kann.

---

175 Vgl. Viezer (2000), S. 94.

176 Vgl. Hartzell et al. (1986), S. 252 sowie Firstenberg et al. (1988), S. 29.

177 Vgl. Hartzell et al. (1989), S. 24 , Mueller/Ziering (1992),. S. 385, Ziering/Hess (1995), S. 59 sowie Viezer (2000), S. 94.

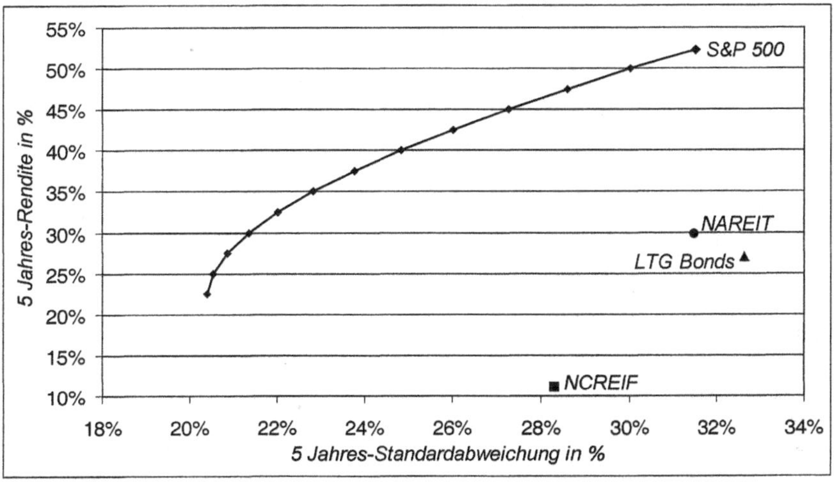

Abbildung 11: Effizienzlinie von Mixed-Asset Portfolios[178]

Während der Anteil von börsennotierten Immobilienanlagen und Aktien bei den effizienten Portfolios mit einer hohen Rendite überwiegt, nimmt deren Anteil an den effizienten Portfolios mit niedrigem Risiko laufend ab. Diese Portfolios beinhalten vor allem direkte Immobilienanlagen und Renten, da deren Korrelationen mit -0,06 sehr niedrig ausfallen und somit einen erheblichen Diversifikationseffekt ermöglichen.

Untersuchungen der Vorteilhaftigkeit einer Beimischung von direkten Immobilienanlagen zu Aktien- und/oder Rentenportfolios wurden vorrangig in den USA durchgeführt. Mit zunehmender Datenverfügbarkeit wurden auch in Europa Studien angefertigt.

Innerhalb eines aktiven Top-Down Ansatzes stellt sich für eine Diversifikation von Mixed-Asset Portfolios in einem ersten Schritt die Frage, ob die Mischung von (Finanz-)Anlagen und Immobilien sinnvoll und welcher Immobilienanteil in einem solchen Portfolio effizient wäre, bevor in einem weiteren Schritt der Frage nachgegangen wird, welche Diversifikationsstrategie sich innerhalb der jeweiligen Portfolioanteile von Immobilien und (Finanz-)Anlagen anbietet.

178 Quelle: Geltner/Rodriguez (1998), S. 396. Geltner/Rodriguez (1998) ermittelten für den Zeitraum 1975-1993 rollierende 5 Jahres-Renditen und berechneten auf deren Basis folgende Korrelationen:

	S&P 500	LTG Bonds	NAREIT	NCREIF
S&P 500	1			
LTG Bonds	0,496	1		
NAREIT	0,495	0,423	1	
NCREIF	0,252	-0,061	0,338	1

Untersuchungen, die bisher vorrangig der ersten Fragestellung nachgegangen sind, lassen sich wiederum nach den verwendeten Immobiliendaten und den gewonnenen Ergebnissen unterscheiden, da eine vergleichende Darstellung der empirischen Ergebnisse aufgrund der sehr unterschiedlichen Herangehensweisen und verwendeten Daten nicht empfehlenswert erscheint.[179]

Verwendetes Datenmaterial: Der überwiegende Teil der Untersuchungen [Firstenberg et al. (1988), Miles et al. (1990), Ziobrowski/Curcio (1991), Giliberto (1992), Grauer/Hakansson (1995) sowie Corgel/deRoos (1999)] verwenden Immobiliendaten in aggregierter Form. Für die Analyse von Mixed-Asset Portfolios in den U.S.A. wurde der NCREIF (National Council of Real Estate Investment Fiduciaries) Index verwendet, der seit 1978 quartalsweise berechnet und in vier regionale Indizes und vier Immobilientypen-Indizes unterteilt wird.[180] Im Gegensatz dazu wurden für Studien mit einem internationalen Fokus für den amerikanischen Markt Immobilienindizes von Ibbotson Associates, für den japanischen Markt Indizes vom *Japan Real Estate Institut* und für den britischen Immobilienmarkt *International Proptery Data* (IPD) Indizes sowie Daten von *Jones Lang Wootton* (heute: Jones Lang LaSalle) verwendet.[181] Den jeweiligen Indizes ist dabei gemeinsam, dass sie versuchen, die Bewegung des Immobilienmarktes abzubilden, d.h. sowohl die Wertentwicklung der Immobilien als auch der Mieten zu erfassen.[182] Andere Studien hingegen verwenden Daten von einzelnen Immobilien, die meist von *Commingled Real Estate Funds* (CREF) zur Verfügung gestellt wurden.[183] Schließlich war man besonders in den frühen achtziger Jahren darauf angewiesen, alternative Immobiliendaten zu finden, da zu diesem Zeitpunkt noch keine systematische Erfassung der Wertentwicklung oder des Mietniveaus erfolgte bzw. für empirische Untersuchungen kein ausreichendes Datenmaterial zur Verfügung stand. Insofern verwendete Folger (1984) zwei Näherungswerte für Immobilienrenditen, wobei das "*Real Estate Proxy #1*" auf der Annahme basiert, dass sich Immobilienrenditen aus den erwarteten Renditen anderer Anlagen plus der Rendite der unerwarteten Inflation berechnen lassen. Für das

---

179 Bei den in diesen Untersuchungen verwendeten Finanzanlagen handelt es sich im wesentlichen um Aktien, Renten sowie Treasury Bills. Dabei werden für Aktien der S&P 500, Small Cap Indizes, der Ibbotson Aktienindex, diverse internationale Aktienindizes o.ä., für Renten der Salomon Brothers Bond Index, langfristige Staatsanleihen, langfristige Unternehmensanleihen o.ä. sowie 3-Monats Treasury Bills verwendet. Da die Gewinnung von Daten über Finanzanlagen in der heutigen Zeit keinen Engpass mehr darstellt, wird in den folgenden Ausführungen nur auf die in den Studien jeweils verwendeten Immobiliendaten eingegangen.

180 Vgl. Firstenberg et al. (1988), Miles et al. (1990), Giliberto (1992), Grauer/Hakansson (1995) sowie Corgel/deRoos (1999).

181 Vgl. Ziobrowski/Curcio (1991) sowie Grauer/Hakansson (1995).

182 Auf die Problematik des *appraisal smoothing* in Verbindung mit Immobilienindizes wurde bereits in Abschnitt 3.3.1., S. 53 eingegangen.

183 Vgl. Miles/McCue (1984), Hartzell et al. (1986) und Kallberg et al. (1996).

„*Real Estate Proxy #2*" stellt er hingegen die Hypothese auf, dass Immobilienrenditen aus der Mietpreisentwicklung im Consumer Price Index (CPI) abgeleitet werden können. Ibbotson/Siegel (1984) verwenden *total return* Indizes für landwirtschaftliche Flächen (*farmland*), Wohnimmobilien (*residential real estate*) sowie Gewerbeimmobilien (*business real estate*), die aus verschiedenen Datenquellen zusammengestellt werden. Der *farmland* Index setzt sich zusammen aus vom U.S. Department of Agriculture zur Verfügung gestellten Angaben über die Wertentwicklung von landwirtschaftlichen Flächen sowie über die jährlichen Netto-Einkünfte von Farmen im Verhältnis zu deren Wert.[184] Die Wertentwicklung von Wohnimmobilien wurde hingegen aus der jährlichen Veränderung der Immobilienkauf-Komponente des Consumer Price Index (CPI) berechnet, während Daten der Mieteinkünfte aus einer Studie von Sprinkel/Genetski (1977) sowie aus persönlichen Interviews erhoben wurden. Schließlich setzte sich der Gewerbeimmobilien-Index von 1960-1974 aus Wertentwicklungen, die aus dem Building Cost Index abgeleitet wurden, und aus Mieteinkünften, die mit 3,5% angesetzt wurden, sowie von 1975-1982 aus Daten über die Wertentwicklung und Mieteinnahmen einzelner Immobilien zusammen. Diese jährlich berechneten Immobilienrenditen stehen zwar für einen langen Zeitraum zur Verfügung und ermöglichen eine Einbeziehung von Immobilien bei empirischen Untersuchungen, jedoch sollte deren Aussagekraft aufgrund der einbezogenen Daten nicht überschätzt werden. Die von Ibbotson/Siegel berechneten Immobilienindizes wurden ebenfalls von Webb et al. (1988) verwendet.

Gewonnene Ergebnisse: Alle bisherigen Analysen des Diversifikationspotentials von Immobilien in einem Mixed-Asset Portfolio kommen zu dem Ergebnis, dass eine Beimischung von Immobilien zu Portfolios aus reinen Finanzanlagen zu einer erheblichen Risikodiversifikation führt. Die gemessenen Korrelationen zwischen Immobilien und Finanzanlagen sind gering, hängen aber wesentlich von den verwendeten Immobiliendaten ab. So stellt sich zum einen heraus, dass *transaction-based* Indizes bzw. Indizes, die um das *appraisal smoothing* bereinigt wurden, höhere Korrelationen mit Finanzanlagen aufweisen, als dies bei *appraisal-based* Indizes der Fall ist.[185] Zum anderen weisen kleinere Immobilien niedrigere Korrelationen mit Finanzanlagen auf als große Immobilien.[186]

Der effiziente Anteil von Immobilien wurde nur in manchen Untersuchungen quantifiziert, und auch dieser schwankt im Zeitablauf und hängt von dem verwendeten Datenmaterial ab.[187] Fogler (1984) verwendet seine

184 Vgl. hier und in der Folge Ibbotson/Siegel (1984), S. 236.

185 Vgl. Miles et al. (1990), S. 425 sowie Corgel/deRoos (1999), S. 294.

186 Vgl. Kallberg et al. (1996), S. 376.

187 Die folgenden Untersuchungen haben gemeinsam, dass von einer Eigenkapitalfinanzierung der direkten Immobilien ausgegangen wird.

selbstberechneten Real Estate Proxy #1 sowie Real Estate Proxy #2 und hält einen 20%igen Anteil von Immobilien in einem Mixed-Asset Portfolio für angemessen. Webb et al. (1988) empfehlen hingegen auf der Basis der Ibbotson/Siegel Immobiliendaten einen Immobilienanteil von 2/3 in einem Mixed-Asset Portfolio, während Firstenberg et al. (1988) im gleichen Zeitraum von einem effizienten Anteil von 20% ausgehen, dabei jedoch NCREIF Daten verwendet. Im Zeitraum 1978-1990 zeigt Giliberto (1992), dass für den Fall, dass Immobilienrenditen bei 10-12% liegen, ihr Anteil in einem Mixed-Asset Portfolio 5-15% betragen sollte. Schließlich gehen Kallberg et al. (1996) unter Verwendung von Daten einzelner Immobilien davon aus, dass ein Immobilienanteil von 9% in einem Mixed-Asset Portfolio der optimalen Allokation entspricht.

Einige Studien haben neben den Korrelationen von Immobilien mit verschiedenen Finanzanlagen ebenfalls die Korrelationen mit der Inflationsrate gemessen.[188] Immobilien wiesen im allgemeinen hohe Korrelationen mit der Inflationsrate auf, so dass die Inflationshedge-Eigenschaft von Immobilien bestätigt wurde. Miles/McCue (1984) unterschieden dabei zusätzlich nach der erwarteten und der unerwarteten Inflationsrate, mit dem Ergebnis, dass Immobilien vor allem mit der erwarteten Inflationsrate hoch korrelieren.

Die dargestellten empirischen Analysen der Diversifikationsmöglichkeiten mit Immobilien haben gezeigt, dass sich sowohl auf der Ebene eines Immobilienportfolios als auch auf der Ebene von Mixed-Asset Portfolios Diversifikationseffekte erzielen lassen. Die vorgestellten Studien hätten an sich erst durchgeführt werden können, nachdem die Anwendbarkeit der Modernen Portfolio Theorie auf die betrachteten Anlageformen kritisch überprüft wurden. Daher erscheint es im folgenden notwendig, der Frage nachzugehen, inwiefern die der Modernen Portfolio Theorie zu Grunde liegenden Prämissen von den verschiedenen Formen der Kapitalanlagen in Immobilien erfüllt werden.

3.3. Die Annahmen der MPT und deren Erfüllung durch die vier Quadranten der Immobilienwirtschaft

Nachdem sich die Moderne Portfolio Theorie (MPT) erfolgreich bei den Akteuren der internationalen Wertpapiermärkte etabliert hatte, begannen amerikanische institutionelle Investoren in den achtziger Jahren, sie auch auf Immobilienmärkte anzuwenden. Man betrachtete Immobilien als eigenständige Assetklasse[189] und berücksichtigte diese bei der Zusammenstellung von gemischten Portfolios, da sie zu einer weiteren Verringerung des gesamten

---

188 Vgl. Ibbotson/Siegel (1984), Miles/McCue (1984) sowie Firstenberg et al. (1988).

189 Assetklassen werden dabei als in sich homogene Gruppen von Anlageobjekten mit gemeinsamen Merkmalen gesehen. Vgl. Sharpe (1992), S. 8.

Portfoliorisikos beitragen konnten.[190] Für die Bildung von Immobilien- und/oder Mixed-Asset Portfolios stellt sich die Frage, inwiefern sich die MPT mit ihren restriktiven Annahmen zur Bestimmung von effizienten Portfolios überhaupt eignet bzw. anwenden lässt.

Die Modellprämissen der MPT lassen sich in anlageobjekt- bzw. anlegerbezogene und kapitalmarktbezogene Annahmen unterteilen. Während die Erfüllung der anlageobjekt- und anlegerbezogenen Annahmen allgemein für alle Anlagen/Anleger überprüft werden kann, sollte das Vorliegen der kapitalmarktbezogenen Annahmen für die verschiedenen Anlagemöglichkeiten in Immobilien einzeln untersucht werden.[191]

Die Portfolio Selection basiert auf folgenden *anlageobjekt-* bzw. *anlegerbezogenen Annahmen*[192]:

(1) Renditen von Anlageobjekten werden als stochastisch (abhängige) Zufallsvariablen betrachtet, wobei jeder Investor in der Lage sein muss, μ und σ aus der Renditewahrscheinlichkeitsverteilung zu bestimmen.

(2) Investoren streben ausschließlich nach einer Maximierung der erwarteten Rendite μ und Risikominimierung, wobei Risiko als Renditeschwankung um einen Mittelwert zu verstehen ist.

(3) Investoren sind Nutzenmaximierer nach dem Bernoulli-Prinzip und entscheiden nach einer individuell festzulegenden Risikonutzenfunktion.

(4) Der Planungshorizont ist einperiodig.

Zur Erfüllung von Annahme (1) wird nicht die Kenntnis bzw. Ermittlung der gesamten Wahrscheinlichkeitsverteilung vorausgesetzt, sondern Anleger können μ und σ auch direkt vorgeben oder aus historischen Renditen schätzen.[193]

Annahme (2) unterstellt, dass Anleger prinzipiell risikoavers sind. Sie präferieren bei gegebener Rendite die Anlage mit dem geringsten Risiko bzw. bei gegebenem Risiko diejenige mit der höchsten Rendite.[194]

Die Portfolio Selection kennzeichnet ein zweistufiges Entscheidungsmodell, bei dem zuerst das (μ,σ)-Prinzip (Annahme 2) zu einer Vorauswahl effizienter Portfolios führt und anschließend eine anlegerindividuelle Bestimmung des optimalen Portfolios nach dem Grundsatz rationalen Handelns, dem Bernoulli-

---

[190] Vgl. Dohrmann (1995), S. 86.

[191] Für die Aktien- und Rentenmärkte wird unterstellt, dass die kapitalmarktbezogenen Annahmen der MPT erfüllt sind.

[192] Vgl. u.a. Truxius (1980), S. 49 f. sowie Schmidt-von Rhein (1996), S. 230 f.

[193] Vgl. Schmidt-von Rhein (1996), S. 230.

[194] Vgl. Markowitz (1991), S. 6.

Prinzip (Annahme 4), erfolgt. Das (μ,σ)-Prinzip und das Bernoulli-Prinzip sind jedoch nur unter folgenden Voraussetzungen miteinander vereinbar[195]:

a) Es liegt eine quadratische Nutzenfunktion vor, die Renditeverteilungen sind beliebiger Art. Der Vorteil der quadratischen Nutzenfunktion ist, dass eine Auswahl des optimalen Portfolios allein aufgrund von μ und σ gleichzeitig auch immer bernoulli-rational ist, unabhängig davon wie die Renditen verteilt sind.

b) Liegen normalverteilte Renditen aller zulässigen Anlageobjekte vor, so ist eine freie Wahl konkaver Risikonutzenfunktionen möglich.

Insgesamt kann davon ausgegangen werden, dass die anlageobjekt- bzw. anlegerbezogenen Annahmen unabhängig von der Art des Anlageobjektes weitgehend erfüllt werden.

Die kapitalmarktbezogenen Modellannahmen, deren Vorliegen im folgenden für die verschiedenen Immobilienanlagen überprüft wird, entsprechen im Kern den Annahmen eines vollkommenen Kapitalmarktes.[196] Für den klassischen Optimierungsprozess der MPT sollten alle im folgenden beschriebenen Annahmen erfüllt sein. Werden die Prämissen (1), (2) und (4) nicht erfüllt, so kann dieses durch eine Modifizierung des Optimierungsprozesses bzw. die Formulierung weiterer Nebenbedingungen berücksichtigt werden. Eine Nicht-Erfüllung der Prämissen (3) und (5) schließt hingegen die theoretische Anwendung der MPT weitgehend aus.

(1) *Unbegrenzte Teilbarkeit:* Alle Anlagen sind beliebig teilbar, so dass auch kleinste Einheiten davon erworben werden können und eine effiziente Diversifikation möglich ist.

Eine unbegrenzte Teilbarkeit liegt nicht vor, wenn die Anlageformen bestimmten Stückelungen unterliegen, Mindestanlagevolumina erfordern oder sie nur „ganz oder gar nicht" erworben werden können. Da die üblichen Stückelungseinheiten von börsengehandelten Wertpapieren im Verhältnis zum Anlagevolumen gering sind, ist die Stückelungsproblematik vernachlässigbar.[197] Mindestanlagevolumina können durch Mindestgewichtforderungen als Nebenbedingung bei der Berechnung effizienter Portfolios berücksichtigt werden, weil bei einer konkreten Portfoliooptimierung das Gesamtkapital bekannt ist.[198]

---

195 Vgl. Laux (1998), S. 199 ff sowie Alexander/Francis (1986), S. 18 ff.

196 Für einen vollkommenen Kapitalmarkt müssten zusätzlich Verhaltensannahmen über andere Marktteilnehmer getroffenen werden, die die MPT jedoch nicht benötigt.

197 Vgl. Schmidt-von Rhein (1996), S. 313. Maringer (2002) zeigt für Wertpapierportfolios, dass „(...) *die Ganzzahligkeitsbeschränkung* (...) *keinen nennenswerten Einfluss auf die Portfoliostruktur hat.*" S. 1163.

198 Vgl. Leis (1988), S. 101.

Die Unteilbarkeit von Anlageformen führt hingegen dazu, dass sich keine Effizienzlinie, sondern nur noch Effizienzpunkte ergeben und somit eine Anpassung an Vermögensänderungen lediglich „stufenweise" erfolgen kann.[199] Betrachtet man einen Investor, der einen bestimmten Kapitalbetrag anlegen will, so besteht wie in Abbildung 12 dargestellt zum einen die Möglichkeit in Immobilie A oder Immobilie B zu investieren und das restliche Kapital zum risikofreien Zins r_f anzulegen oder das gesamte Kapital in beiden Immobilien zu binden.[200] Da es sich bei Immobilien um eine nicht teilbare Anlageform handelt, sind die Punkte zwischen den sich ergebenden Effizienzpunkten nicht darstellbar.

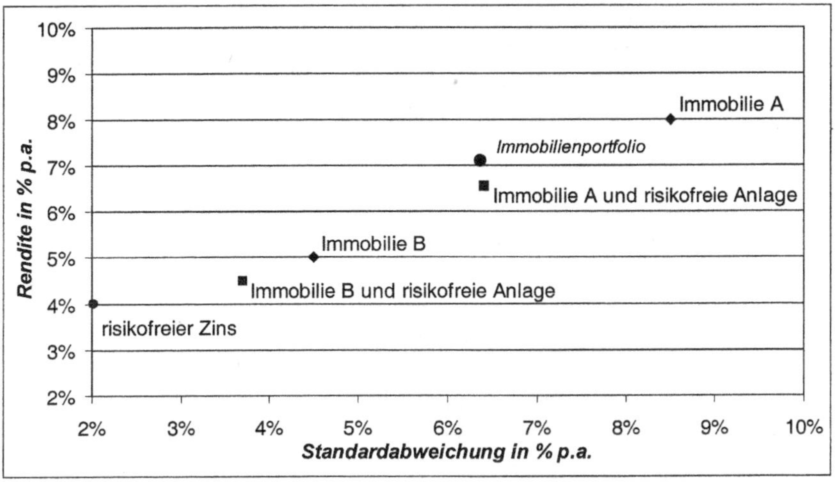

Abbildung 12: Effizienzpunkte bei einer Anlage in zwei unteilbare Immobilien

Die Existenz von Effizienzpunkten hat zur Folge, dass das optimale Portfolio eines Anlegers in einem Schnittpunkt zwischen einem Effizienzpunkt und einer seiner Nutzenindifferenzkurven liegt. Eine Portfolioanpassung an veränderte Markteinschätzungen oder Anlegerpräferenzen kann infolgedessen nur schrittweise zwischen den einzelnen Effizienzpunkten erfolgen. Es existiert somit möglicherweise kein absolutes Nutzenoptimum.

---

199 Einen ersten Ansatz zur Einbeziehung der Ganzzahligkeitsbedingung bei der Optimierung von gemischten Portfolios bietet Friedman (1970), während Findlay et al. (1979) einen Ansatz zur Bestimmung effizienter Immobilienportfolios formulieren.

200 Die Berechnungen für Abbildung 12 basieren auf folgenden Prämissen: risikofreier Zins 4% p.a.; Immobilie A: Rendite 8% p.a., Standardabweichung 8,5% p.a.; Immobilie B: Rendite 5% p.a., Standardabweichung 4,5% p.a.; Korrelationskoeffizient: 0,2; Anteil Immobilie A 70%; Anteil Immobilie B 30%.

(2) *Keine Steuern oder Transaktionskosten:* Es existieren keine die Anleger diskriminierenden Steuern oder Transaktionskosten.

In der Realität bestehen jedoch zumeist proportionale Transaktionskosten, die daher für Investoren je nach anzulegendem Kapitalbetrag unterschiedlich ausfallen.[201] Daneben werden die Portfolioerträge üblicherweise durch die Einkommensteuer (einschließlich Kirchensteuer und Solidaritätszuschlag), Körperschaftsteuer und Gewerbesteuer erfasst, wobei durch die unterschiedliche steuerliche Behandlung von laufenden Erträgen und Veräußerungsgewinnen sowie die progressive Einkommensteuer besondere Schwierigkeiten entstehen. Eine konkrete Portfoliooptimierung könnte jedoch auf der Basis von Nettorenditen erfolgen, deren Ermittlung für das gesamte Anlagespektrum sich jedoch als aufwendig darstellt. Da besonders die steuerliche Behandlung der verschiedenen Immobilienanlage-möglichkeiten deutliche Unterschiede aufweist, wird diese beispielhaft am deutschen Steuerrecht in einem sich anschließend Exkurs erläutert.

(3) *Keine Markteintritts-/Marktaustrittsbarrieren:* Den Investoren ist ein jederzeitiger Erwerb und Verkauf[202] in jeder Menge möglich.

Für manche Anlageformen ist nicht davon auszugehen, dass eine jederzeitige Transaktionsmöglichkeit in beliebigen Mengen gegeben ist. So scheint eine sofortige Veräußerung von Sachanlagen nur mit Preisabschlägen realisierbar, was sich erheblich auf die Rendite auswirken kann. Eine Veräußerung solcher Anlagen ist ohne Kaufpreiseinbuße nur in einem angemessenen Vermarktungszeitraum möglich. Da eventuell auftretende zukünftige Preiseinbußen bei der Berechnung der Optimierungsparameter nicht genau berücksichtigt werden können, kann dies im nachhinein zu ineffizienten Portfolios führen.[203]

(4) *Abgeschlossene bzw. kostenlose Informationsbeschaffung:* Die Investoren haben einen freien und kostenlosen Zugang zu allen verfügbaren Informationen über die Anlagemöglichkeiten.

---

201 Nach Gügi besteht zum einen die Möglichkeit, die proportionalen Transaktionskosten durch eine Umsatznebenbedingung zu berücksichtigen, zum anderen können die Transaktionskosten in die Nutzenfunktion mit einbezogen werden. Vgl. Gügi (1995), S. 218 f. Zur Berücksichtigung einfacher und gemischter Spesenstrukturen vgl. Maringer (2002), S. 1164 ff.

202 Vgl. Markowitz (1991), S. 300.

203 Da es sich bei der Portfolio Selection um ein ex-ante Modell handelt, müsste, sobald neue Erwartungen bzgl. des Veräußerungspreises und somit der Rendite eines Anlageobjektes vorliegen, ein neuer Optimierungsprozess einsetzen. Ein auf der Basis von Erwartungswerten generiertes effizientes Portfolio kann sich auf der Basis der tatsächlich realisierten Renditen also ex-post als ineffizient erweisen.

Die abgeschlossene Informationsbeschaffung zielt darauf ab, dass vor Beginn des Portfoliooptimierungsprozesses die Modellparameter vorliegen müssen. Diese Annahme erscheint für die verschiedenen Anlageformen unkritisch. Fallen jedoch bei der Informationsbeschaffung Kosten an, so kann im Vorfeld überlegt werden, ob eine Modellanwendung überhaupt lohnenswert erscheint. Informationskosten sollten hingegen nicht die Modellparameterberechnung selbst beeinflussen, da sich letztere definitionsgemäß nur auf den in der Zukunft liegenden Anlagezeitraum beziehen.[204] Anfallende Informationskosten während des Anlagezeitraums sind durch entsprechende Renditekorrekturen zu berücksichtigen, sofern sich diese in monetären Größen quantifizieren lassen.

(5) *Atomistische Marktstruktur:* Es existieren sehr viele Anbieter und Nachfrager, deren Angebot bzw. Nachfrage nach Vermögenstiteln jeweils so gering ist, dass sie keinen Einfluss auf die Preise ausüben können, d.h. der Marktpreis ist für die Marktteilnehmer ein Datum.

Diese Annahme, dass Anleger keinen Einfluss auf die Preise ausüben, gleichzeitig aber Anlagen in beliebiger Menge (siehe (2)) kaufen bzw. verkaufen können, erscheint unrealistisch. Zu einer Preisbeeinflussung kommt es entweder, wenn hohe Transaktionsvolumina abgewickelt werden oder die Marktliquidität einer Anlageform gering ist. Unberücksichtigte Preisabhängigkeiten führen dabei zu ineffizienten Portfolios, da eine induzierte Renditeänderung erst im Nachhinein berücksichtigt werden kann.[205]

(6) *Kapitalanlage/-aufnahme zum risikofreien Zins r_f:* Es ist jederzeit möglich, zum risikofreien Zinssatz Kapital anzulegen/aufzunehmen.[206]

Exkurs: Steuerliche Behandlung von Immobilienanlagen

Sowohl bei Finanzanlagen wie Aktien oder festverzinslichen Wertpapieren als auch bei Immobilienanlagen hängt die Behandlung im deutschen Steuerrecht im Wesentlichen davon ab, ob die Anlagen wie in Abbildung 13 dargestellt direkt oder indirekt im Privatvermögen (PV) einer natürlichen Person, im Betriebsvermögen (BV) einer natürlichen Person oder Personengesellschaft oder im Betriebsvermögen einer juristischen Person (Kapitalgesellschaft) gehalten werden.[207] Nachfolgend werden nur die im Kontext dieser Arbeit relevanten

---

204 Vgl. Schmidt-von Rhein (1996), S. 316.

205 Für mögliche Ansätze einer Einbeziehung von Preisabhängigkeiten in die Portfoliooptimierung vgl. Schefzig (1976), S. 99 f.

206 Für eine ausführliche Darstellung der kapitalmarktbezogenen Annahmen vgl. Truxius (1980), S. 46 ff.

207 Nachfolgend wird unterstellt, dass es sich bei den Investoren letztlich um natürliche Personen handelt.

Grundzüge der Besteuerung von Immobilienanlagen dargestellt. Für weiterführende Ausführungen sei auf die einschlägige Fachliteratur verwiesen.[208]

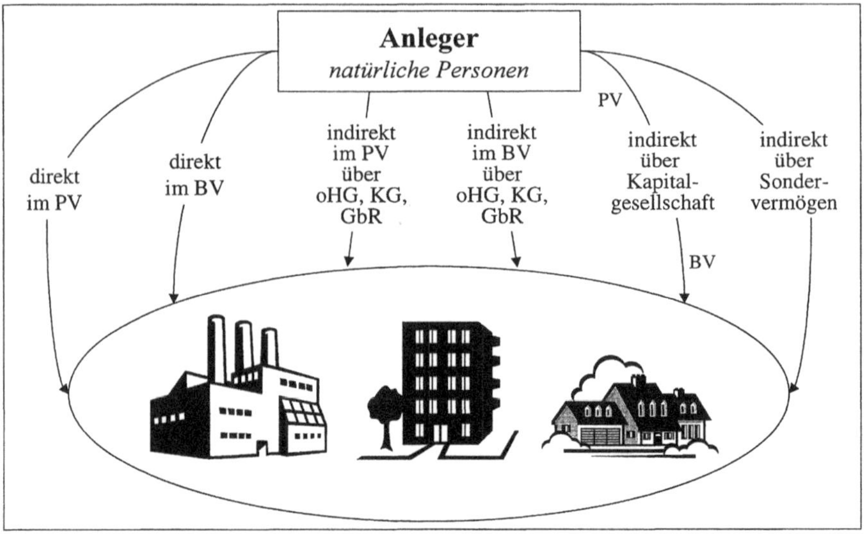

Abbildung 13: Mögliche Beteiligungen eines Anlegers an Immobilien bzw. Immobilienportfolios

Werden Immobilienanlagen (direkte Immobilienanlagen oder Anteile an einem - nicht gewerblichen- geschlossenen Fonds) im Privatvermögen gehalten, so werden Mieteinnahmen gemäß § 21 EStG als Einkünfte aus Vermietung und Verpachtung erfasst.[209] Ein Veräußerungsgewinn wird gemäß § 23 Abs. 1 Nr. 1 EStG nur besteuert, sofern die Veräußerung innerhalb eines Zeitraums von weniger als zehn Jahren nach der Anschaffung/Herstellung der betreffenden Immobilie erfolgt (Spekulationsfrist).[210] Der Veräußerungsgewinn ergibt sich als Differenz zwischen den fortgeführten Anschaffungs- und Herstellungskosten (Buchwert) und dem Veräußerungspreis, abzüglich der Veräußerungskosten.

Hält ein Investor Anteile an einem offenen Immobilienfonds oder Immobilienaktien im Privatvermögen bzw. begibt er ein Immobiliendarlehen aus seinem Privatvermögen, so werden die entsprechenden Einnahmen gemäß § 20 EStG als Einkünfte aus Kapitalvermögen erfasst. Ein Veräußerungsgewinn

---

208 Vgl. Oho/Schelnberger (1999) sowie die dort zitierte Literatur.

209 Hier und in der Folge vgl. o.V. (1998), S. 81 f.

210 Aktuell wird jedoch im Rahmen des SterVAG die Abschaffung der Spekulationsfrist diskutiert, was dann (nach einer eventuellen Übergangsreglung) zu einer definitiven Besteuerung der Veräußerungsgewinne führt. Vgl. Linklaters Oppenhoff & Rädler (2002), S. 8 sowie Ernst & Young (2002), S. 14.

wird in diesem Falle gemäß § 23 Abs. 1 Nr. 2 EStG nur versteuert, sofern die Veräußerung innerhalb der Spekulationsfrist von einem Jahr erfolgt.[211]

Gehören die Immobilienanlagen (direkte Immobilienanlagen, Anteile an offenen/geschlossenen Immobilienfonds, Immobilienaktien sowie Immobiliendarlehen) jedoch zum Betriebsvermögen einer natürlichen Person oder Personengesellschaft, so werden sowohl die (Miet-)Einnahmen als auch etwaige Veräußerungsgewinne (ohne Berücksichtigung der Dauer der Zugehörigkeit zum Betriebsvermögen) als Einkünfte aus Gewerbebetrieb gemäß § 15 EStG erfasst.[212] In diesem Fall fällt zudem Gewerbesteuer an, wobei hier jedoch möglicherweise eine Kürzungsmöglichkeit gemäß § 9 Nr. 1 GewStG besteht. Die Gewerbesteuer beträgt aktuell zwischen 2,91% und 20,95%, abhängig von der Steuermesszahl für den Gewerbeertrag und dem Hebesatz der jeweiligen Gemeinde gemäß § 11 GewStG.[213] Mit der pauschalen Anrechnungsmöglichkeit der GewSt auf die Einkommensteuer besteht gemäß § 35 EStG eine gewisse Entlastung.

Gehören die Immobilienanlagen schließlich zum Betriebsvermögen einer Kapitalgesellschaft, so werden gemäß § 8 Abs. 1 und 2 KStG i.V.m. § 15 EStG sowohl die (Miet-)Einnahmen als auch etwaige Veräußerungsgewinne (ohne Berücksichtigung der Dauer der Zugehörigkeit zum Betriebsvermögen) ebenfalls als Einkünfte aus Gewerbebetrieb behandelt.[214] Auf der Ebene der Kapitalgesellschaft wird das körperschaftsteuerliche Einkommen mit einer definitiven, d.h. nicht anrechenbaren, Körperschaftsteuer von 25% belastet.[215] Zusätzlich fällt auch hier Gewerbesteuer an; es sei wiederum auf die Kürzungsmöglichkeit gemäß § 9 Nr. 1 GewStG verwiesen.[216] Eine Anrechnungsmöglichkeit nach § 35 EStG besteht jedoch nicht. Soweit Ausschüttungen der Kapitalgesellschaften (z.B. Immobilienaktiengesellschaften)

---

[211] Auch für Gewinne aus der Veräußerung von Wertpapieren soll die bisherige Spekulationsfrist von einem Jahr abgeschafft werden, wobei bisher noch offen ist, ob die allgemeine Steuerpflicht bei privaten Veräußerungsgeschäften auch die (unbeschränkte) steuerliche Berücksichtigung von Veräußerungsverlusten umfasst. Vgl. Linklaters Oppenhoff & Rädler (2002), S. 8 sowie Ernst & Young (2002), S. 14.

[212] Gemäß § 6b EStG besteht jedoch unter gewissen Voraussetzungen die Möglichkeit, die bei einer Veräußerung realisierten stillen Reserven auf andere Immobilien zu übertragen bzw. den Veräußerungsgewinn für einen begrenzten Zeitraum in eine (Reinvestitions-)Rücklage einzustellen. Etwaige Veräußerungsgewinne, die bei der Geschäftsaufgabe anfallen, sind nach § 1 KStG i.V.m. § 3 EStG Nr. 40 i.V.m. § 3c Nr. 2 EStG nur zur Hälfte zu versteuern, in diesem Zusammenhang stehende Werbungskosten sind allerdings auch nur zur Hälfte abziehbar.

[213] Vgl. DATEV (2001), S. 132.

[214] Siehe FN 4.

[215] Ausgeschüttete Gewinne werden auf der Ebene der Anteilseigner im Sinne des *Halbeinkünfteverfahrens* (§ 20 Abs. 1. Nr. 1 i.V.m. § 3 Nr. 40 EStG) zusätzlich zur Hälfte mit dem persönlichen Einkommensteuersatz besteuert.

[216] Vgl. DATEV (2001), S. 132.

erfolgen, sind diese auf Ebene der Anteilseigner gemäß § 20 EStG als Einkünfte aus Kapitalvermögen gemäß Halbeinkünfteverfahren zu versteuern. Eine Besonderheit ergibt sich aus der Vorschrift des § 8b Abs. 1 KStG, nach der Anteile an Kapitalgesellschaften durch Kapitalgesellschaften steuerfrei veräußert werden können. Möglicherweise ergeben sich dadurch Gestaltungsmöglichkeiten z.B. durch die Bildung von Objekt-GmbH´s.

Die Einkommensteuer bzw. Körperschaftsteuer wird auf die (Netto-Miet-)Einnahmen erhoben nach Abzug von mit diesen (Betriebs-)Einnahmen in Verbindung stehenden Betriebsausgaben bzw. Werbungskosten. Steuerlich abzugsfähig sind z.B. Fremdkapitalzinsen, Reparatur- und Erhaltungsaufwendungen, Abschreibungen sowie mit der Immobilie verbundene Steuern (Grundsteuer). Wenn die Immobilie käuflich erworben wurde, gilt der Gebäudeanteil des Kaufpreises zuzüglich anteiliger Nebenkosten der Anschaffung sowie Grunderwerbsteuer als Bemessungsgrundlage für die Abschreibungen (AfA - Absetzungen für Abnutzungen); ansonsten werden die Herstellungskosten des Gebäudes als AfA-Bemessungsgrundlage angesetzt.

Die jährliche Absetzung für Abnutzung beträgt zwischen 1,25% - 10% der Bemessungsgrundlage und ist gemäß § 7 - § 7k EStG abhängig vom Anschaffungs- bzw. Fertigstellungszeitpunkt, dem Alter der Immobilie (§7 Abs. 4 Nr. 2 EStG) und der Zugehörigkeit zum Betriebs- oder Privatvermögen.[217]

Werden mit zum Privatvermögen zählenden Immobilienanlagen steuerliche Verluste erwirtschaftet, so sind diese gemäß § 2 Abs. 3 Satz 2 EStG bis zu einer Höhe der positiven Einkünfte aus der jeweiligen Einkommensart mit diesen zu saldieren (horizontale Verlustverrechnung). Darüber hinausgehende Verluste können gemäß § 2 Abs. 3 Satz 3 EStG nur bis zur Hälfte der über € 51.500 liegenden Summe der positiven Einkünfte geltend gemacht werden (vertikale Verlustverrechnung). Übersteigen die negativen Einkünfte diesen Betrag, kann ein Verlustrücktrag auf den vorangegangenen Veranlagungszeitraum (VAZ) bis zu einer Höhe von € 511.500 erfolgen (ab VAZ 2001). Nicht ausgeglichene negative Einkünfte sind in den folgenden Veranlagungszeiträumen abzuziehen.[218]

---

[217] Im Rahmen der aktuellen steuerlichen Maßnahmen ist geplant, die degressive Afa für zu Wohnzwecken genutzte Gebäude vollständig abzuschaffen und die lineare Gebäudeabschreibung auf einheitlich 2% p.a. unabhängig vom Baujahr und der Gebäudenutzung abzusenken. Vgl. Linklaters Oppenhoff & Rädler (2002), S. 7 sowie Ernst & Young (2002), S. 6.

[218] In diesem Kontext ist jedoch die Vorschrift des § 15a EStG zu beachten, nach der Verluste bei beschränkter Haftung (Kommanditist bei geschlossenen Immobilienfonds) nur bis zur Höhe der Einlage bzw. der im Handelsregister eingetragenen Haftungssumme mit anderen Einkünften ausgeglichen werden können. Weiterhin ist § 2b EStG zu beachten, der den Verlustausgleich oder Rücktrag (§ 10d EStG) verbietet, sofern mit der Anlage die Erzielung eines steuerlichen Vorteils im Vordergrund steht.

Für im Betriebsvermögen gehaltene Immobilienanlagen ist hingegen ein Verlustabzug in voller Höhe möglich.

Der individuelle Einkommensteuersatz steigt progressiv von z.Zt. 19,9% auf 48,5% an. Zusätzlich wird ein Solidaritätszuschlag von aktuell 5,5% als Ergänzungsabgabe erhoben. Bemessungsgrundlage für den Solidaritätszuschlag ist die Einkommensteuer bzw. die Körperschaftsteuer. Für zu versteuernde Einkommen, die unterhalb des Grundfreibetrags von € 7.235 liegen, wird keine tarifliche Einkommensteuer erhoben.[219]

Die folgende Tabelle gibt einen Überblick über die steuerliche Behandlung von Immobilienanlagen:

	Privatvermögen			*Betriebsvermögen*		
	Netto-Einnahmen	Veräußerungsgewinne	Verlustabzug	Netto-Einnahmen	Veräußerungsgewinne	Verlustabzug
Direkte Immobilienanlage	Einkünfte aus V&V (§ 21 EStG)	Ab 10 Jahren Haltedauer steuerfrei, sonst Spekulationsgewinn (§ 23 EStG)	*horizontal*: bis zur Höhe der positiven Einkünfte; *vertikal*: bis zur ½ der über € 51.500 hinausgehenden Summe der positiven Einkünfte[220]	Einkünfte aus Gewerbebetrieb (§ 15 EStG) Gewerbeertrag (§ 7 GewStG)	Einkünfte aus Gewerbebetrieb (§ 15 EStG) Gewerbeertrag (§ 7 GewStG)[221]	in voller Höhe
Offener Immobilienfonds	Einkünfte aus KV (§ 20 EStG)	Ab 1 Jahr Haltedauer steuerfrei, sonst Spekulationsgewinn (§ 23 EStG)	s.o.	s.o.	s.o.	s.o.

[219] Vgl. DATEV (2001), S. 5.

[220] Siehe FN 218.

[221] Es sei denn, es handelt sich um eine Betriebsaufgabe, d.h. die Immobilien werden im Rahmen einer Betriebsaufgabe bzw. einer Veräußerung eines Mitunternehmeranteils veräußert (§ 16 Abs. 4 EStG).

Geschlossener Immobilienfonds	Einkünfte aus V&V (§ 21 EStG)	Ab 10 Jahren Haltedauer steuerfrei, sonst Spekulationsgewinn (§ 23 EStG)	s.o.[222]	s.o.[223]	s.o.	s.o.
Immobilien-Aktiengesellschaft	Einkünfte aus KV (§ 20 EStG)	Ab 1 Jahr Haltedauer steuerfrei, sonst Spekulationsgewinn (§ 23 EStG)	s.o.	s.o.	s.o.	s.o.
Immobilien-Darlehen	Einkünfte aus KV (§ 20 EStG)	Ab 1 Jahr Haltedauer steuerfrei, sonst Spekulationsgewinn (§ 23 EStG)	s.o.	s.o.	s.o.	s.o.

Tabelle 2: Übersicht über die steuerliche Behandlung von Immobilienanlagen

Es wird deutlich, dass Immobilien je nach Form und Zugehörigkeit zum Privat- oder Betriebsvermögen steuerlich unterschiedlich behandelt werden. Insofern kann die für Immobilienanlagen ermittelte Rendite vor Steuern teilweise erheblich von der Rendite nach Steuern abweichen. Beabsichtigt ein Anleger, sein Vermögen u.a. in Immobilien zu investieren, so sollte die Gewichtung der unterschiedlichen Immobilienarten in einem Portfolio ihre differierende steuerliche Behandlung berücksichtigen.

Im folgenden wird nun das Vorliegen der kapitalmarktbezogenen Modellannahmen an Hand der einzelnen Immobilienquadranten bzw. den einzelnen Immobilienanlagemöglichkeiten überprüft, wobei im weiteren die Erfüllung von Annahme (6) für alle Anlageformen unterstellt wird.

3.3.1. Private Equity

Direkte Immobilienanlagen

Das Eigentum an einer Immobilie ist aus Sicht der Anleger bzw. Anlegergruppen unteilbar.[224] Insofern muss davon ausgegangen werden, dass

---

[222] Siehe FN 218.

[223] Siehe FN 218.

[224] Vgl. DeWit (1997), S. 118. Diese Aussage beruht auf der bisher üblichen Auffassung bezüglich des Immobilieneigentums. Ein gemeinsamer Erwerb einer Immobilie von mehreren Investoren ist jedoch vorstellbar. Ebenso können Immobilien von Gesellschaften erworben werden, deren Anteile dann teilbar wären.

eine perfekte Diversifikation im Rahmen von Immobilienportfolios nicht möglich ist. Interpretiert man die unbegrenzte Teilbarkeit jedoch als %-Anteil der einzelnen Immobilie an dem Gesamtportfolio, so lässt sich besonders für große Portfolios institutioneller Investoren annehmen, dass eine genügende Teilbarkeit für eine effiziente Diversifikation vorliegt.[225]

In Deutschland löst der Kauf einer Immobilie sowohl eine Grunderwerbsteuerzahlung als auch Transaktionskosten in Form von Notarkosten, Kosten der Grundbucheintragung etc. aus, die alle Investoren in gleichem Maße treffen. Diese Kosten belaufen sich auf ca. 5% des Transaktionspreises. In den meisten Fällen müssen zusätzlich durch den Einsatz eines Immobilienmaklers anfallende Maklergebühren getragen werden. Bei der Ermittlung von Renditen nach Steuern kann es zudem bedingt durch die unterschiedliche einkommen- bzw. körperschaftsteuerliche Behandlung von Immobilieneigentümern (natürliche oder juristische Personen) zu differierenden Ergebnissen kommen.

Der Markt für direkte Immobilieninvestitionen steht jedem nationalen Investor[226] offen, jedoch stellen die Höhe der typischen Investitionssumme in Verbindung mit einem Alleineigentum, das geringe Maß von öffentlich zugänglichen Informationen und die Komplexität der Transaktion teilweise so große Probleme dar, dass man in diesem Sinne von einem Markteintrittshemmnis ausgehen muss. Für einen uneingeschränkten Marktaustritt sollte ein hinreichendes Maß an Liquidität auf dem Immobilienmarkt gegeben sein. Bedingt durch die Spezialität und Komplexität von Immobilientransaktionen nimmt der Abschluss eines Kauf- bzw. Verkaufsvertrages jedoch einen größeren Zeitraum in Anspruch. Muss ein Verkauf unter Zeitdruck abgewickelt werden, mindert dies den realisierbaren Preis der Immobilie teilweise erheblich. Allgemein lässt sich somit festhalten, dass ein schneller Marktaustritt -sofern überhaupt möglich- mit erheblichen Renditeeinbußen verbunden ist.

Ein freier Zugang zu Informationen auf dem Immobilienmarkt ist nicht gegeben[227], d.h. die Beschaffung von Informationen ist meist -sofern überhaupt

---

225 Auch wenn der Erwerb von Immobilien, die einen minimalen prozentualen Anteil am Gesamtportfolio ausmachen, theoretisch möglich ist, tendieren institutionelle Investoren aufgrund der besseren Verwaltbarkeit zu größeren Objekten.

226 Innerhalb der Europäischen Gemeinschaft bestehen keine gesetzlichen Beschränkungen, die unmittelbar bei dem Erwerb oder der Veräußerung von Immobilien durch Ausländer ansetzen. Für Investoren, die nicht einem EU-Staat angehören, liegen jedoch in Einzelfällen (z.B. Spanien) Beschränkungen vor. Erwerbsbeschränkungen für internationale Investoren bestehen teilweise in Ländern außerhalb der EG (z.B. USA, Kanada, Schweiz). Vgl. u.a. Assmann/Schütze (1998), S. 958 ff. sowie o.V. (1998).

227 Vgl. Maier (2000), S. 377.

zugänglich- mit (hohen) Kosten und (großem) Aufwand verbunden.[228]

Aufgrund der Unteilbarkeit des Eigentums an einer Immobilie kann es nur einen Anbieter und wegen ihrer Einzigartigkeit in manchen Fällen auch nur einen Nachfrager geben. Insofern ist es möglich, dass der Einfluss eines einzelnen Nachfragers bzw. des Anbieters auf den Preis der Immobilie erheblich ist.

Offene Immobilienfonds

Der Erweiterung des Gesetzes für Kapitalanlagegesellschaften (KAGG) um „besondere Vorschriften für das Grundstücks-Sondervermögen" lag der Gedanke zu Grunde, breiten Bevölkerungskreisen die Möglichkeit zu geben, mit kleinen Kapitalbeträgen dieselben Vorteile zu erreichen, die sonst nur ein großes Vermögen bietet.[229] Durch die Schaffung des offenen Immobilienfonds im Jahre 1969 besteht die Möglichkeit, bereits mit einem geringen Anlagevolumen Anteile an einem Immobilienvermögen zu erwerben. Mit einer Mindestanlage von ca. € 50 kann die unendliche Teilbarkeit dieser Anlageform annähernd unterstellt werden.[230]

Der Kauf von Anteilen an einem offenen Immobilienfonds löst i.d.R. Transaktionskosten in Form eines Ausgabeaufschlages von ca. 5-5,5% aus, wobei bei großen Anlagebeträgen auch geringere Ausgabeaufschläge von ca. 1% vereinbart werden können.[231] Die steuerliche Behandlung von Einnahmen aus offenen Immobilienfonds hängt davon ab, ob die Anteile in einem Privat- oder Betriebsvermögen gehalten werden. Grundsätzlich sind sowohl die laufenden (Miet-) Einnahmen als auch die realisierten Veräußerungsgewinne zu versteuern. Das Grundstücks-Sondervermögen ist nach § 44 KAGG von der Körperschaft- und Gewerbesteuer befreit, so dass für einen Anleger im Prinzip die gleiche steuerliche Belastung eintritt, wie bei einer direkten Beteiligung an den Vermögensgegenständen des Fonds (*Grundsatz der steuerlichen Transparenz*) und zusätzlich keine 10jährige Spekulationsfrist gilt.[232]

Die „offene" Konstruktion des Immobilienfonds bedeutet, dass sowohl eine laufende Neuemission von Zertifikaten erfolgt als auch eine Garantie der Kapitalanlagegesellschaft auf jederzeitigen Rückkauf der Anteilscheine existiert.[233] Insofern besteht für einen Anleger die Möglichkeit, jederzeit in den Markt für offene Immobilienfonds ein- und auszutreten.

Anleger von offenen Immobilienfonds erhalten bei Erwerb der Anteile ein Verkaufsprospekt sowie den zuletzt veröffentlichten Rechenschaftsbericht der Kapitalanlagegesellschaft. Am Ende jedes Geschäftsjahres ist der Fonds dazu

---

228 Vgl. Coleman et al. (1994), S. 101.
229 Vgl. Bals (1994), S. 4.
230 Vgl. Aigner et al. (2000), S. 17.
231 Vgl. Aigner et al. (2000), S. 17.
232 Vgl. Bals (1994), S. 5.
233 Hier und in der Folge vgl. Schlag (1995), 9 f.

verpflichtet, einen Rechenschaftsbericht zu erstellen, der jedem Anleger ein Urteil über die Tätigkeit und die Ergebnisse während des Geschäftsjahres ermöglichen sollte.[234] Neben diesen Informationen steht dem Anleger nur noch die börsentägliche Zertifikatspreisermittlung zur Verfügung. Jedoch wurde vom Gesetzgeber die „faire“ Bepreisung der Zertifikate über eine Handelbarkeit der Anteile an realen Wertpapiermärkten ausgeschlossen und statt dessen institutionelle Regelungen zur Wertermittlung vorgeschrieben.[235] Insofern ist nicht davon auszugehen, dass die tägliche Anteilspreisfeststellung ein hohes Maß an (neuen) Informationen widerspiegelt.

Der Wert eines Anteils an einem offenen Immobilienfonds ergibt sich nach § 21 II KAGG aus der Teilung des Netto-Fondsvermögens (Summe der Einzelwerte der Vermögensgegenstände abzüglich der Verbindlichkeiten) durch die Anzahl der ausgegebenen Anteilsscheine. Da insofern der Anteilspreis von offenen Immobilienfonds nicht von einzelnen Marktteilnehmern beeinflusst werden kann, weist der Markt für Anteile an offenen Immobilienfonds eine atomistische Struktur auf.

Geschlossene Fonds

Die Mindestzeichnungssumme eines geschlossenen Immobilienfonds liegt zwischen €2.500-€25.000, wobei diese Summe nicht unbedingt zu einem bestimmten Termin eingezahlt werden muss, sondern verschiedene Einzahlungsmodalitäten möglich sind (Einmalzahlung, Ratenzahlung oder eine Kombination aus Bar- und Ratenzahlung).[236] Diese schrittweise Einzahlung bedeutet jedoch nicht, dass damit auch geringere Anteile an dem Fonds verbunden sind. Insofern kann bei dieser Art von Beteiligung an einem Immobilienvermögen auf Grund des relativ hohen Mindestanlagevolumens nicht von einem unendlich teilbaren Anlagetitel gesprochen werden.

Das Konzept eines geschlossenen Immobilienfonds bestand ursprünglich im wesentlichen darin, eine Kapitalanlage in Immobilien zu schaffen, die anfänglich steuerliche Verluste generiert, welche die Anteilseigner mit ihren positiven Einkünften verrechnen konnten, um ihre persönliche Steuerlast zu mindern.[237] Nach § 2b EStG dürfen seit Anfang 2001 „*negative Einkünfte auf Grund von Beteiligungen an Gesellschaften oder Gemeinschaften oder ähnlichen Modellen (...) nicht mehr mit anderen Einkünften ausgeglichen werden, wenn bei dem Erwerb oder der Begründung der Einkunftsquelle die Erzielung eines steuerlichen Vorteils im Vordergrund steht*“, so dass die bisher

---

[234] Dabei ist jedoch davon auszugehen, dass das Fonds-Management existierende Gestaltungsspielräume ausnutzt und so ein verzerrtes Bild des wirtschaftlichen Erfolges entsteht. Vgl. Bals (1994), S. 23 sowie FN 86.

[235] Vgl. Bals (1994), S. 14.

[236] Vgl. Loipfinger et al. (1997), S. 154.

[237] Zur steuerlichen Behandlung von Einkünften aus einer Beteiligung an einem geschlossenen Fonds vgl. den Exkurs auf S. 63.

unbegrenzte Verlustverrechnung nicht mehr möglich ist. In Zukunft dürften daher zunehmend renditeorientierte Fonds konzipiert werden.[238] Die Verluste kommen u.a. dadurch zu Stande, dass bei der Auflegung des Fonds neben den Anschaffungskosten für die Immobilien sogenannte „weiche“ Kosten (Dienstleistungskosten) anfallen, die durch das Agio (Aufschlag von ca. 2-5% auf die Beteiligungshöhe) nicht abgedeckt werden.[239] Bei diesen weichen Kosten handelt es sich z.B. um Konzeptions-, Vertriebs-, Marketingkosten und Treuhandvergütungen, die zusammen ca. 10% des Fondsvolumens ausmachen können.[240]

Insgesamt sind daher mit einer Beteiligung an einem geschlossenen Fonds erhebliche Transaktionskosten für den Anleger verbunden.

Aufgrund von typischerweise langen Laufzeiten der geschlossenen Immobilienfonds (10-25 Jahre) stellt die Nicht-Existenz eines organisierten Zweitmarktes eine erhebliche Marktaustrittsbarriere für die Anleger dar. Eine Veräußerung der Anteile an einem geschlossenen Immobilienfonds ist während der Laufzeit nicht vorgesehen. Zur Förderung der Fungibilität von Fondsanteilen bieten die Fondsgesellschaften zunehmend ihre Hilfe beim Verkauf von Gesellschaftsanteilen an, wobei es dabei meist zu Wertabschlägen kommt.[241]

Informationen über die Immobilie(n) des Fonds, das Management und das Fondskonzept sind für den Anleger nur aus dem Verkaufsprospekt, durch die Teilnahme an der Gesellschafterversammlung und eventuell während der Laufzeit freiwillig erstellten sog. Leistungsbilanzen erhältlich.[242] Diese Leistungsbilanzen geben einen Überblick, inwiefern es dem Management in der Vergangenheit gelungen ist, die prognostizierten Steuer- und Liquiditätsergebnisse des Fonds tatsächlich zu erreichen. Trotz der bestehenden

---

238 Vgl. Zitelmann (2000), S. 837.

239 Vgl. Loipfinger et al. (1997), S. 154.

240 Vgl. Loipfinger et al. (1997), S. 192. Mit Urteil vom 8. Mai 2001 hat der IX. Senat (IX R 10/96) des BFH entschieden, dass „(...) *auch „Gebühren“ für in gesonderten Verträgen vereinbarte Dienstleistungen (z.B. Mietgarantien, Treuhänderleistungen), die ein Anleger in einem geschlossenen Immobilienfonds auf Grund der modellimmanenten Verknüpfung aller Verträge in wirtschaftlichem Zusammenhang mit der Erlangung des Eigentums an der bezugsfertigen Immobilie entrichtet, nicht den sofort abziehbaren Werbungskosten, sondern den Anschaffungskosten zuzurechnen sind.*“ BMF-Schreiben vom 24.10.2001. Ebenfalls hat der IV. Senat des BFH (IV R 40/97) entschieden, dass gezahlte Eigenkapitalvermittlungsprovisionen in voller Höhe als Anschaffungs- oder Herstellungskosten der Fondsimmobilie zu behandeln und somit nicht mehr sofort steuerlich abzugsfähig sind. Vgl. auch Lüdicke/Arndt (2002), S. 597 f. sowie Zitelmann (2002), S. 712.

241 Vgl. Schlag (1995), S. 232. Seit dem Frühjahr 2001 existiert neben der Berlin Asset Management (BAM) auch eine Gesellschaft (DAI Zweitmarkt GmbH), deren Unternehmensgegenstand in der Vermittlung von Kommanditkapital in Form von Beteiligungen an geschlossenen Fonds liegt. Vgl. o.V. (2002b), S. 5

242 Hier und in der Folge Schlag (1995), S. 34.

Prospekthaftung (§ 264a StGB) und einer meist freiwillig erfolgenden Prospektprüfung durch einen Wirtschaftsprüfer ist jedoch nicht gewährleistet, dass sich jeder Anleger der Konsequenzen einer Beteiligung an einem geschlossenen Fonds bewusst ist. Es ist insofern davon auszugehen, dass zur realistischen Beurteilung von geschlossenen Fonds den Anlegern nicht die notwendigen Informationen zur Verfügung stehen.[243]

Im Rahmen der Veräußerung von Fondsanteilen an Zweiterwerber ist die Preisfindung eine Verhandlungssache zwischen den jeweiligen Marktteilnehmern, da sich bisher noch kein organisierter Zweitmarkt entwickelt hat und sich keine Bewertungsverfahren speziell für Anteile an geschlossenen Immobilienfonds durchgesetzt haben.[244] Da es sich bei einem geschlossenen Immobilienfonds um eine langfristig konzipierte Kapitalanlage handelt und eine Veräußerung der Anteile während der Laufzeit nicht vorgesehen ist, fällt die Anzahl von Marktteilnehmern auf dem Zweitmarkt gering aus. Dies lässt darauf schließen, dass keine atomistische Marktstruktur vorliegt.

Es wurde deutlich, dass für direkte Immobilienanlagen und geschlossene Immobilienfonds keinesfalls von einer allgemeinen Erfüllung der Annahmen durch die einzelnen Anlageformen auszugehen ist, sondern vielmehr eine große Anzahl an nicht erfüllten Prämissen vorliegt.

3.3.2. Public Equity

Die einzige derzeit in Deutschland verfügbare börsengehandelte Immobilienanlage-möglichkeit ist die Immobilien-Aktiengesellschaft.

Eine Beteiligung an einer Immobilien-AG ist für die Anleger schon mit im Vergleich zu anderen Immobilienanlagen geringen Beträgen möglich. Der Mindestnennbetrag von Aktien in Höhe von € 1 (§ 8 AktG) führt (typischerweise) zu einem relativ geringen Aktienwert. Für Immobilienaktien kann insofern die beliebige Teilbarkeit und somit auch die Möglichkeit zu einer effizienten Diversifikation von Immobilienaktienportfolios angenommen werden.

Die Transaktionskosten für den Erwerb von Aktien sind wesentlich niedriger als bei anderen Immobilienanlagen. Die Gebühr für den An- und Verkauf von Aktien beträgt i.d.R. rund 0,5% des Kurswertes zuzüglich einer Maklercourtage, wobei diese Kosten bei Inanspruchnahme von Discount-Brokern noch niedriger ausfallen können.[245] Die steuerliche Behandlung von Einnahmen aus Immobilienaktien hängt davon ab, ob die Aktien in einem Privat- oder Betriebsvermögen gehalten werden. Im Gegensatz zu den amerikanischen REITs werden die deutschen Immobilien-AGs steuerlich wie jede andere

---

243 Zur Analyse von geschlossenen Immobilienfonds aus Anlegersicht vgl. Duchardt (2001).

244 Vgl. Kurth/Grass (1990), S. 179 f.

245 Vgl. Mitropoulos/Andersen (2000), S.15 f.

Aktiengesellschaft behandelt. Das Ergebnis einer Immobilien-AG wird auf der Ebene der Gesellschaft mit Gewerbesteuer, Körperschaftsteuer und Solidaritätszuschlag und die Ausschüttungen an die Gesellschafter nach deren individuellen Einkommensteuersätzen gemäß dem Halbeinkünfteverfahren besteuert.

Jedem Anleger steht der Markt für Immobilienaktien offen. Für einen Anleger ist jedoch ein sofortiger Erwerb bzw. eine jederzeitige Liquidierung der Aktien nur möglich, sofern die Immobilien-AG börsennotiert ist und einen ausreichenden Free-Float (Streubesitz) sowie ein hinreichendes Handelsvolumen aufweist.[246] Gerade Immobilien-AGs sind hingegen häufig dadurch gekennzeichnet, dass sich nur ein geringer Anteil des Aktienkapitals im Streubesitz befindet und insofern die Fungibilität der Aktien eingeschränkt ist.[247]

Tendenziell besitzen Aktiengesellschaften eine hohe Transparenz, da die Börse und die gesetzlich vorgeschriebenen Publizitätspflichten eine wichtige Kontroll- und Überwachungsfunktion ausüben. Neben der Erfüllung der Börsenzugangsvoraussetzungen sind börsennotierte Aktiengesellschaften dazu verpflichtet, Bilanz, Gewinn- und Verlustrechnung, Anhang und Lagebericht aufzustellen, durch einen Abschlussprüfer prüfen zu lassen und diese zu veröffentlichen.[248] Die Aussagefähigkeit der Jahresabschlüsse von Immobilien-AGs ist aber insofern noch verbesserungsfähig, als noch keine Angaben über die einzelnen Verkehrswerte der Immobilien bzw. deren Gesamtmarktwert, die Vermietungssituation sowie die genaue Lage der Immobilienobjekte erfolgen (müssen). Mit dem zum 1.1.2001 in Kraft getretenen IAS 40 wird sich dies für Unternehmen, die ihren Jahresabschluss (auch) nach IAS erstellen, jedoch ändern. IAS 40 formuliert ein Wahlrecht zwischen einer *fair value*-Bewertung und einer Bewertung zu den fortgeführten Anschaffungskosten für *investment properties*.[249]

---

246 Vgl. Mitropoulos/Andersen (2000), S. 9.

247 Vgl. Beck (2001), S. 30.

248 §§ 316-324 HGB sowie §§ 324 ff. HGB.

249 Um *investment properties* handelt es sich, wenn Immobilien zum Zwecke der Erzielung von Mieten, Pachten oder sonstigen regelmäßigen Einkünften und/oder Wertsteigerungen gehalten werden und nicht als Produktionsstätte u.ä. dienen (IAS 40.4 ff).

Der beizulegende Zeitwert (*fair value)* wird als der Betrag definiert, auf den sich informierte, unabhängige und zur Transaktion bereite Parteien einigen würden (IAS 40.4).[250] Neben den im Jahresabschluss veröffentlichten Informationen stehen dem Anleger zusätzlich die Informationen zur Verfügung, die die tägliche Börsenbewertung der Aktien widerspiegelt.[251]

Aktienmärkte sind überwiegend von einer atomistischen Marktstruktur gekennzeichnet, jedoch führt der bisher noch geringe Streubesitz von Immobilienaktien zu einer gewissen Marktenge. Diese geringe Marktliquidität bedingt, dass der Kauf oder Verkauf von größeren Mengen an Immobilienaktien zu einer Beeinflussung des Preises führt. Somit muss das Vorliegen einer atomistischen Marktstruktur für diejenigen Immobilienaktien verneint werden, bei denen sich keine hinreichend große Anzahl von Aktien im Streubesitz befinden.

Die Anlageform Immobilienaktie bietet den Investoren die Möglichkeit, sich -im Falle von Immobilien-Bestandshaltern- an einem professionell verwalteten Immobilienportfolio zu beteiligen. Es stellt sich jedoch die Frage, wie sich Immobilien-AGs von anderen Aktiengesellschaften klar unterscheiden lassen, d.h. welche Kriterien eindeutig für das Vorliegen einer Immobilien-AG sprechen. Eine zunehmende Ausrichtung auf die reine Bestandshaltung von Immobilien von bestehenden Immobilien-AGs, die vermehrte Ausgliederung von großen Immobilienbeständen unter Shareholder-Value Gesichtspunkten in eigenständige Aktiengesellschaften sowie eine Ausweitung des Streubesitzes von Immobilienaktien könnten zu einer Steigerung der Attraktivität dieser Immobilienanlageform beitragen.[252] Insofern ist zukünftig davon auszugehen, dass die bisher noch bestehende Marktenge abgebaut wird und somit auch die Prämissen der atomistischen Marktstruktur bzw. der Nicht-Existenz der Markteintritts-/Marktaustrittsbarrieren eher erfüllt werden.

---

250 Dabei kann der *fair value* einer Immobilie im Idealfall aus einem Marktwert abgeleitet werden (IAS 40.29).
Für die Bewertung von Immobilien, für die kein Marktwert abgeleitet werden kann, schlägt IAS 40.40 (a-c) das *Sales Comparison* Verfahren (Vergleichswertverfahren) oder das *Discounted Cash Flow* Verfahren vor. Bei letzterem werden die zu erwartenden Zahlungsströme für einen in der Zukunft liegenden Zeitraum geschätzt und kapitalisiert sowie ein Restwert am Ende dieser Detailplanungsperiode berücksichtigt. Bei der Vergleichswertmethode wird hingegen der Marktpreis von ähnlichen Immobilien so an die Gegebenheiten der zu bewertenden Immobilie angepasst, dass ein *fair value* abgeleitet werden kann. Da es sich bei den vorgeschlagenen Verfahren um amerikanische bzw. britische Bewertungsverfahren handelt, stellt sich die Frage, ob die traditionellen deutschen Bewertungsverfahren zur Ermittlung eines Verkehrswertes (§ 194 BauGB) überhaupt in einem IAS-Abschluß eingesetzt werden können. Vgl. Böckem/Schurbohm (2002), S. 44 f.

251 Vgl. Mitropoulos/Andersen (2000), S. 15.

252 Vgl. Westrup (2001), S. 53 f.

3.3.3. Private Debt

Eine Beteiligung an Immobilienprojekten kann nicht nur mit Eigenkapital, sondern auch mit Fremdkapital erfolgen. Eine solche Fremdkapitalfinanzierung zeichnet sich insbesondere dadurch aus, dass Zins- und Tilgungsleistungen schon im vorhinein von den Marktteilnehmern vereinbart werden und nicht von dem Erfolg des zu finanzierenden Immobilienprojektes abhängig sind.

Die Bereitstellung von Fremdkapital für Immobilienprojekte kann zwar in jeder beliebigen Höhe erfolgen, so dass von einer unendlichen Teilbarkeit dieser Anlageform ausgegangen werden könnte, allerdings sind zur Finanzierung des Kaufpreises von Immobilien üblicherweise große Summe erforderlich und die Kreditnehmer sind meist nicht bereit, mehrere Kapitalgeber für die Aufnahme des geplanten Fremdkapitalanteils aufzusuchen. Bei Immobilienprojekten, die mit hohen Risiken verbunden sind (z.B. Projektentwicklungen, Betreiberimmobilien) und/oder ein besonders hoher Fremdkapitalbedarf besteht, bleibt eine Streuung des Kreditrisikos auf mehrere Kreditgeber jedoch kaum aus.

Eine Immobilienbeteiligung mit Fremdkapital kann zum einen aus einem Privatvermögen, zum anderen auch aus einem Betriebsvermögen erfolgen. Die anfallenden Zinseinkünfte sind in beiden Fällen zu versteuern. Zusätzlich verursacht eine Bereitstellung von Fremdkapital Transaktionskosten, da kein organisierter Markt für Immobilienfremdkapital besteht (hohe Suchkosten) und dies eine aufwendige Vertragsgestaltung bedingt.

Der Markt für Immobilienfremdkapital ist für jeden Investor offen. Da jedoch typischerweise hohe Summen an Fremdkapital für ein Immobilienprojekt von einem einzelnen Fremdkapitalgeber benötigt werden, ist der Marktzugang nur für Investoren mit einem großen Vermögen sinnvoll. Die Veräußerung von Immobiliendarlehen ist möglich, jedoch müssen durch die Nicht-Existenz eines organisierten Sekundärmarktes individuell Interessenten gesucht und Verkaufsverträge abgewickelt werden. Insofern lassen sich sowohl Zutritts- als auch Austrittshemmnisse für den Markt für Immobilienfremdkapital nicht verneinen.

Sowohl im Vorfeld einer Immobilienfinanzierung mit Fremdkapital als auch während der Kreditlaufzeit wird ein Anleger Informationen über die zu finanzierende Immobilie sowie über den jeweiligen Kreditnehmer einholen müssen. Diese Beschaffung von Informationen ist meist mit (hohen) Kosten und (großem) Aufwand verbunden und zudem setzt deren Auswertung ein erhebliches Fachwissen des Anlegers voraus.

Auf dem Markt für Immobilienfremdkapital sind zwar eine große Anzahl von Anbietern und Nachfragern vorhanden, jedoch handelt es sich bei einer Immobilienfinanzierung um ein sehr individuell auf die Bedürfnisse des Nachfragers zugeschnittenes Produkt. Die Finanzierungsbedingungen werden für einzelne Immobilienobjekte zwischen den Vertragspartnern verhandelt und vertraglich festgehalten. Insofern ist sowohl für den Primärmarkt als auch für den Sekundärmarkt von Immobilienfremdkapital nicht davon auszugehen, dass eine atomistische Marktstruktur vorliegt.[253]

3.3.4. Public Debt

Die wesentlichste Form von handelbarem Immobilienfremdkapital stellt in Deutschland der Hypothekenpfandbrief dar. Da er wie in Kapitel 2.2. beschrieben derart stark reglementiert ist, dass man nicht mehr von einem durch den Immobilienmarkt geprägten Zahlungsstrom/ Risikoprofil sprechen kann, wird er hier nicht weiter als Immobilienanlage im Rahmen der MPT behandelt.

Neben dem Pfandbrief treten in Europa inzwischen auch die ursprünglich aus den USA stammenden sog. Mortgage Backed Securities (MBS) auf.[254] Die Bedeutung von MBS in Europa ist gegenüber dem Pfandbrief und ähnlichen Arten der Refinanzierung von Immobiliendarlehen jedoch sehr gering (innerhalb der EU und Norwegen ausstehende MBS € 16 Mio. gegenüber € 531 Mrd. ausstehende Pfandbriefe oder ähnlichen Papieren (Ende 1999)).[255] Aufgrund dieses geringen Stellenwertes der MBS in Europa werden sie im Rahmen der MPT-Prämissenüberprüfung ebenfalls vernachlässigt.

3.4. Kritische Würdigung der Anwendung der MPT auf Immobilien

Das Modell der MPT ermöglicht es, eine optimale Mischung von Vermögensgegenständen zu finden, die den Nutzen des Investors unter Berücksichtigung seiner individuellen Risikobereitschaft maximiert. Die Anwendung dieses Modells ist jedoch aus theoretischer Sicht nur möglich, wenn sowohl die anlageobjekt- bzw. anlegerbezogenen als auch die kapitalmarktbezogenen Annahmen des Modells erfüllt werden. Da allgemein für die Anleger sowie für die Wertpapiermärkte von einer Erfüllung der Modellprämissen auszugehen ist, wurde das Vorliegen der kapitalmarktbezogenen Annahmen für die einzelnen Immobilienanlagemöglichkeiten diskutiert. Die Ergebnisse dieser Überprüfung werden anhand der folgenden Tabelle 3 nochmals zusammenfassend dargestellt. Eine begrenzte Teilbarkeit, ein Vorliegen von diskriminierenden Steuern und Transaktionskosten sowie ein unzureichender Informationszugang können durch weitere Nebenbedingungen in dem Optimierungsprozess berücksichtigt werden.

---

253 Zur Definition von Primär- und Sekundärmarkt vgl. Steiner/Bruns (2000), S. 2.

254 Zur Problematik der Realisierung einer MBS-Transaktion in Deutschland bzw. Europa vgl. Paul/Fehr (1996b) sowie O'Reilly/Hardt (2001).

255 Vgl. O'Reilly/Hardt (2001), S. 123.

Markteintritts-/Marktaustrittsbarrieren und Märkte mit geringen Anbietern/ Nachfragern, die Preise beeinflussen können, stellen hingegen eine Anwendung der MPT in Frage.

	Unbe grenzte Teilbar-keit	Keine diskriminie-renden Steuern und TAK	**Keine Markt-eintritts-/Markt-austritts-barrieren**	Abgeschlossene/ kostenlose Informationen	**Atomistische Marktstruktur**
(Direkte) Immobilien	-	-	-	-	-
Offene Immobilienfonds	+	~	+	~	+
Geschlossene Immobilienfonds	-	~	-	-	-
Immobilien-Aktiengesellschaft	+	+	+/~	+/~	+
Immobilien-fremdkapital	~	~	-	-	-

Tabelle 3: Kapitalmarktbezogene Prämissen der MPT und deren Erfüllung durch verschiedene Immobilienanlageformen (- nicht erfüllt; + erfüllt; ~ teilweise erfüllt)

Aus Tabelle 3 wird deutlich, dass der überwiegende Teil der Immobilienanlagen die Prämissen der MPT nicht erfüllt und somit deren Anwendung auf diese Formen der Anlage fragwürdig erscheint.

Die Prämisse der unendlichen Teilbarkeit der Anlagen, die das Erwerben von kleinsten Einheiten und somit eine effiziente Diversifikation ermöglichen soll, wird nur von den offenen Immobilienfonds und den Immobilien-AGs erfüllt. Im Gegensatz dazu kann man bei Anlagen in (direkte) Immobilien, geschlossene Fonds und Immobilienfremdkapital nicht von deren unendlichen Teilbarkeit ausgehen. Während für geschlossene Immobilienfonds und Immobilienfremdkapital Mindestanlagevolumina formuliert und in den Portfoliooptimierungsprozess miteinbezogen werden können, führt das Ganzzahligkeitsproblem im Falle von direkten Immobilien dazu, dass sich keine Effizienzlinie sondern nur Effizienzpunkte ergeben. Eine Portfolioanpassung an Veränderungen der Marktgegebenheiten bzw. der Anlegerpräferenzen kann infolgedessen nicht in infinitesimal kleinen Schritten, sondern nur „stufenweise“ erfolgen.

Die Bedingung, dass keine die Investoren diskriminierenden Steuern und Transaktionskosten mit einer Anlage verbunden sind, kann am ehesten bei den Immobilien-AGs als erfüllt angenommen werden. Für alle anderen Anlageformen -besonders bei direkten Immobilien- treten erhebliche Transaktionskosten auf und je nach Zugehörigkeit zu einem Betriebs- oder

Privatvermögen werden die Anlagen zudem steuerlich unterschiedlich behandelt. Es besteht die Möglichkeit, anfallende Transaktionskosten und Steuern zu berücksichtigen, indem Netto-Renditen im Optimierungsprozess verwendet werden. Dies führt jedoch dazu, dass sich keine allgemein, d.h. für alle Anleger, gültigen Portfolios ergeben, sondern nur eine individuelle von der Anlagesumme bzw. der Besteuerung des Anlegers abhängige Portfoliooptimierung vorgenommen werden kann.

Sowohl für Anteile an offenen Immobilienfonds als auch für Immobilienaktien kann davon ausgegangen werden, dass eine jederzeitige Transaktionsmöglichkeit dieser Anlageformen besteht. Für direkte Immobilienanlagen, geschlossene Immobilienfonds sowie Immobilienfremdkapital existieren hingegen Markteintritts- und Marktaustrittsbarrieren, die Investoren einen sofortigen Erwerb bzw. Verkauf dieser Anlageformen in jeder Menge unmöglich macht. Sofern ein jederzeitiger Marktaustritt nur mit einem Preisabschlag erfolgen kann, führt dies zu im Portfoliooptimierungsprozess nicht berücksichtigten Renditeeinbußen. Insofern könnten sich im nachhinein Portfolios als ineffizient erweisen.

Die Annahme, dass den Investoren eine abgeschlossene bzw. kostenlose Informationsbeschaffung möglich ist, erscheint nur für Immobilien-AGs sowie offene Immobilienfonds (teilweise) gegeben. Hingegen stellen die für direkte Immobilien, geschlossene Fonds und Immobilienfremdkapital anfallenden Informationsbeschaffungs-kosten eine Anwendung der MPT durchaus in Frage, da diese Kosten im wesentlichen im voraus, aber auch während des Anlagezeitraumes anfallen. Dies mindert die Rendite dieser Anlageformen, sofern die Informationskosten in Geldgrößen erfasst werden können.

Für das Vorliegen einer atomistischen Marktstruktur sollten sehr viele Anbieter und Nachfrager existieren, deren Nachfrage nach Vermögenstiteln jeweils so gering ist, dass sie keinen Einfluss auf die Preise ausüben. Für direkte Immobilien, geschlossene Fonds und Immobilienfremdkapital muss davon ausgegangen werden, dass sich aufgrund einer geringen Marktliquidität der Anlageformen und/oder eines hohen Transaktionsvolumens Preisbeeinflussungen ergeben. Treten Preisbeeinflussungen auf, kann dies zu ineffizienten Portfolios führen, sofern die verursachten Renditeveränderungen nicht im Optimierungsprozess berücksichtigt werden konnten. Für Immobilienaktien und offene Immobilienfonds kann das Vorliegen einer atomistischen Marktstruktur im Gegensatz dazu unterstellt werden.

Die Diskussion der Modellprämissen im Rahmen einer Anwendung der MPT auf Immobilienanlagen hat gezeigt, dass eine Vielzahl der Prämissen bei direkten Immobilien, geschlossenen Fonds sowie Immobilienfremdkapital nicht erfüllt werden. Insofern ist eine Anwendung der Modernen Portfolio Theorie auf diese Anlageformen nur in dem Bewusstsein durchzuführen, dass eine evidente Verletzung der Modellprämissen vorliegt.

Bezieht ein Anleger z.B. geschlossene Immobilienfonds trotzdem in sein Anlagespektrum ein, so könnte dies zum einen damit begründet werden, dass der Fonds einen Renditeaufschlag n. St. gegenüber Alternativanlagen verspricht, der den Anleger für die eingeschränkte Fungibilität des Fonds während der langen Laufzeit entschädigt. Zum anderen besteht die Möglichkeit, dass der Anleger die Wahrscheinlichkeit, den Fonds während der Laufzeit (mit einem erheblichen Abschlag) verkaufen zu müssen, gering einschätzt und er den (anfänglich) anfallenden steuerlichen Verlusten sowie deren Liquiditätswirkung mehr Bedeutung beimisst. Für eine Investition in direkte Immobilien lassen sich ähnliche Argumente finden, um z.B. den hohen Verwaltungsaufwand oder die eingeschränkte Liquidierbarkeit zu rechtfertigen. Eine direkte Immobilie bietet dem Anleger ein hohes Maß an Sicherheit und laufende (monatliche) Einkünfte, so dass der Anleger die Renditeeinbuße, die er insgesamt erleiden würde, wenn er die Immobilie unter Zeitdruck (unter dem eigentlichen Marktwert) verkaufen müsste, als unbedeutend ansieht. Dabei ist jedoch zu bedenken, dass eine Veräußerung von Anteilen an einem geschlossenen Fonds während der gesamten Laufzeit nur mit einem erheblichen Abschlag möglich ist, während der Verkauf einer Immobilie in einem angemessenen Zeitraum ohne Einbuße durchführbar wäre.

In die sich anschließende empirische Analyse dieser Arbeit werden nur Immobilien-Aktien einbezogen, da sie im Unterschied zu den anderen Kapitalanlagen in Immobilien die Modellprämissen der Modernen Portfolio Theorie weitestgehend erfüllen. Anhand von Immobilien-AGs soll überprüft werden, ob sich diese in einer Form von den sonstigen Aktien unterscheiden, dass von dem Vorliegen einer eigenen Assetklasse ausgegangen werden kann. Da durch eine Diversifikation über verschiedene Assetklassen, wie in 3.1.3. beschrieben, eine Verminderung des Portfoliorisikos erreicht werden kann, wird im Anschluss die Rolle von Immobilien-AGs innerhalb von Mixed-Asset Portfolios für Europa und die USA untersucht.

4. Empirische Untersuchung des Diversifikationspotentials von Immobilien-AGs – Europa vs. USA

Die Darstellung der Modernen Portfolio Theorie hat gezeigt, dass eine Verringerung des Portfoliorisikos durch die Mischung von verschiedenen Anlageformen realisiert werden kann. Eine Anwendung der MPT auf verschiedene Immobilienanlageformen ist aus theoretischer Sicht nur für Immobilien-Aktien oder für offene Immobilienfonds möglich. Da für offene Immobilienfonds eine Handelbarkeit der Anteile an realen Wertpapiermärkten nicht gegeben ist und die Anteile somit keiner „fairen" Marktbepreisung unterliegen, werden diese in der sich anschließenden empirischen Untersuchung nicht berücksichtigt. Im folgenden Kapitel wird der Frage nachgegangen, welcher Diversifikationseffekt sich durch die Beimischung von Immobilien-Aktien in Mixed-Asset Portfolios innerhalb Europas bzw. in den USA tatsächlich erzielen lässt. Eingangs soll ein Literaturüberblick zeigen, inwieweit diese Fragestellung bisher in der Literatur behandelt wurde und zu welchen Ergebnissen die vorwiegend in den USA angefertigten bzw. auf US-Daten basierenden Studien gelangen.

4.1. Bisherige empirische Ergebnisse

Die größte Zahl der Studien, die den Diversifikationseffekt von Immobilien-Aktien innerhalb eines Mixed-Asset Portfolios betrachten, ist bisher auf der Basis von US Daten, insbesondere U.S. REITs, erstellt worden. Seit Mitte der neunziger Jahre sind zunehmend auch Studien mit einem internationalen Fokus durchgeführt worden.

Eine der ersten Studien zum Diversifikationseffekt von Mixed-Asset Portfolios führen *Burns/Epley (1982)* an Hand von Quartalsdaten von 35 REITs (10 Equity, 8 Hybrid und 17 Mortgage REITs) sowie 27 Investment Companies (13 closed-end funds, 13 mutual funds und dem S&P 500) für den Zeitraum von 1970-1979 sowie für zwei Subperioden (1970-1974 und 1975-1979) durch. Die REITs sowie die Investment Companies wurden verwendet, um auf der einen Seite Immobilienportfolios und auf der anderen Seite Aktienportfolios darzustellen. Die Verwendung von REITs basiert auf der Tatsache, dass für die direkten Immobilien keine Daten zur Verfügung stehen und insofern die REIT-Daten als Abbild eines Portfolios bestehend aus direkten Immobilienanlagen dienen. Allerdings erscheint die Verwendung von Mortgage sowie Hybrid REITs in diesem Fall insofern fragwürdig, als dass sie keine (reinen) Portfolios direkter Immobilienanlagen repräsentieren. Die berechneten Effizienzlinien zeigen deutlich, dass „(...) *the mixed-asset portfolios containing both REITs and stock trusts dominate the single-asset portfolios at every risk and return level.*“[256] Die Unterteilung des Untersuchungszeitraumes bestätigt dieses Ergebnis für beide Subperioden.

Kuhle (1987) analysiert die Auswirkungen der Diversifikation auf das Portfoliorisiko für REIT- sowie Mixed-Asset Portfolios. Auf der Basis der ex-post Monatsrenditen von 26 Equity REITs, 16 Mortgage REITs sowie 42 Aktien im Zeitraum 1980-1985 stellt er 600 gleichgewichtete Portfolios für die folgenden fünf Kategorien zufällig zusammen: (1) Equity REIT Portfolios, (2) Mortgage REIT Portfolios, (3) Aktien Portfolios, (4) Mixed-Asset Portfolios mit Equity REITs und Aktien sowie (5) Mixed-Asset Portfolios mit Mortgage REITs und Aktien. Auf der Basis des Portfoliorisikos (Standardabweichung) und der Portfoliorendite testet *Kuhle* anschließend folgende in diesem Kontext relevanten Hypothesen: (1) das Portfoliorisiko von Mixed-Asset Portfolios ist nicht signifikant geringer als von reinen Aktienportfolios und (2) das Verhältnis Rendite/Risiko ist für Equity bzw. Mortgage REIT Portfolios signifikant höher als für Aktienportfolios. Zur Feststellung eines signifikanten Unterschieds zwischen der Portfoliorendite bzw. den Portfoliorisiken der verschiedenen Portfoliokategorien wurde der Z-Test herangezogen. Die Querschnittsanalyse der Portfoliorisiken ergab, dass „(...) *equity REITs provide the most potential for overall risk reduction in portfolios.*“[257] Insgesamt kommt Kuhle (1987) zu dem Ergebnis, dass „(...) *REIT portfolios are more efficient, in a Markowitz sense, than portfolios of only common stocks.*“[258] Auch wenn diese Studie nur Aktien und REITs innerhalb eines Mixed-Asset Portfolios betrachtet, so wird dennoch deutlich, dass REITs Diversifikationspotential aufweisen.

Ennis/Burik (1991) versuchen mit einer Untersuchung die Diskrepanz zwischen dem von U.S. Pensionsfonds gehaltenen Anteil an Immobilien innerhalb ihrer Mixed-Asset Portfolios und dem Immobilienanteil am Marktportfolio zu erklären. Dabei fassen sie als „Marktportfolio“[259] die Summe der Anlagemöglichkeiten auf, die einem U.S. Pensionsfond zur Verfügung stehen. Für den Zeitraum 1980-1989 werden der Wilshire 5000 (U.S. Stocks), der MSCI EAFE Index (ausländische Aktien), der Salomon Bros. Non-U.S. World Government Bond Index (ausländische Renten), der Lehman Brothers Aggregate Bond Index (U.S. Renten) sowie der NAREIT Equity REIT Index (U.S. Immobilien) verwendet.[260] Auf der Basis des CAPM berechnen

---

256 Bruns/Epley (1982), S. 40.

257 Kuhle (1987), S. 5.

258 Kuhle (1987), S. 8.

259 Das Marktportfolio setzt sich aus 43,7% U.S. und ausländischen Aktien, 42,9% U.S. und ausländischen Renten, 6,8% U.S. Immobilien, 6,5% geldähnlichen Anlagen sowie 0,1% Sonstigem zusammen.

260 Ennis/Burik (1991) verwenden den NAREIT Equity REIT Index, da „*(...) the REIT series appears to be the better indicator* [im Verhältnis zum NCREIF Index, Anm. d. Verf.] *of the underlying price behavior of real estate investments.*“ Ennis/Burik (1991), S. 26.

Ennis/Burik erwartete Renditen und Risiken der einzelnen Assetklassen, die sie dann zur Portfoliooptimierung verwenden. Die Zusammensetzung der effizienten Portfolios zeigt, dass „(...) *most efficiently diversified balanced portfolios have real estate holdings in the range of 10 to 15 per cent.*“[261]

Aufgrund des starken Anstiegs sowohl der Anzahl als auch der durchschnittlichen Marktkapitalisierung der REITs seit Anfang der 90er Jahre stellt sich für *Mueller et al. (1994)* die Frage, ob eine Einbeziehung von REITs zu effizienteren Mixed-Asset Portfolios führt. Ihre Datenbasis umfasst für den Zeitraum Januar 1976-Juni 1993 die Assetklassen Aktien, Renten und REITs, wobei für Aktien der S&P 500 sowie der Frank Russel Company 2000 (small caps), für Bonds der Shearson Lehman Bond Index und für REITs der NAREIT Equity REIT Index verwendet wurde. Die Korrelationen zwischen den Assetklassen zeigen, dass REITs zwar eine hohe Korrelation mit Small-Caps aufweisen, die Korrelationen mit dem S&P 500 und den Bonds jedoch geringer ausfallen und insofern ein Diversifikationspotential vermuten lassen. Die Portfoliooptimierung macht sowohl für den gesamten Zeitraum als auch für Subperioden deutlich, dass „(...) *the inclusion of REITs in a mixed-asset portfolio results in a higher possible efficient frontier* (...)“[262].

Im Gegensatz zu *Mueller et al.* betrachten *Geltner et al . (1995)* das Diversifikationspotential sowohl von direkten Immobilien als auch REITs innerhalb eines Mixed-Asset Portfolios. Dazu stellen sie zuerst die Unterschiede zwischen diesen beiden Anlageformen dar, bevor eine Korrelationsanalyse sowie die Berechnung von effizienten Portfolios Aufschluss über den zu erzielenden Diversifikationseffekt geben soll. Direkte Immobilieninvestitionen sind gekennzeichnet durch hohe Transaktionskosten, Informationsineffizienzen sowie Illiquidität. *Geltner et al.* verwenden zum einen die NCREIF Daten (direkte Immobilien), die sie um deren *appraisal-smoothing* bereinigen, zum anderen die NAREIT Daten (REITs), die sie um deren *leverage* bereinigen, und schließen aus dem Verlauf der beiden Datenreihen, dass „(...) *public and private real estate are* ***essentially the same thing*** *(...), but public real estate reflects the greater informational efficiency of the public securities markets, while price change in private real estate reflects the inertia and sluggishness of the less efficient private market.*“[263] Die Datenbasis für die Portfoliooptimierung umfasst für den Zeitraum 1975-1993 den S&P 500, den Ibbotson Long-Term Government Bond Index, den NAREIT all-REIT Index sowie für die direkten Immobilien den Evaluation Association Index (EAI) und den NCREIF Property

---

261 Ennis/Burik (1991), S. 27.
262 Mueller et al. (1994), S. 28.
263 Geltner et al. (1995), S. 16.

Index.[264] Aufgrund der geringen Anzahl an Datenpunkten für die direkten Immobilien konstruieren *Geltner et al.* eine Zeitreihe für direkte Immobilien auf der Basis von zwei Regressionen. Die jährlichen Renditen der direkten Immobilien werden zum einen durch die aktuellen bzw. mit einem lag versehenen Aktien- und Bondrenditen erklärt, zum anderen durch die aktuellen REIT Renditen und die mit einem lag versehenen REIT- bzw. direkten Immobilienrenditen bestimmt. *Geltner et al.* gehen davon aus, dass Investoren, die eine Immobilienanlage in Erwägung ziehen, grundsätzlich einen mittel- bis langfristigen Anlagehorizont haben. Insofern wird die Optimierung der Mixed-Asset Portfolios auf der Basis von 5-Jahres Renditen durchgeführt. Aus den Ergebnissen schließen *Geltner et al.*, dass „(...) ***both** public and private real estate should have significant positions in the optimal overall portfolio of the typical pension fund*“[265]. Die Zusammensetzung der Mixed-Asset Portfolios zeigt, dass die Portfolios mit einem geringen Risiko einen hohen Anteil an direkten Immobilien und Bonds, die Portfolios mit einer hohen Rendite hingegen einen hohen Anteil an Aktien und REITs aufweisen.

Während die vorherigen Untersuchungen alleine den U.S. Markt behandeln, betrachtet *Eichholtz (1996)* den Diversifikationseffekt von Immobilien-Aktien im internationalen Kontext. Die Datenbasis für den Zeitraum Januar 1985-August 1994 setzt sich zusammen aus den Limburg Institute of Financial Economics (LIFE) Global Real Estate Securities Indizes, den MSCI Aktienindizes sowie den Salomon Brothers Bond Indizes für Frankreich, die Niederlande, Schweden, England, Hong Kong, Japan, Singapur, Kanada und die USA. Die Korrelationsanalyse zeigt, dass die durchschnittlichen Korrelationen zwischen den Immobilien-Aktienindizes geringer sind als diejenigen zwischen den Aktien- oder Bondindizes. Dieses Ergebnis lässt vermuten, dass durch eine Mischung von internationalen Immobilien-Aktien mehr Risiko vernichten werden kann als dies mit einer Mischung von internationalen Aktien oder Bonds möglich wäre. Um diese Vermutung zu bestätigen, testet Eichholtz die Null-Hypothese, dass die Korrelationsmatrix der Immobilien-Aktien derjenigen der Aktien bzw. Renten entspricht, gegen die Alternativ-Hypothese, dass die Korrelationen der Immobilien-Aktienrenditen niedriger als diejenigen der Aktien bzw. Renten sind. Da die Null-Hypothese zu verwerfen ist, schließt *Eichholtz*, dass „(...) *international property share returns are correlated less strongly than common stock and bond returns*“[266]. Dieses Ergebnis führt *Eichholtz* darauf zurück, dass Immobilienmärkte stärker von regionalen Faktoren beeinflusst werden, wohingegen Aktien- und auch Bondmärkte eher

---

[264] Die Indexreihe für die direkten Immobilien setzt sich aus dem EAI und dem NCREIF zusammen, da der EAI bereits seit 1975 erhoben wird, während der NCREIF erst seit 1978 zur Verfügung steht.

[265] Geltner et al. (1995), S. 22.

[266] Eichholtz (1996), S. 58.

von globalen Faktoren geprägt sind. Ein Vergleich der Lage der Effizienzlinien im μ/σ-Raum zeigt deutlich, dass „(...) *international diversification works better for property shares than it does for stocks and bonds.*“[267] Auch wenn diese Studie nicht explizit den Diversifikationseffekt von Immobilien-Aktien im Rahmen von Mixed-Asset Portfolios behandelt, so kann aufgrund der Ergebnisse dennoch davon ausgegangen werden, dass eine Beimischung von Immobilien-Aktien zu einem internationalen Mixed-Asset Portfolio zu einer weiteren Risikovernichtung führen dürfte.

Mull/Soenen (1997) untersuchen im Gegensatz dazu in einem internationalen Kontext explizit den Diversifikationseffekt, der für Investoren der G7 Staaten (Deutschland, England, Frankreich, Italien, Japan, Kanada, USA) zu erzielen wäre, wenn diese zu ihren Mixed-Asset Portfolios, bestehend aus nationalen Aktien und Renten, U.S. REITs beimischen würden. Für den Zeitraum Januar 1985-Dezember 1994 verwenden *Mull/Soenen* den NAREIT Equity REIT Index, die MSCI Aktienindizes sowie die Salomon Brothers Bond Indizes. Die Berechnung der Renditen erfolgt aus der Sicht der Investoren des jeweiligen G7 Staates. Aufgrund der Korrelationen zwischen den nationalen Aktien- und den REIT-Renditen, die zwischen 0,61 und 0,11 liegen, vermuten *Mull/Soenen*, dass „(...) *the potential for risk reduction through portfolio diversification through REITs is somewhat limited.*“[268] Um den Diversifikationseffekt einer Beimischung von U.S. REITs zu bestimmen, ermitteln *Mull/Soenen* zuerst optimale Aktien- und Bondportfolios, wobei die optimale Zusammensetzung dieser Portfolios im Hinblick auf die Realisierung einer maximalen Sharpe Ratio bestimmt wird, bevor sie anschließend optimale Portfolios auf der Basis der drei Anlageformen U.S. REITs, Aktien und Renten berechnen. Dabei zeigt sich, dass nur für kanadische sowie englische Investoren die Diversifikation mit U.S. REITs zu einer höheren Sharpe Ratio führen konnte, wobei diese Steigerung nicht signifikant ist. Eine Unterteilung des Untersuchungszeitraums in zwei Subperioden führt für die erste Periode (1985-1990) zu dem Ergebnis, dass U.S. REITs in keinem der sieben Länder zur Maximierung der Sharpe Ratio beitragen können und insofern in keinem Portfolio enthalten sind. In der zweiten Periode weisen die optimalen Portfolios jedoch einen erheblichen Anteil an U.S. REITs auf, d.h. die Beimischung der U.S. REITs führt zu einem deutlichen Anstieg sowohl der durchschnittlichen Renditen als auch der Sharpe Ratios. *Mull/Soenen (1997)* weisen insofern darauf hin, dass „(...) *periodicity makes portfolio construction on the basis of historical performance alone problematic and (...) presents a major uncertainty.*“[269]

Eine weitere Studie im internationalen Kontext behandelt den Diversifikationseffekt von internationalen Immobilien-Aktien auf ein Mixed-

---

[267] Eichholtz (1996), S. 60.
[268] Mull/Soenen (1997), S. 57.
[269] Mull/Soenen (1997), S. 60.

Asset Portfolio bestehend aus U.S. Aktien, U.S. Bonds, U.S. REITs und internationalen Aktien. *Gordon et al. (1998)* verwenden für den Zeitraum Januar 1984-Dezember 1997 Daten aus 14 Ländern (Australien, Kanada, Frankreich, Deutschland, Hong Kong, Japan, Malaysia, die Niederlande, Singapur, Spanien, Schweden, Schweiz, England, USA) sowie 4 Regionen (Asien, Pazifik, Europa und Nord-Amerika). Die Daten setzen sich zusammen aus den Global Property Reasearch (GPR) Real Estate Securities Indizes, den MSCI Aktienindizes, dem S&P 500 (U.S. Aktien), dem Lehman Brothers Corporate Bond Index sowie dem NAREIT All REIT Index, wobei die Quartalsrenditen aus der Sicht eines U.S. Investors (also nicht währungsgesichert) in U.S. Dollar berechnet wurden. Der Vergleich der Immobilien-, Aktien- und Bondrenditen wirft die Frage auf, warum ein U.S. Investor in internationale Immobilien diversifizieren sollte, wenn er schon in internationale Aktien investiert hat und diese risikoadjustiert (Rendite im Verhältnis zum Risiko) besser sind als die Immobilien-Aktien. Eine Korrelationsanalyse zeigt jedoch, dass die Korrelationen zwischen internationalen und amerikanischen Immobilien-Aktien erheblich niedriger sind als die Korrelationen zwischen internationalen und amerikanischen Aktien. Zudem zeigt sich, dass internationale Immobilien-Aktien mit den amerikanischen Aktien, Renten und REITs viel geringer korrelieren als diese mit internationalen Aktien korrelieren. Eine Portfoliooptimierung für die folgenden Kategorien 1. U.S. Aktien, U.S. Bonds und REITs; 2. U.S. und internationale Aktien sowie 3. U.S. Aktien, internationale Aktien und Immobilien-Aktien zeigt deutlich, dass „(...) *the addition of international real estate securities significantly adds diversification benefits to the mixed-asset portfolio.*“[270]

Chandrashekaran (1999) untersucht den Diversifikationseffekt von REITs in einem Mixed-Asset Portfolio für einen U.S. Investor und vergleicht die Ergebnisse einer dynamischen ex-ante mit einer ex-post Portfoliooptimierung. Als Datenbasis werden Monatsdaten des S&P 500, des Shearson Lehman Government/Corporate Bond Index sowie eines Equity REIT Index[271] verwendet. *Chandrashekaran* beschreibt zuerst die Rendite-/Risiko- und Korrelationsstruktur der Indizes für den gesamten Zeitraum sowie für vier verschiedene Subperioden, wobei sich zeigt, dass REITs in den meisten Fällen sowohl eine höhere Rendite als auch eine höhere Sharpe Ratio aufweisen als Aktien oder Renten. Danach versucht *Chandrashekaran* in den Renditereihen Muster zu erkennen, die eine Erwartungsbildung bzgl. der Rendite, des Risikos und der Kovarianzen erlauben. Es zeigt sich, dass „*the standard deviation of*

---

270 Gordon et al. (1998), S. 90.

271 Diesen Equity REIT Index konstruiert *Chandrashekaran (1999)* folgendermaßen: Am Anfang jedes Quartals werden alle verfügbaren REITs nach ihrer Marktkapitalisierung sortiert. Die größten 75% der REITs (nach Marktkapitalisierung) werden für jeden Monat des Quartals in den Index aufgenommen. Der kapitalisierungsgewichtete Index wird am Anfang jeden Quartals aktualisiert und die Bestandteile überprüft.

returns on the REIT Index following down months is higher than that following up-months."[272] Desweiteren lässt sich beobachten, dass „(...) *following down months, the correlations of the REIT Index with the S&P 500 are higher than the correlations following up months.*"[273] Außerdem verwendet *Chandrashekaran* diverse volkswirtschaftliche Daten, um mit Hilfe eines Regressionsmodells Abhängigkeiten der REIT-Renditen zu bestimmen und damit ex-ante Renditen zu prognostizieren. Schließlich zeigen verschiedene Optimierungen von Mixed-Asset Portfolios, dass ein Investor ex-post im besten Fall sehr geringe Anteile an REITs in einem Mixed Asset Portfolio gehalten hätte. Im Gegensatz dazu lassen die Ergebnisse der dynamischen ex-ante Optimierung darauf schließen, dass „(...) *REITs do appear to offer significant diversification benefits at least during certain time periods* (...) *so dynamic asset allocation strategies that invest in REITs are likely to achieve superior risk and return profiles.*"[274]

Schließlich führen *Maurer/Reiner (2002)* erstmals eine Studie zum Diversifikationseffekt von Immobilien-Gesellschaften im Rahmen von internationalen Mixed-Asset Portfolios aus der Sicht deutscher sowie amerikanischer Investoren durch. Für den Zeitraum Januar 1985-Juni 2001 verwenden *Maurer/Reiner* für die Länder Deutschland, England, Frankreich, Schweiz und USA als Aktienindex den MSCI Index und als Bond Index den Datastream Government Bond Index. Für die Assetklasse Immobilien werden für die USA der NAREIT Index, für die Schweiz der BOPP Swiss Real Estate Fund Index, für England der FTSE Property Index sowie für Frankreich und Deutschland ein selbstberechneter Immobilienindex herangezogen. Auf der Basis dieser Daten führen *Maurer/Reiner* für deutsche und amerikanische Investoren für den Fall von ungesicherten und gesicherten Währungsrisiken verschiedene Portfolio-optimierungen durch, wobei sie immer das Ergebnis eines Aktien- und Rentenportfolios mit einem aus allen drei Assetklassen bestehenden Portfolio vergleichen. Für die ex-post (Mean/LPM) Portfoliooptimierung zeigt sich, dass „(...) *significant diversification benefits appeared for both investors through the consideration of real estate companies* (...)".[275] Die Ergebnisse der ex-ante Optimierung machen deutlich, dass „(...) *the integration of real estate companies in some portfolio strategies both for the German and the U.S. investor led* (...) *to a risk-reduction relative to the corresponding stock/bond strategies.*"[276] *Maurer/Reiner* schließen aus ihren Ergebnissen, dass der Beitrag von verbrieften Immobilien vor allem in einem Risikovernichtungspotential besteht. Dieses dürfte im wesentlichen darauf zurückzuführen sein, dass die verwendeten Immobiliendaten für die Schweiz

---

272 Chandrashekaran (1999), S. 95.
273 Chandrashekaran (1999), S. 97.
274 Chandrashekaran (1999), S. 111.
275 Maurer/Reiner (2002), S. 42.
276 Maurer/Reiner (2002), S. 42.

und Deutschland neben Immobilien-Aktien zu einem großen Teil auch offene Immobilienfonds enthalten. Dies erklärt zum einen die geringe Rendite sowie das geringe Risiko dieser Assetklasse im Gegensatz zu den anderen Ländern und zum anderen den hohen Portfolioanteil deutscher Immobilien in den Mixed-Asset Portfolios für die MRP (Minimum Risk Portfolio) Strategie.

Die vorgestellten Studien beschränken sich überwiegend auf U.S. Daten, die Sicht eines U.S. Investors oder eine Beimischung von U.S. REITs zu internationalen Aktien- und Rentenportfolios. Die Sicht eines Anlegers auf dem europäischen Markt wurde hingegen erstmals durch die Untersuchung von *Maurer/Reiner (2002)* eingenommen, jedoch werden in dieser Untersuchung zum einen für Deutschland und die Schweiz nicht nur Immobilien-Aktien, sondern allgemein verbriefte Immobilienanlagen verwendet, zum anderen werden in den USA alle Formen von REITs und nicht nur die bestandshaltenden Equity REITs herangezogen. Insofern können diese Ergebnisse mit Untersuchungen von Mixed-Asset Portfolios, die neben Aktien und Renten tatsächlich nur Immobilien-Aktien bzw. Equity REITs beinhalten, nicht verglichen werden. Das Diversifikationspotential von Immobilien-Aktien im Rahmen eines europäischen Mixed-Asset Portfolios wurde somit noch nicht bestimmt.[277] Eine Abschätzung des Diversifikationspotentials von Immobilien-Aktien erlaubt am ehesten die Studie von *Eichholtz (1996)*, in der Korrelationen zwischen den Immobilien-, Aktien-, und Rentenindizes diverser europäischer Länder berechnet werden.

Eine weitere Frage, auf die im Rahmen der vorgestellten Untersuchungen noch nicht eingegangen wurde, ist, ob REITs bzw. Immobilien-Aktien sich von den gewöhnlichen Aktien in einer Art und Weise unterscheiden, dass sie als eigenständige Assetklasse behandelt und innerhalb eines Mixed-Asset Portfolios getrennt betrachtet werden können. Neben der Fokussierung auf den europäischen Anlagemarkt wäre daher eine Überprüfung sinnvoll, ob es sich bei den europäischen Immobilien-Aktien um eine eigenständige Assetklasse handelt.

In der folgenden Tabelle werden die erläuterten Aufsätze nochmals zusammenfassend dargestellt, bevor im nächsten Abschnitt die Struktur der sich anschließenden empirischen Untersuchung des Diversifikationseffektes unter Berücksichtigung der o.g. Kriterien beschrieben wird.

---

[277] Es existieren hingegen einige Untersuchungen, die das Diversifikationspotential von reinen Immobilienportfolios im internationalen Kontext analysieren. Die Immobilienportfolios setzten sich dabei aus indirekten Immobilienanlagen (Immobilien-Aktien bzw. REITs) zusammen. Vgl. u.a. Stevenson (2001), Eichholtz et al. (1998a), Eichholtz (1997) sowie Asabere et al. (1991).

Autor(en)	Gegenstand/Datenmaterial der Untersuchung	Zeitraum	Methode/ Modelle	Ergebnisse und Bemerkungen
Burns/Epley, 1982	Diversifikationeffekt von Mixed-Asset Portfolios 10 Equity REITs, 8 Hybrid REITs, 17 Mortgage REITs, 13 Closed-end stock funds, 13 Mutual stock funds, S&P 500	Quartalsdaten 1970 - 1979	Portfolio-optimierung Effizienzlinien	• Im Gesamtzeitraum dominieren die Mixed-Asset Portfolios die Aktien- bzw. REIT-Portfolios für jedes Risiko- bzw. Renditeniveau. • Auch eine Unterteilung des Untersuchungszeitraums zeigt, dass die Mixed-Asset Portfolios in beiden Subperioden die Single-Asset Portfolios dominieren.
Kuhle, 1987	Diversifikationseffekt von REIT- sowie Mixed-Asset Portfolios 26 EREITs, 16 MREITs, 42 Aktien (aus dem S&P 500)	Monatsdaten 1980 - 1985	Zufällige Zusammenstellung von gleichgewichteten Portfolios nach 5 Kategorien, Messung der Standardabweichungen	• Ein Investor würde von reinen Equity REIT Portfolios mehr profitieren als von reinen Aktienportfolios. • Diversifikationseffekte sind bei Equity REIT Portfolios größer als bei Mortgage REIT Portfolios. • Equity REITs bieten das höchste Diversifikationspotential.
Ennis/Burik, 1991	Charakteristika von Immobilienrenditen, effizienter Portfolioanteil von Immobilien NAREIT Equity REIT Index, Lehman Bros. Aggregate Bond Index, Sal. Non-U.S. World Govt. Bond Index, Wilshire 5000, MSCI EAFE Index	Quartalsdaten 1980 - 1989	Ableitung von erwarteten Renditen aus dem CAPM, Portfolio-optimierung	• Abhängigkeit von REITs und Aktien lässt sich mit einem ähnlichen Grad der Informationseffizienz begründen. • In einem effizienten Portfolio sollte der Anteil von Immobilien (hier REITs) 10-15 % betragen.

Autor(en)	Gegenstand/Datenmaterial der Untersuchung	Zeitraum	Methode/ Modelle	Ergebnisse und Bemerkungen
Mueller et al., 1994	Einbeziehung von REITs in ein Mixed-Asset Portfolio NAREIT Equity REIT Index, S&P 500, Shearson Lehman Bond Index, Frank Russel Company Index	Monatsdaten 1976 - 1993	Portfoliooptimierung, Effizienzlinen	• Durch die Einbeziehung von Equity REITs in Mixed-Asset Portfolios können Effizienzsteigerungen realisiert werden. • REITs sollten besonders bei der Bildung von langfristigen Portfolios berücksichtigt werden.
Geltner et al., 1995	Unterschiede/Gemeinsamkeiten von REITs und direkten Immobilien, Diversifikationseffekt von REITs NCREIF Property Index (unsmoothed), NAREIT All REIT Index (unlevered), S&P 500, Ibbotson Long-Term Gov. Bond Index, U.S. Treasury Bills	Quartals- und Jahresdaten 1975 - 1993	graphische Analyse, Portfoliooptimierung mit einem 5 Jahres Anlagehorizont	• Direkte Immobilien und REITs repräsentieren den gleichen Vermögensgegenstand, nur weisen REIT-Märkte einen höheren Grad an Informationseffizienz auf und reagieren somit ca. 1-2 Jahre vor den direkten Immobilien auf wesentliche ökonomische Veränderungen. • Mit steigenden Portfoliorenditen nimmt der Anteil von REITs und Aktien in effizienten Portfolio zu, während der Anteil von Bonds und direkten Immobilien abnimmt.
Eichholtz et al., 1996	Korrelationsstruktur von internationalen Aktien, Renten sowie Immobilien, Diversifikationseffekt von internationalen Immobilien LIFE Global Real Estate Securities Index, MSCI Common Stock Index, Salomon Brothers' Bond Index (jeweils für Frankreich, Niederlande, UK, Schweden, Hong-Kong, Japan, Singapur, Kanada, USA)	Monatsdaten 1975 - 1994	Korrelationsanalyse, Portfoliooptimierung	• Die Korrelationen zwischen internationalen Immobilien-Aktien sind geringer als die zwischen internationalen Aktien bzw. Renten. • Die Lage der Effizienzlinien im Rendite/Risikoraum macht deutlich, dass internationale Immobilien-Aktien ein höheres Diversifikationspotential aufweisen als internationale Aktien oder Renten.

Autor(en)	Gegenstand/Datenmaterial der Untersuchung	Zeitraum	Methode/ Modelle	Ergebnisse und Bemerkungen
Mull/Soenen, 1997	Diversifikationseigenschaften von U.S. Immobilien in Aktien und Rentenportfolios der G7 Staaten, NAREIT Equity REIT Index, MSCI Common Stock Index, Salomon Brothers' Bond Index, IMF Wechselkurse, Zinssätze und Inflationsraten	Monatsdaten 1985 - 1994	Korrelationsanalyse, Portfolio-optimierung und Vergleich der Sharpe Ratio	• Korrelationen zwischen REITs und US Aktien lassen auf ein geringes Diversifikationspotential schließen. • Eine Maximierung der Sharpe Ratio wird bis auf Kanada und UK mit Mixed-Asset Portfolios ohne US REITs erreicht.
Gordon et al., 1998	Rendite-Risikostruktur der einzelnen Assets, Korrelationsstruktur von Aktien und REITs, Diversifikationseffekt von REITs Global Property Share (GPR) Index, MSCI Common Stocks, Lehman Brothers' Corporate Bonds (jeweils für 13 Länder) S&P 500, NAREIT Equity Index	Quartalsdaten 1984 - 1997	Korrelationsanalyse, Portfolio-optimierung	• Geringe Korrelationen zwischen den internationalen Immobilien-Aktien und U.S. Mixed-Asset Portfolios lassen ein hohes Diversifikationspotential vermuten. • Die Beimischung von internationalen Immobilien-Aktien zu U.S. Mixed-Asset Portfolios führt zu einer erheblichen Risikoreduktion.

Autor(en)	Gegenstand/Datenmaterial der Untersuchung	Zeitraum	Methode/ Modelle	Ergebnisse und Bemerkungen
Chandrashe-karan, 1999	rognose von REIT Returns, Diversifikationseffekt von Mixed-Asset Portfolios S&P 500, Shearson-Lehman Gov./Corp. Bond Index, Equity REITs (Marktkap. > 25% Quartil)	Monatsdaten 1975 - 1996	Regressions-analyse, ex-ante Portfolio-optimierung	• Die Korrelationen zwischen REITs und Aktien bzw. Renten verändern sich im Zeitablauf in einer prognostizierbaren Art und Weise. • Ex-post effiziente Portfolios weisen einen sehr geringen REIT-Anteil auf. • Die Berechnung von ex-ante effizienten Portfolios auf der Basis von drei unterschiedlichen Erwartungshaltungen zeigt, dass in ex-ante effizienten Portfolios die REIT-Anteile erheblich höher sind als bei ex-post effizienten Portfolios.
Maurer/Reiner, 2002	Diversifikationspotential von indirekten Immobilienanlagen im Rahmen von internationalen Mixed-Asset Portfolios aus der Sicht deutscher und amerikanischer Investoren MSCI Aktienindices, Datastream Government Bond Index (jeweils für Deutschland, England, Frankreich, Schweiz und die USA) NAREIT All REIT Index (USA), BOPP Swiss Real Estate Fund Index, FTSE-Property Index (England) sowie für Deutschland und Frankreich ein selbstberechneter Immobilienindex	Monatsdaten 1985 - 2001	ex-post und ex-ante Portfoliooptimie-rung (Mean/LPM)	• Ex-post optimierte Portfolios machen deutlich, dass das Hinzufügen von Immobilien in internationale Mixed-Asset Portfolios sowohl für deutsche als auch für amerikanische Investoren zu einer höheren Sortino Ratio führt. • Ex-ante führte eine Beimischung von Immobilien für deutsche Investoren in allen betrachteten Fällen, für einen amerikanischen Investor nur im Falle von hedged Portfolios zu einer Verringerung des Risikos. Da diese Verringerung teilweise auch mit Renditeeinbußen verbunden waren, kann keine einheitliche Aussage zur Sortino Ratio getroffen werden.. • Eine Unterteilung des Untersuchungszeitraumes zeigt deutlich, dass die Ergebnisse der ex-ante Optimierung in der ersten Subperiode erheblich von denen in der zweiten Subperiode abweichen.

4.2. Vorgehensweise und Untersuchungsziel

Die folgende empirische Untersuchung unterscheidet sich von den in Abschnitt 4.1. dargestellten insofern, als dass sie das Diversifikationspotential von Mixed-Asset Portfolios aus der Sicht sowohl eines europäischen als auch eines U.S. Investors analysiert. Der Vergleich der Ergebnisse des europäischen Marktes mit denen des U.S. Marktes wird mit der Überlegung durchgeführt, dass der U.S. Markt im Bereich der verbrieften Immobilienanlagen weiter entwickelt ist und insofern ggf. eine Tendenz für die zukünftige Entwicklung des europäischen Immobilien- bzw. Anlagemarktes vorzeichnet.

Die folgende Abbildung 14 stellt den Aufbau der sich anschließenden empirischen Untersuchung dar.

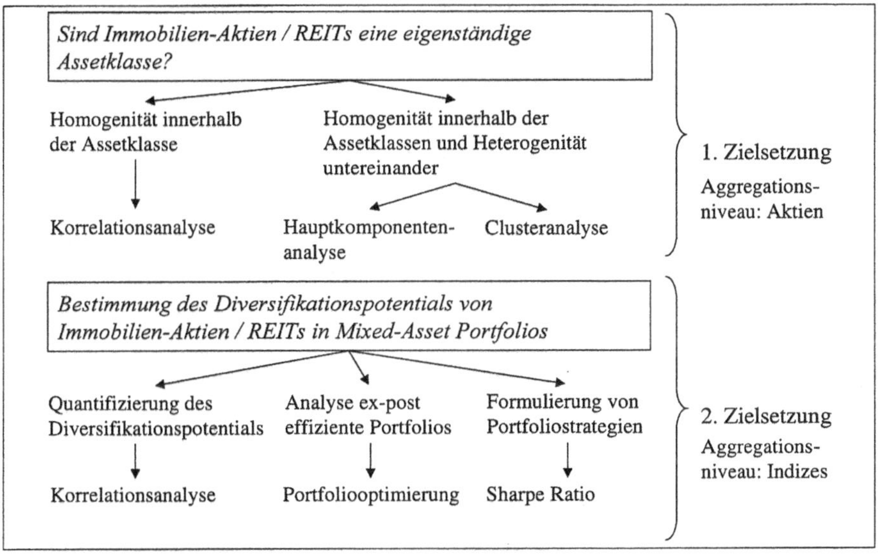

Abbildung 14: Aufbau der empirischen Untersuchung

Zur Quantifizierung des Diversifikationspotentials einzelner Assetklassen erscheint es, wie in Abbildung 14 dargestellt, sinnvoll zu untersuchen, ob es sich bei den betrachteten Kapitalanlagen tatsächlich um eigenständige Assetklassen handelt. Um einen maximalen Diversifikationseffekt erzielen zu können, sollten Assetklassen in sich homogen und untereinander heterogen sein.[278] Insofern wird überprüft, ob Immobilien-Aktien und allgemeine Aktien diese Bedingung erfüllen. Dazu wird in einem ersten Schritt ein Test auf Homogenität der Immobilien-Aktien bzw. der übrigen Aktien mittels einer Korrelationsanalyse

[278] Vgl. Radcliffe (1994), S. 685.

durchgeführt, bevor dann an Hand einer Cluster- und Faktoranalyse die betrachtete Aktienbasis in homogene Klassen eingeteilt bzw. gemeinsame Risikofaktoren der Aktien extrahiert werden. Diese Untersuchungen werden sowohl für den europäischen als auch für den U.S. Markt vorgenommen.

Nachdem analysiert wurde, ob Immobilien-Aktien bzw. REITs eine eigenständige Assetklasse darstellen, stellt sich in einem nächsten Schritt die Frage (2. Zielsetzung), in welcher Beziehung die Aktien-, Renten- und Immobilien-Aktienrenditen zueinander stehen und wie sich diese Beziehungen zur Risikodiversifikation nutzen lassen. Eine Korrelationsanalyse der Aktien, Renten und Immobilien-Aktien gibt an, wie hoch der Gleichlauf dieser Assetklassen ist, so dass deren Diversifikationspotential abgeschätzt werden kann. Zusätzlich soll an Hand von rollierenden Korrelationen zwischen den Aktien- und Immobilienindizes überprüft werden, ob Veränderungen in dem Niveau der Korrelationen zufällig oder nachhaltig auftreten. Die Berechnung von ex-post optimalen Portfolios gibt anschließend Aufschluss darüber, welche Rendite/Risikopunkte tatsächlich (bei perfekter Voraussicht) hätten realisiert werden können. Neben der Betrachtung der Effizienzlinien in den drei Zeitperioden wird die Zusammensetzung eines effizienten Portfolios für ein gegebenes Renditeniveau rollierend von der ersten Subperiode zur zweiten Subperiode bestimmt, um die Portfolioanteile der drei Assetklassen im Zeitablauf zu analysieren. Schließlich werden drei Portfoliostrategien formuliert und deren Vorteilhaftigkeit im Gesamtzeitraum sowie in den beiden Subperioden an Hand der Sharpe Ratio bestimmt. Auch diese Analysen werden aus der Sicht eines europäischen sowie eines amerikanischen Investors durchgeführt und die Resultate vergleichend diskutiert. Eine Zusammenfassung und Interpretation der empirischen Ergebnisse schließt das Kapitel ab.

Das im Verlauf dieses Kapitels verwendete Datenmaterial für den Zeitraum Januar 1990-Mai 2002 setzt sich aus drei Indizes zusammen, die jeweils die Assetklassen Aktien, Renten und Immobilien-Aktien repräsentieren. Als Immobilien-Aktienindex wird der von Global Property Research berechnete GPR 250 Europe herangezogen.[279] Der GPR 250 Performance-Index wird seit 1990 berechnet und umfasst weltweit die 250 Immobilien-Aktiengesellschaften, die eine frei verfügbare Marktkapitalisierung von mindestens 50 Millionen US$ und eine hohe Liquidität, gemessen am Handelsvolumen des vorhergehenden Jahres, aufweisen. Der Index schließt Projektentwicklungs- sowie Facility Management-Unternehmen mit dem Argument aus, dass der Index ein Renditeindikator für internationale Immobilieninvestitionen sein soll und insofern nur die Unternehmen berücksichtigen sollte, die tatsächlich Immobilienportfolios im Bestand halten. Der GPR 250 Europe setzt sich aktuell aus 76 europäischen Immobilien-Aktiengesellschaften zusammen und weist eine Marktkapitali-sierung von 73,2 Mrd. € (Stand 28.06.2002) auf. Für den

279 Für eine ausführliche Darstellung des GPR 250 vgl. Eichholtz et al. (1998b).

amerikanischen Markt wird der *National Association of Real Estate Investment Trusts* (NAREIT) Equity REIT Index verwendet, der wie der GPR Index nur bestandshaltende REITs umfasst.[280] Der NAREIT Equity REIT Index setzt sich aktuell aus 149 Werten zusammen und weist eine Marktkapitalisierung von 168,5 Mrd. US$ (Stand 28.06.2002) auf. Bei beiden Indizes handelt es sich um Performance-Indizes. Während jedoch der GRP 250 Europe *freefloat*-gewichtet ist, erfolgt die Gewichtung der im NAREIT Equity REIT Index enthaltenen REITs nach der Marktkapitalisierung. Bei dem verwendeten europäischen Aktienindex handelt es sich um den Total Market Index (TOTMKEU), der aus ca. 1800 Werten besteht, eine Marktkapitalisierung von 6.125,2 Mrd. € (Stand 28.06.2002) aufweist und von *Datastream International* berechnet wird. Für den U.S. Aktienmarkt wurde der Standard & Poors 500 herangezogen, der eine Marktkapitalisierung von 9.090,3 Mrd. US$ (Stand 28.06.2002) aufweist. Sowohl zwischen den im GPR 250 Europa und im TOTMKEU als auch zwischen den im NAREIT Equity REIT Index und im S&P 500 enthaltenen Aktien können Überschneidungen auftreten, so dass Immobilien-Aktien bzw. REITs in beiden Indizes vertreten sind.[281] Die von Salomon Smith Barney Inc. berechneten World Government Bondindizes wurden sowohl für Europa als auch für die USA verwendet (European WGBI bzw. US WGBI). Die folgende Abbildung 15 zeigt den Verlauf der verwendeten Indizes jeweils für Europa und die USA in dem betrachteten Zeitraum Januar 1990-Mai 2002.

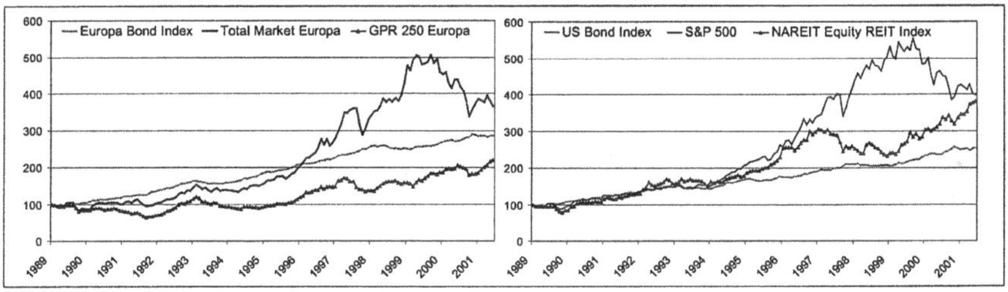

Abbildung 15: Verlauf der verwendeten Indizes für Europa und die USA

Abbildung 15 zeigt, dass der Verlauf der verwendeten Indizes in Europa und den USA starke Ähnlichkeiten aufweist. Die Aktienindizes sind beide von einem langsamen Wachstum bis Mitte 1996 geprägt, steigen dann deutlich bis Mitte 2000 an, sinken bis November 2001 stark ab und erholen sich in den letzten Monaten des Untersuchungszeitraumes leicht. Die Bondindizes weisen beide einen langsamen Anstieg während des gesamten Zeitraumes auf,

---

280 Für eine ausführliche Darstellung der NAREIT Indizes vgl. Grupe/DiRocco (1999).

281 Der Anteil der Immobilien-Aktien bzw. REITs, der in beiden Indizes enthalten ist, fällt in Relation zur Anzahl der im TOTMKEU bzw. im S&P 500 enthaltenen Aktien gering aus, so dass diese Überschneidungen keinen bedeutenden Einfluss auf die folgenden Untersuchungen haben sollten.

allerdings fällt dieser Anstieg in Europa etwas kräftiger aus als in den USA. Die beiden Immobilienindizes weisen hingegen wenig Gemeinsamkeiten auf. Während der NAREIT einen deutlichen Anstieg von 100 auf ca. 380 Punkte verzeichnet und dabei starken Schwankungen unterliegt, steigt der GPR 250 Europa nur geringfügig von 100 auf ca. 220 Punkte an. Abbildung 15 macht ebenfalls deutlich, dass in Europa der Bond Index zwischen dem Aktien- und dem Immobilienindex verläuft, während der Bond Index in den USA deutlich unterhalb des NAREIT Index liegt.

Die Untersuchung, ob es sich bei Immobilien-Aktien um eine eigenständige Assetklasse handelt, wurde nicht auf dem Niveau der Indizes, sondern auf einem niedrigeren Aggregationsniveau durchgeführt. Für Europa und für die USA wurde eine Aktienauswahl zusammengestellt, die zum einen Immobilien-AGs bzw. REITs zum anderen gewöhnliche Aktien enthält. Von der am 31.12.2001 bestehenden Zusammensetzung des *GPR 250 Europa* und des *NAREIT Equity REIT Index* wurden alle Werte ausgewählt, deren Kurse für den gesamten Untersuchungszeitraum zur Verfügung stehen.[282] Da die Anzahl der in dem *TOTMKEU* enthaltenen Aktien (ca. 1800) sehr groß war, wurden Unternehmen aus dem *Dow Jones Stoxx* (600 Werte) ausgewählt. Hierzu wurden die 600 Werte des *Dow Jones Stoxx* in sechs Gruppen à hundert Aktien eingeteilt und aus diesen jeweils die 35 größten und für den gesamten Zeitraum verfügbaren Unternehmen (6 x 35 = 210) ausgewählt.[283] Aus der am 31.12.2001 bestehenden Zusammensetzung des S&P 500 wurden 205 Werte in gleicher Weise selektiert (5 x 41 = 205).

Die folgende Tabelle 4 zeigt, aus welchen Ländern sich die europäische Aktienauswahl zusammensetzt und wieviel Werte insgesamt für Europa und die USA selektiert wurden.

---

282 Ein durch dieses Auswahlverfahren auftretender Survivorship Bias kann vernachlässigt werden. In einem Untersuchungszeitraum von 12 Jahren werden sowohl positive als auch negative Marktentwicklungen beobachtet, so dass der Survivorship Bias im ersten Fall zu besseren, im anderen Fall zu schlechteren Entwicklungen führen kann und sich diese im Verlauf des Untersuchungszeitraumes ausgleichen. Zum Survivorship Bias vgl. beispielsweise Garcia/Gould (1993), Blitzer (1995) sowie Garcia et al. (1995).

283 In verschiedenen U.S. Untersuchungen wurde deutlich, dass die Entwicklungen von REIT-Renditen und gering kapitalisierten Unternehmen Gemeinsamkeiten aufweisen. Um die Untersuchungsergebnisse nicht zu verzerren, wurde daher die Aktienauswahl nicht alleine auf der Basis der Marktkapitalisierung vorgenommen.

	Aktien	*Immobilien-Aktien*
Belgien	4 (1,9%)	/
Dänemark	6 (2,8%)	/
Deutschland	19 (9,1%)	1 (2,4%)
Finnland	5 (2,4%)	/
Frankreich	27 (12,9%)	7 (17,1%)
Griechenland	3 (1,4%)	/
Irland	4 (1,9%)	1 (2,4%)
Italien	15 (7,1%)	1 (2,4%)
Niederlande	11 (5,2%)	5 (12,2%)
Norwegen	3 (1,4%)	/
Österreich	1 (0,5%)	/
Portugal	1 (0,5%)	/
Schweden	5 (2,4%)	1 (2,4%)
Schweiz	18 (8,6%)	3 (7,3%)
Spanien	10 (4,8%)	2 (4,9%)
UK	78 (37,1%)	19 (46,3%)
Europa	210	41
USA	205	44

Tabelle 4: Zusammensetzung der Aktien-Datenbasis[284]

Aus Tabelle 4 wird deutlich, dass sich die Auswahl an Immobilien-Aktien im wesentlichen aus britischen, französischen sowie niederländischen Werten zusammensetzt. Dies hängt damit zusammen, dass in diesen Ländern die Anlageform der verbrieften Immobilie eine längere Historie hat und sie daher eher den strikten Kriterien des GPR entsprechen als die Immobilien-AGs in den anderen europäischen Ländern. Der Vergleich der prozentualen Anteile der verschiedenen Länder an der Aktien- bzw. Immobilien-Aktienauswahl zeigt deutlich, dass England und Frankreich in beiden Fällen die größten Anteile aufweisen. Ein deutlicher Unterschied in den Anteilen ist insbesondere für Deutschland zu beobachten, da Deutschland im Falle der Aktien einen relativ hohen Anteil von knapp 10% aufweist, während der Anteil bei den Immobilien-Aktien nur 2,4% beträgt. Im Gegensatz dazu fällt der Anteil der Niederlande an den Aktien relativ gering aus (5,2%), bei den Immobilien-Aktien liegt er jedoch mit 12,2% deutlich höher. Andere Länder weisen in beiden Fällen einen geringen Anteil auf oder sind in der Immobilien-Aktienauswahl nicht vertreten.

Für die europäischen Daten wurden stetige Renditen auf €-Basis, für die U.S. Daten stetige Renditen auf US$-Basis im Sinne eines *total shareholder returns* vor Steuern berechnet. Diese Vorgehensweise spiegelt die Sichtweisen eines Anlegers innerhalb Europas[285] und in den USA wider, so dass sie einen

[284] Eine Tabelle mit den einzelnen europäischen sowie amerikanischen Aktien befindet sich im Anhang 1 und Anhang 2.

[285] Da die €-Wechselkurse erst seit dem 1.1.2000 existieren, wurde für die Umrechnungen der Aktienkurse bzw. Indexstände in EURO auf ECU-Wechselkurse zurückgegriffen. Die Wechselkurse innerhalb der Europäischen Union wiesen in den 90er Jahren jedoch kaum

Vergleich des Anlageerfolges beider Investoren erlaubt. Der Untersuchungszeitraum wurde in zwei Perioden unterteilt, wobei die erste Subperiode den Zeitraum Januar 1990 bis Dezember 1995 und die zweite Periode den Zeitraum Januar 1996 bis Mai 2002 umfasst. Durch diese Unterteilung können die empirischen Ergebnisse im Zeitablauf verglichen und die Bedeutung der Immobilien-Aktien im Laufe der betrachteten 12 Jahre sowohl für den europäischen als auch den amerikanischen Markt aufgezeigt werden.

4.3. Strukturanalyse von Immobilien-AGs, Aktien und Renten

4.3.1. Immobilien-AGs als eigenständige Assetklasse?

Die folgende Analyse soll der Frage nachgehen, welche Risikostrukturen die Renditen der europäischen sowie amerikanischen Aktienauswahl aufweisen bzw. welche Faktoren diese Renditen beeinflussen und zeigen, ob und inwiefern sich Immobilien-Aktien bzw. REITs von den übrigen Aktien unterscheiden. Dazu wird in einem ersten Schritt eine Korrelationsanalyse durchgeführt, im Anschluss wird dann die Hauptkomponentenanalyse angewandt, die den Renditereihen der Aktienauswahl gemeinsame Faktoren extrahiert, bevor zur Überprüfung dieser Ergebnisse mittels einer Clusteranalyse nochmals die Renditereihen so gruppiert werden, dass sie innerhalb einer Gruppe homogen und die Gruppen untereinander heterogen sind.[286]

Korrelationsanalyse

Um die Beziehung von Immobilien-AGs und den übrigen Aktien untereinander festzustellen, bietet sich eine Korrelationsanalyse an, bei der der Gleichlauf der verschiedenen Renditereihen bestimmt wird. Im folgenden soll daher anhand einer Korrelationsanalyse überprüft werden, ob die Immobilien-Aktien das Assetklassen-Kriterium der Homogenität innerhalb der Assetklasse erfüllen.

Wenn es sich bei Immobilien-AGs tatsächlich um eine eigenständige Assetklasse handelt, können folgende Ergebnisse erwartet werden:

(1) Die Korrelationen zwischen den Immobilien-Aktien fallen in beiden Subperioden höher aus als zwischen den übrigen Aktien, d.h. Immobilien-Aktien stellen eine in sich homogene Assetklasse dar.

(2) Für die amerikanische Aktienauswahl sind aus der gleichen Überlegung heraus ebenfalls höhere Korrelationen zwischen den REITs als zwischen den übrigen Aktien zu erwarten, allerdings sollten die Korrelationen in

---

Veränderungen auf, so dass sich dies nicht auf die Ergebnisse der folgenden Untersuchungen auswirken sollte. Vgl. zu Sayn-Wittgenstein (1999), S. 46.

[286] Dies entspricht dem Assetklassen-Kriterium. Vgl. Kapitel 3, S. 49.

den USA insgesamt höher ausfallen, da nur Aktien eines Landes betrachtet werden.

Für die 41 Immobilien-Aktien und die 210 sonstigen Aktien bzw. die 44 REITs und die 205 Aktien wurden in den zwei Subperioden entsprechende Korrelationsmatrizen berechnet. Die Verteilungen der Korrelationskoeffizienten in den beiden Subperioden werden in der folgenden Abbildung 16 zuerst für die Immobilien-Aktien und darunter für die Aktien dargestellt, wobei die Abszisse in Klassen unterteilt wurde, die nach der Höhe der Korrelationskoeffizienten geordnet sind und auf der Ordinate der prozentuale Anteil der Werte abgetragen ist, der sich in diesen Klassen befindet. Bei den auf der Abszisse abgetragenen Klassen handelt es sich um abgeschlossene Klassen, d.h. < 0,3 bedeutet, dass die Werte dieser Klasse größer oder gleich 0,2 und kleiner 0,3 sind.

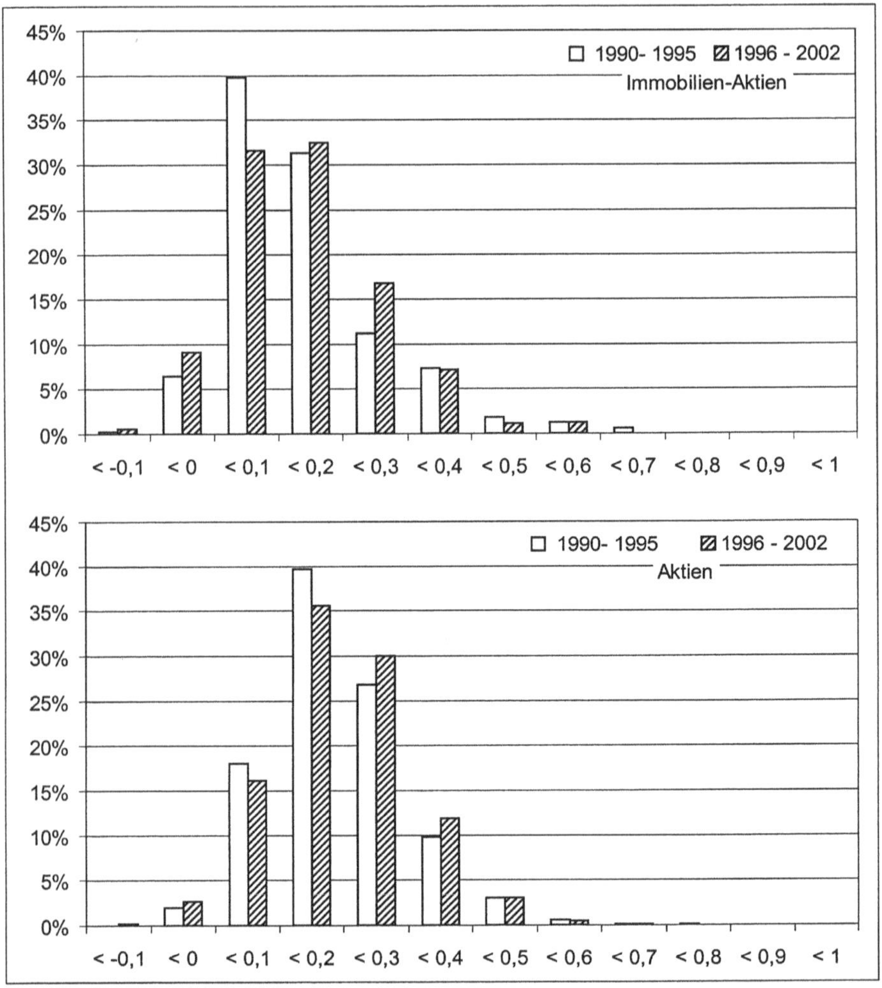

Abbildung 16: Verteilung der Korrelationskoeffizienten – Immobilien-Aktien vs. Aktien

Für die Immobilien-Aktien lässt sich erkennen, dass die Korrelationen in beiden Perioden relativ niedrig ausfallen, aber die Verteilung sich von der ersten zur zweiten Subperiode leicht nach rechts verschiebt, d.h. die Korrelationen im Zeitablauf eher zunehmen. Der Mittelwert der Korrelationskoeffizienten der Immobilien-Aktien steigt jedoch nur minimal von 0,136 auf 0,137. Die Verteilung der Korrelationskoeffizienten zwischen den Aktien zeigt ein ähnliches Bild, allerdings fallen die Korrelationen insgesamt etwas höher aus.

Der Mittelwert der Korrelationen liegt mit 0,186 (1990-1995) bzw. 0,193 (1996-2002) höher als derjenige der Immobilien-Aktien.

In Tabelle 5 sind die durchschnittlichen Korrelationen zwischen den Immobilien- bzw. den übrigen Aktien in Europa und deren maximale und minimale Werte für die beiden Untersuchungszeiträume angegeben.

	Durchschnittliche Immobilien-Aktienkorrelationen		
	MIN	∅	MAX
1990 - 1995	-0,113	0,136	0,673
1996 - 2002	-0,122	0,137	0,600
	Durchschnittliche Aktienkorrelationen		
	MIN	∅	MAX
1990 - 1995	-0,146	0,186	0,866
1996 - 2002	-0,198	0,193	0,930

Tabelle 5: Korrelationen der Immobilien- und übrigen Aktien[287]

Die Korrelationskoeffizienten machen deutlich, dass für die Aktien in beiden Perioden eine höhere Spannweite der Verteilung der Korrelationskoeffizienten festzustellen ist als bei den Immobilien-Aktien.[288] Durchschnittlich beträgt die Spannweite bei den Aktien 1,070 im Gegensatz zu 0,754 bei den Immobilien-Aktien.

Zum Vergleich der europäischen Ergebnisse mit denen der USA zeigt die folgende Abbildung 17 die Verteilung der Korrelationskoeffizienten für die REITs sowie die amerikanischen Aktien.

[287] Die maximalen bzw. minimalen Korrelationen sind nicht auf eine Aktie/Immobilien-Aktie bezogen, so misst z.B. der minimale Wert den Gleichlauf zwischen Allianz und Benetton, der maximale aber diesen zwischen BP und Royal Dutch.

[288] Zur Spannweite vgl. Poddig et al. (2000), S. 61.

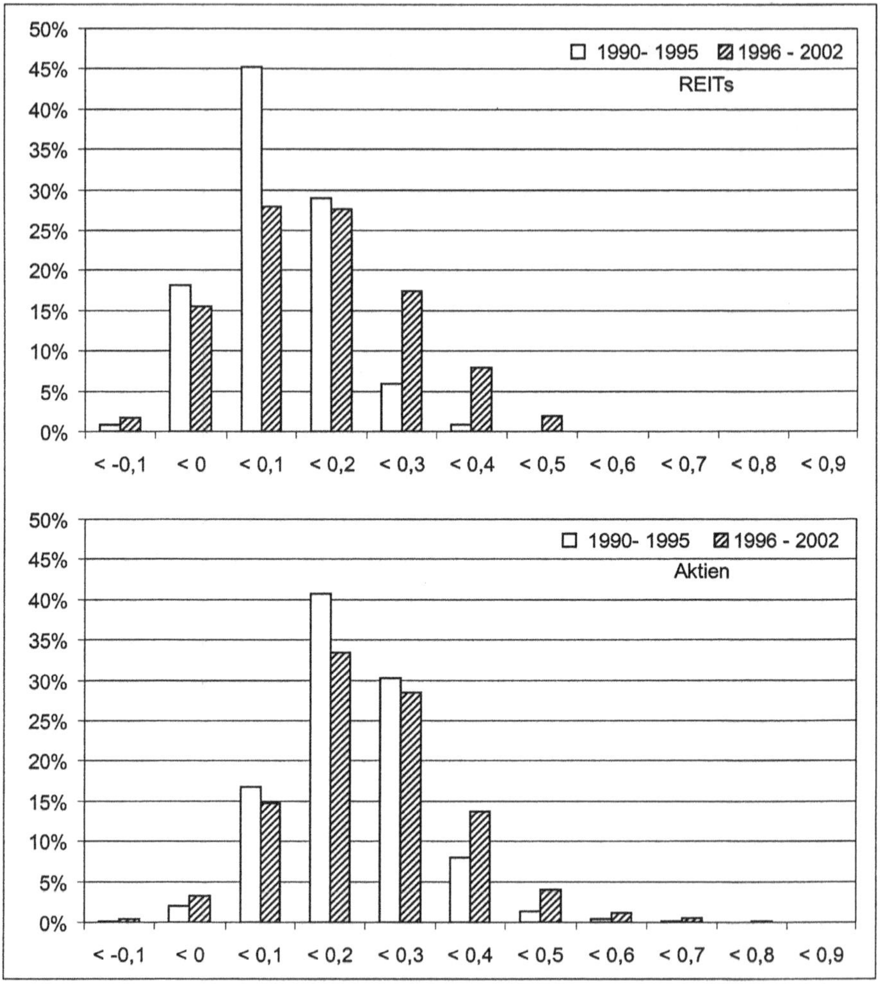

Abbildung 17: Verteilung der Korrelationskoeffizienten – REITs vs. Aktien

Die Korrelationskoeffizienten zwischen den REITs bzw. zwischen den Aktien verhalten sich insgesamt weitgehend gleich wie diejenigen in Europa. Die Verteilung der Korrelationskoeffizienten zwischen den REITs weist in der ersten Subperiode einen Mittelwert von 0,073 auf und nimmt in der zweiten Periode leicht zu (0,137), d.h. die Verteilung verschiebt sich etwas deutlicher als in Europa im Zeitablauf nach rechts. Zwischen den Aktien treten insgesamt höhere Korrelationen auf als zwischen den REITs und im Zeitablauf steigt der Mittelwert der Korrelationskoeffizienten ebenfalls zwischen den Aktien von 0,182 auf 0,203 an.

Die folgende Tabelle 6 gibt wiederum die durchschnittlichen Korrelationen zwischen den REITs bzw. den Aktien in den USA sowie deren minimalen und maximalen Ausprägungen für die beiden Untersuchungszeiträume an.

	Durchschnittliche REIT-Korrelationen		
	MIN	∅	MAX
1990 - 1995	-0,160	0,073	0,355
1996 - 2002	-0,150	0,123	0,497
	Durchschnittliche Aktienkorrelationen		
	MIN	∅	MAX
1990 - 1995	-0,178	0,182	0,792
1996 - 2002	-0,196	0,203	0,815

Tabelle 6: Korrelationen der REITs und der Aktien

Aus Tabelle 6 wird deutlich, dass die Spannweite der Verteilung der Aktienkorrelationen höher ausfällt als für die REITs. Während die Spannweite bei den REITs bei 0,581 liegt, fällt sie bei den Aktien mit 0,991 deutlich höher aus. Dies zeigt sich ansatzweise auch in der durchschnittlichen Standardabweichung der Verteilungen, die bei den Aktien mit 11,00% leicht über derjenigen der REITs (10,38%) liegt.

Insgesamt zeigt sich, dass beide Hypothesen bezüglich der Ergebnisse der Korrelationsanalyse nicht eingetroffen sind. Zum einen sind zwischen den Immobilien-Aktien bzw. REITs keine höheren Korrelationen zu beobachten gewesen als zwischen den Aktien, zum anderen weisen die amerikanischen REITs bzw. Aktien insgesamt keine höheren Korrelationen auf als die europäische Aktienauswahl. Die im Verhältnis zu den Aktienkorrelationen geringen Korrelationen zwischen den Immobilien-Aktien und REITs könnten darauf zurückgeführt werden, dass die Renditeentwicklungen von Immobilien-Gesellschaften erhebliche Differenzen aufweisen können, je nachdem auf welchen regionalen Markt (z.B. *Washington Real Estate Investment Trust*) oder Immobilientyp (z.B. *United Dominion Realty Trust*) sie sich spezialisiert haben.[289] Aufgrund der hohen Differenzen zwischen den minimalen und maximalen Korrelationskoeffizienten zeigt sich, dass bei Aktien zwar ein höherer Mittelwert zu beobachten ist, allerdings Aktien mit einem fast perfekten Gleichlauf (0,930) Aktien mit deutlich negativen Korrelationskoeffizienten gegenüberstehen (-0,198). Diese starke Streuung der Korrelationskoeffizienten könnte darauf zurückgeführt werden, dass die Aktiengesellschaften in verschiedenen industriellen Sektoren aktiv sind, während die Immobilien-AGs bzw. REITs einen weitgehend einheitlichen Unternehmenszweck verfolgen. Die durchschnittlich geringen Korrelationskoeffizienten lassen insofern nicht vermuten, dass es sich bei den untersuchten Immobilien-AGs bzw. REITs um eine in sich homogene Gruppe handelt, jedoch zeugt die geringere Streubreite

[289] Vgl. Burns/Epley (1982), S. 39.

der Korrelationen zwischen den Immobilien-Aktien bzw. REITs von größeren Gemeinsamkeiten als bei den Aktien.

Hauptkomponentenanalyse

In einem nächsten Schritt soll nun eine Analyse der Risikostruktur der gesamten europäischen sowie amerikanischen Aktienauswahl für den Zeitraum 1990-2002 sowie die beiden Subperioden durchgeführt werden. In Anlehnung an die Assetklassen-Kriterien wird diese Analyse zeigen, ob Immobilien-Aktien eine in sich homogene Assetklasse darstellen und ob sie sich zu anderen Gruppierungen heterogen verhalten. Folgende Ergebnisse können erwartet werden:

(1) Wenn Immobilien-AGs bzw. REITs von Risikofaktoren beeinflusst werden, die sich von den übrigen Aktien abheben, dann sollten alle Immobilien-AGs bzw. REITs hohe Faktorladungen auf einen oder mehrere gemeinsame Faktor(en) aufweisen.

(2) Für die europäische Aktienauswahl könnte sich herausstellen, dass die Aktien eines Landes eine homogene Gruppe bilden, d.h. Länder die hinter den Aktien stehenden Risikofaktoren sind. In diesem Falle würden die länderspezifischen Renditeeinflüsse speziell in der ersten Subperiode dazu führen, dass sich eventuell bestehende Immobilienfaktoren nicht auf europäischer Ebene, sondern nur auf Länderebene ergeben.[290]

Die multivariate Statistik stellt zur Beantwortung dieser Frage die *Hauptkomponentenanalyse (Principle Component Analysis)*[291] zur Verfügung, die die Zielsetzung verfolgt, die verwendeten Variablen durch möglichst wenige (künstliche) Faktoren möglichst genau und möglichst einfach darzustellen.[292] Hierzu geht die Hauptkomponentenanalyse von folgender grundlegenden Annahme aus: Jeder Beobachtungswert einer Ausgangsvariablen x_i (hier: Aktie) lässt sich als eine Linearkombination mehrerer (hypothetischer) Faktoren beschreiben.[293] Formal lässt sich der gedankliche Ansatz der Hauptkomponentenanalyse wie folgt darstellen:[294]

---

290 Zur Problematik der Länder- bzw. Branchenbedeutung innerhalb Europas vgl. zu Sayn-Wittgenstein (1999).

291 Die Bezeichnung *Faktorenanalyse* wird oft synonym für die Hauptkomponentenanalyse verwendet und tatsächlich unterscheiden sich die beiden Verfahren kaum voneinander; zur Unterscheidung vgl. Hartung/Elpelt (1999), S. 527f.

292 Vgl. Bamberg/Baur (2001), S. 233.

293 Vgl. Backhaus et al. (2000), S. 271.

294 Der Zeitindex wurde aus Vereinfachungsgründen weggelassen. Vgl. Bamberg/Baur (2001), S. 233; Backhaus et al. (2000), S.271 sowie Hartung/Elpelt (1999), S. 508.

(12) $$x_i = a_{i1}F_1 + a_{i2}F_2 + \dots + a_{ik}F_k + d_iU_i$$

mit: F_j = hinter den Variablen x_i stehender gemeinsamer Faktor

$j=1..k$ = anfänglich unbekannte, im Verlauf der Hauptkomponentenanalyse zu bestimmende Anzahl der gemeinsamen Faktoren

a_{ij} = Koeffizient, auch Faktorladung genannt

U_i = variablenspezifischer Faktor (d.h. jede Variable x_i besitzt einen eigenen variablenspezifischen Faktor)

d_i = Faktorladung auf den variablenspezifischen Faktor.

Die Faktorladung entspricht dabei einer Maßgröße für den Zusammenhang zwischen Variable (hier: Aktien) und (künstlichem) Faktor und stellt somit einen Korrelationskoeffizienten zwischen Faktor und Variable dar.[295]

In Abbildung 18 wird die Vorgehensweise der Hauptkomponentenanalyse graphisch dargestellt. Es werden die jeweiligen Aktien als Variablen eingegeben, um die ihnen gemeinsamen Faktoren zu extrahieren.[296]

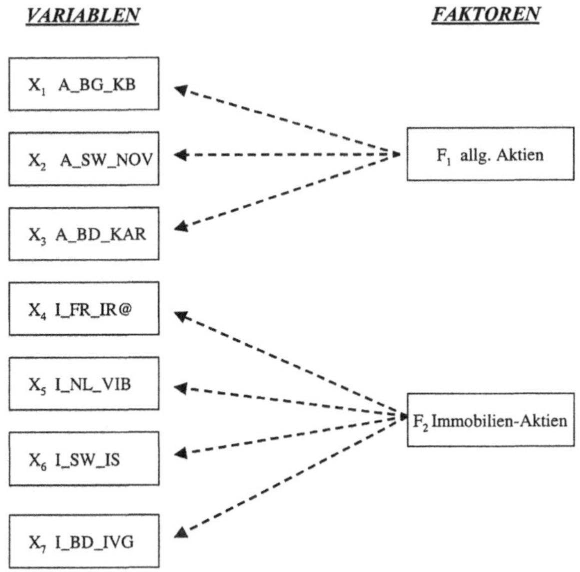

Abbildung 18: Grundgedanke der Hauptkomponentenanalyse[297]

---

295 Vgl. Backhaus et al. (2000), S. 271.

296 Eine Liste der in dieser Abbildung verwendeten Aktienkürzel findet sich in Anhang 3.

Bei der Bestimmung der Anzahl der zu extrahierenden Faktoren steht man vor dem Zielkonflikt, dass mit einer geringen Faktorenzahl tendenziell ein großer Informationsverlust (im Sinne nicht erklärter Varianz) verbunden ist und umgekehrt.[298] Da für die Zahl der zu extrahierenden Faktoren oder den sinnvollerweise zu erklärenden Varianzanteil jedoch keine eindeutigen Vorschriften existieren, ist hier ein subjektiver Eingriff erforderlich. Für die Faktorextraktion (sukzessive Berechnung der Faktorladungen a_{ij}) können folgende Abbruchkriterien vorgegeben werden:

- *Kaiser-Kriterium*: Abbruch der Faktorextraktion, sobald der Eigenwert eines neuen, weiteren Faktors kleiner eins wird.[299]
- Vorgabe der maximalen Anzahl an zu extrahierenden Faktoren unter Berücksichtigung des Kaiser-Kriteriums.

Die Hauptkomponentenanalyse liefert keine optimale Lösung im Sinne bestmöglicher Interpretierbarkeit der latenten Faktoren in Bezug auf die verwendeten Variablen, so dass es sich anbietet, eine Faktorrotation zur Verbesserung der Interpretierbarkeit durchzuführen.[300] Für diese Untersuchung wird die gängige *Varimax-Methode* verwendet, die eine orthogonale Rotation der Faktoren durchführt, wodurch deren Unkorreliertheit erhalten bleibt.[301]

Das Ergebnis der Hauptkomponentenanalyse stellt eine Faktorladungsmatrix dar, die Rückschlüsse erlaubt, welche Variablen hoch untereinander korreliert sind (hohe Faktorladung auf denselben Faktor) und damit einen ähnlichen Informationsgehalt besitzen.[302] Anhand der beispielhaft in Tabelle 7 dargestellten Faktorladungsmatrix kann dies nachvollzogen werden.

---

297 In Anlehnung an Backhaus et al. (2000), S. 258.

298 Vgl. Backhaus et al. (2000), S. 259.

299 Zum Kaiser-Kriterium bemerken Backhaus et al.: „*Die Eigenwerte werden berechnet als die Summe der quadrierten Faktorladungen eines Faktors über alle Variablen. Sie sind ein Maßstab für die durch den jeweiligen Faktor erklärte Varianz der Beobachtungswerte.* (...) *Die Begründung der Verwendung des Kaiser-Kriteriums besteht darin, dass ein Faktor, dessen Varianzerklärungsanteil über alle Variablen kleiner eins ist, weniger Varianz erklärt als eine einzelne Variable; denn die Varianz einer standardisierten Variable beträgt gerade eins.*“ Backhaus et al. (2000), S. 288.

300 Zu verschiedenen Rotationsverfahren vgl. Hartung/Elpelt (1999), S. 546-575; Backhaus et al. (2000), S. 292 ff.; Bamberg/Baur (2001), S. 238.

301 Vgl. Poddig et al. (1994), S. 382.

302 Vgl. Bamberg/Baur (2001), S. 237 f. sowie Backhaus et al. (2000), S. 227 f.

	Faktor 1	*Faktor 2*
A_BG_KB	**0,9837**	0,3289
A_SW_NOV	**0,8215**	0,4121
A_BD_KAR	**0,7946**	0,1537
I_FR_IR@	0,2561	**0,9621**
I_NL_VIB	0,2136	**0,9134**
I_SW_IS	0,2089	**0,8642**
I_BD_IVG	0,1982	**0,7985**

Tabelle 7: Faktorladung am 2 Faktoren-Beispiel[303]

Bei der Interpretation von Faktorladungsmatrizen ist zu berücksichtigen, dass sinnvollerweise nur Variablen mit einer Ladung $\geq 0,5$ dem entsprechenden Faktor zugeordnet werden sollten.[304]

Vor der Durchführung der Hauptkomponentenanalyse wurden die Ausgangsvariablen dahingehend überprüft, ob eine Faktoranalyse sinnvoll erscheint. Das Kaiser-Meyer-Olkin-Kriterium lag sowohl für Europa als auch für die USA in allen Zeitperioden deutlich über dem kritischen Wert von 0,5.[305] Die Hauptkomponentenanalyse wurde in dieser Arbeit mit stetigen Renditereihen[306] für zwei Subperioden sowie die Gesamtperiode durchgeführt und die Zahl der zu extrahierenden Faktoren unter Berücksichtigung des Kaiser-Kriteriums auf 30 beschränkt.[307]

Für Europa wurden in dem gesamten Untersuchungszeitraum sowie in den 2 Subperioden die Renditereihen von 251 Aktien aus 16 Ländern als Variablen verwendet und jeweils 30 Faktoren extrahiert.[308] In dem Zeitraum 1990-2002 wurde mit diesen 30 Faktoren ein Varianzanteil von 49,93% erklärt. Die Faktorladungsmatrix lässt erkennen, dass hauptsächlich die Aktien eines Landes auf einen Faktor hoch laden. So setzt sich der erste Faktor aus 39 englischen Aktien, zwei französischen und einer niederländischen Aktie zusammen. Auf

---

303 In Anlehnung an Poddig (1996), S. 80.

304 Vgl. Backhaus et al. (2000), S. 292.

305 Zum KMO-Kriterium vgl. Backhaus et al. (2000), S. 269 f.

306 Eine Untersuchung der Niveaureihen hätte den Nachteil, dass die Reihen nicht stationär wären. Durch die Verwendung von Renditereihen kann man davon ausgehen, dass sowohl die Inputdaten als auch die extrahierten Faktoren (Output) stationär sind.

307 Die Beschränkung auf 30 Faktoren ist damit zu begründen, dass für die europäische Aktienauswahl wahrscheinlich Branchen- oder Länderfaktoren, für die amerikanische Aktienauswahl nur Branchenfaktoren extrahiert werden. Sowohl die Länder- bzw. Branchenanzahl des TOTMKEU als auch die Branchenanzahl des S&P 500 überschreitet die Zahl 30 nicht.

308 Die in dieser Arbeit durchgeführte Hauptkomponentenanalyse wurde mit dem Softwarepaket SPSS (10.0) durchgeführt.

den zweiten Faktor laden hingegen 31 Aktien aus 9 Ländern, so dass hier von einem europäischen Faktor ausgegangen werden kann. Da 15 ausschließlich italienische Aktien hohe Faktorladungen auf den dritten Faktor aufweisen, lässt dies einen Länderfaktor vermuten. Der folgende 4. Faktor könnte insofern einen englischen Immobilienfaktor darstellen, als das sich dieser aus 13 englischen Immobilien- sowie 7 sonstigen Aktien zusammensetzt. Auch bei dem 14. Faktor könnte es sich um einen Immobilienfaktor handeln, da 5 französische Immobilien-AGs sowie eine französische Aktie in diesem Faktor zusammengefasst sind. Auf den 18. Faktor laden 5 niederländische Immobilien-AGs, so dass es sich hier ebenfalls um einen Immobilienfaktor handeln könnte. Abbildung 19 stellt diese Beobachtungen teilweise dar.

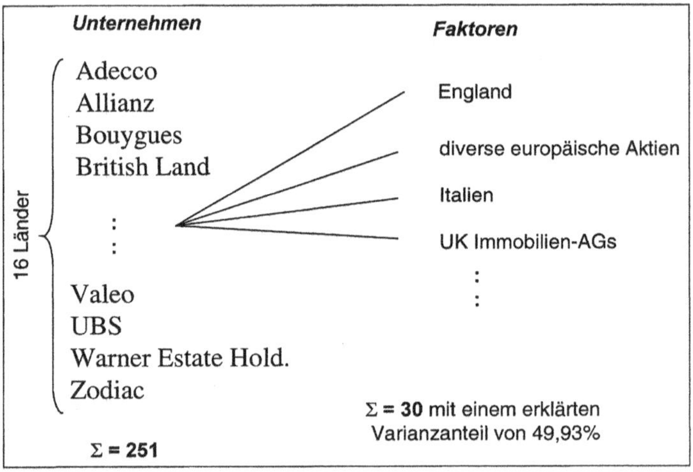

Abbildung 19: Ergebnis der Hauptkomponentenanalyse für Europa (Zeitraum 1990-2002)

Die verbleibenden 24 der 30 extrahierten Faktoren setzen sich jeweils nur aus wenigen Aktien zusammen und spiegeln daher keine interpretierbare Struktur wider.

Um die Annahme des Vorliegens von Länder- bzw. länderspezifischen Immobilienfaktoren zu bestätigen, wurde eine Korrelationsanalyse der extrahierten Faktoren mit verschiedenen länderspezifischen sowie zwei europäischen Aktienindizes und drei länderspezifischen Immobilienindizes durchgeführt. Dabei zeigen sich teilweise hohe Korrelationen zwischen den extrahierten Faktoren und den entsprechenden Länder- bzw. Immobilienindizes. So beträgt z.B. der Korrelationskoeffizient zwischen dem 2. Faktor, auf den 31 Aktien aus 9 Ländern luden, und dem europäischen Aktienindex 0,589. Dies drückt eine deutliche Korrelation der beiden Zeitreihen aus. Zwischen dem dritten Faktor und dem italienischen Index ergibt sich sogar eine Korrelation von 0,801. Der Korrelationskoeffizient zwischen dem 4. Faktor und dem GPR 250 UK lässt mit 0,671 ebenfalls auf einen hohen Gleichlauf der Zeitreihen schließen. Die Korrelationen der übrigen Länder- bzw. länderspezifischen Immobilienfaktoren und den jeweiligen Indizes können der Tabelle 8 entnommen werden. Diese eindeutige Bestimmung der extrahierten Faktoren als Länder- bzw. länderspezifische Immobilienfaktoren bedeutet, dass im Zeitraum 1990-2002 innerhalb Europas vorwiegend nationale Faktoren die Aktienkurse bestimmt haben, auch wenn anscheinend innerhalb der Länder durchaus spezifische Faktoren auf die Immobilien-Aktien gewirkt haben. Eine Aufspaltung des Untersuchungszeitraumes soll zeigen, ob diese Struktur in den Renditereihen im Zeitablauf bestätigt oder ob differierende Ergebnisse erzielt werden.

Für die erste Subperiode, d.h. den Zeitraum 1990-1995, wurden ebenfalls 30 Faktoren extrahiert und damit ein Varianzanteil von 54,98% erklärt. Für diesen Zeitraum waren die Länderfaktoren noch klarer aus der Faktorladungsmatrix zu erkennen. Der erste Faktor setzte sich aus 62 englischen Aktien und 3 englischen Immobilien-Aktien zusammen, der zweite aus 15 deutschen Aktien, eine deutschen Immobilien-AG sowie einer österreichischen und zwei niederländischen Aktien. Für die Faktoren 3-5 und 7 ergibt sich eine analoge Struktur. Auf den 6. Faktor laden 11 englische Immobilien- sowie 8 sonstige Aktien hoch, so dass von einem länderspezifischen Immobilienfaktor ausgegangen werden kann. Aus den Faktorladungen des 13. Faktor lässt sich ebenfalls ein länderspezifischer Immobilienfaktor erkennen. Diese Ergebnisse werden in Abbildung 20 noch einmal dargestellt.

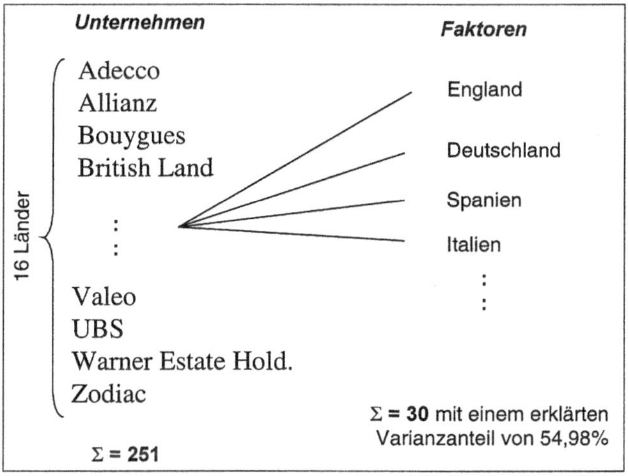

Abbildung 20: Ergebnis der Hauptkomponentenanalyse für Europa (Zeitraum 1990-1995)

Die Korrelationen der Faktoren mit den jeweiligen Länderindizes fallen in dieser Periode deutlich höher aus als in dem Gesamtzeitraum. So korreliert z.B. der 1. Faktor mit dem englischen Aktienindex mit 0,765, der 2. Faktor mit dem deutschen Aktienindex mit 0,803 und schließlich der 4. Faktor mit dem italienischen Aktienindex mit 0,825. Insofern kann bei dem 1.-5. und 7. Faktor eindeutig von einem Länderfaktor ausgegangen werden. Im Gegensatz dazu fallen die Korrelationen zwischen dem 6. und 13. Faktor mit den länderspezifischen Immobilienindizes etwas geringer aus als in der Gesamtperiode, dennoch kann aber auf das Vorliegen eines englischen und eines französisches Immobilienfaktors geschlossen werden. Die Ergebnisse der ersten Subperiode weisen darauf hin, dass sehr starke länderspezifische Faktoren die Aktienrenditen beeinflussen, aber innerhalb der Länder durchaus auch Immobilienfaktoren erkennbar sind.

Für die zweite Subperiode (1996-2002) wurde mit 30 extrahierten Faktoren ein Varianzanteil von 55,06% erklärt. Die bisher erkennbaren Länderstrukturen in den Renditereihen brechen in diesem Zeitraum deutlich auf, so dass kaum noch reine Länderfaktoren aus der Faktorladungsmatrix abgelesen werden können. Stattdessen setzt sich der erste Faktor aus 46 europäischen Aktien aus 11 Ländern zusammen, so dass hier auf einen europäischen Faktor geschlossen werden kann. Für den zweiten Faktor ergibt sich ein ähnliches Bild, allerdings zeigt der 3. Faktor wieder länderspezifische Strukturen, da auf ihn überwiegend italienische Aktien hoch laden. Der 4. Faktor besteht hingegen wieder aus 18 englischen Immobilien- und drei sonstigen Aktien, so dass von einem englischen Immobilienfaktor ausgegangen werden kann. Die folgende Abbildung 21 fasst diese Ergebnisse nochmals zusammen.

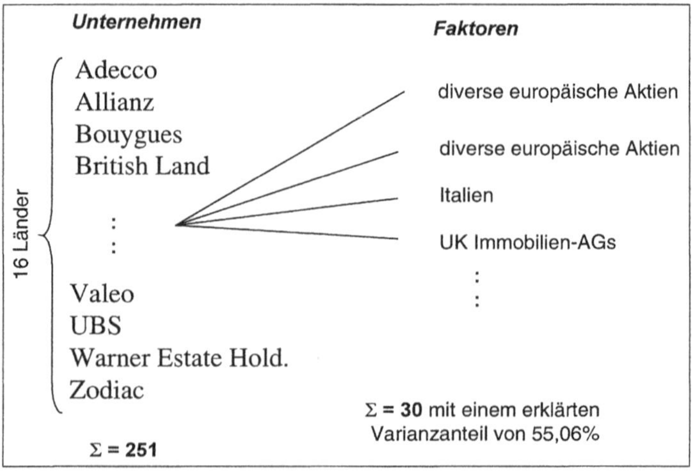

Abbildung 21: Ergebnis der Hauptkomponentenanalyse für Europa (Zeitraum 1996-2002)

Zur Interpretation der Faktoren wurden abermals die extrahierten Faktoren auf die länderspezifischen sowie europäischen Aktien- bzw. Immobilienindizes korreliert. Dabei zeigte sich insgesamt, dass die Korrelationen zwischen den extrahierten Faktoren und den Aktienindizes geringer ausfielen, während die Korrelationen zwischen den Immobilienfaktoren und den jeweiligen länderspezifischen Immobilienindizes zugenommen haben. Der erste Faktor, der sich aus einer großen Anzahl europäischer Werte zusammensetzt, korreliert mit 0,708 mit dem europäischen Aktienindex, so dass tatsächlich von einem europäischen Faktor gesprochen werden kann. Die Korrelationen des zweiten Faktors mit verschiedenen Aktienindizes liegen im Durchschnitt bei 0,3, so dass kein deutlicher länderspezifischer Faktor vorliegt. Die Korrelationen mit den beiden europäischen Aktienindizes liegen aber mit 0,360 nur geringfügig höher, so dass auch nicht vom Vorliegen eines europäischen Faktors ausgegangen werden kann. Einzig der 3. Faktor korreliert wieder hoch mit dem italienischen Aktienindex (0,781), wobei die Korrelation im Gegensatz zur 1. Subperiode abgenommen hat. Hohe Korrelationen sind zwischen dem 4. Faktor und dem englischen Immobilienindex (0,784) sowie zwischen dem 14. Faktor und dem französischen Immobilienindex (0,778) zu erkennen. Die Korrelation zwischen dem 13. Faktor und dem niederländischen Immobilienindex fällt mit 0,623 etwas geringer aus. Insgesamt wird für die zweite Subperiode deutlich, dass die nationalen Einflussfaktoren an Bedeutung verlieren, während europäische Faktoren stärker auf die Aktienkurse wirken. Die Immobilien-Aktien werden anscheinend dennoch von länderspezifischen Faktoren beeinflusst.

Die vollständige Liste der Korrelationskoeffizienten ist der Tabelle 8 zu entnehmen, wobei der durch den jeweiligen Faktor erklärte Varianzanteil in Klammern angegeben wird.

	Korrelation zwischen Index und extrahiertem Faktor (erklärter Varianzanteil des extrahierten Faktors)		
Index	1990-1995	1996-2002	1990-2002
Belgien	/	0,373 (3,55%)	0,433 (0,96%)
Deutschland	0,803 (3,98%)	0,397 (1,08%)	0,449 (2,16%)
DJ Stoxx 50	/	/	0,304 (0,96%)
England	0,765 (11,07%)	/	0,454 (5,76%)
Europa	/	0,708 (7,35%)	0,589 (5,20%)
Frankreich	0,710 (3,16%)	/	0,351 (2,77%)
Italien	0,825 (3,27%)	0,781 (3,65%)	0,801 (3,22%)
Niederlande	/	0,388 (5,87%)	/
Schweiz	0,742 (2,46%)	0,614 (1,72%)	0,672 (2,15%)
Spanien	0,762 (3,35%)	0,436 (1,49%)	0,683 (2,34%)
GPR 250 England	0,608 (2,66%)	0,724 (3,59%)	0,671 (2,95%)
GPR 250 Frankreich	0,626 (1,20%)	0,778 (1,22%)	0,742 (1,14%)
GPR 250 Niederlande	/	0,623 (1,34%)	0,519 (1,06%)

Tabelle 8: Korrelation zwischen Index und extrahiertem Faktor

Es fällt auf, dass der englische Faktor in der ersten Subperiode sowie im Gesamtzeitraum den höchsten Varianzanteil erklärt, was sich vermutlich darauf zurückführen lässt, dass eine hohe Anzahl englischer Werte in der Aktienauswahl enthalten ist. Die große Anzahl englischer Werte resultiert in einer entsprechenden Varianz, die wiederum in dem erklärten Varianz-anteil des englischen Faktors reflektiert wird.

Zum Vergleich der Ergebnisse der Hauptkomponentenanalyse für die europäische Aktienauswahl wurde diese Analyse ebenfalls für die amerikanische Aktienauswahl durchgeführt. Für den Gesamtzeitraum sowie die beiden Subperioden wurden 44 Equity REITs sowie 205 Aktien als Variablen verwendet und jeweils 30 Faktoren extrahiert.

Die 30 extrahierten Faktoren erklärten im Zeitraum 1990-2002 eine Varianz von 50,29%. Aus der Faktorladungsmatrix wurde deutlich, dass sich die Aktien nach industriellen Sektoren gruppieren. Auf den 7. Faktor laden 19 REITs, so dass in diesem Fall von einem reinen Immobilienfaktor ausgegangen werden kann. Diese Ergebnisse werden in Abbildung 22 teilweise dargestellt.

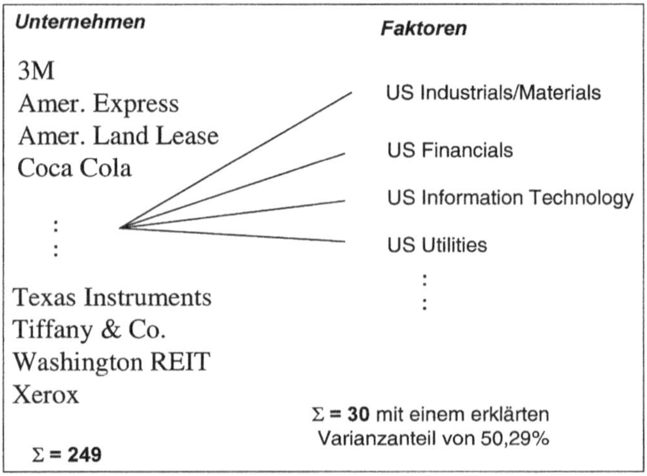

Abbildung 22: Ergebnis der Hauptkomponentenanalyse für die USA (Zeitraum 1990-2002)

Zur Interpretation der extrahierten Faktoren wurden Korrelationen zum einen mit dem NAREIT Equity REIT Index und zum anderen mit dem GPR 250 USA Index berechnet, während das Bestehen von Branchenfaktoren aus der Zusammensetzung der Faktorladungsmatrix abgeleitet wurde. Die Korrelationen zwischen dem 7. Faktor und dem NAREIT Equity REIT Index bzw. dem GPR 250 USA sind so hoch (0,729 bzw. 0,693), dass von dem Vorliegen eines Immobilienfaktors gesprochen werden kann.

Für die erste Subperiode (1990-1995) erklären die 30 extrahierten Faktoren 51,99% der Varianz. Die Faktorladungsmatrix zeigt wiederum deutlich, dass jeweils Aktien eines industriellen Sektors auf einen Faktor hoch laden. Dies stellt Abbildung 23 dar.

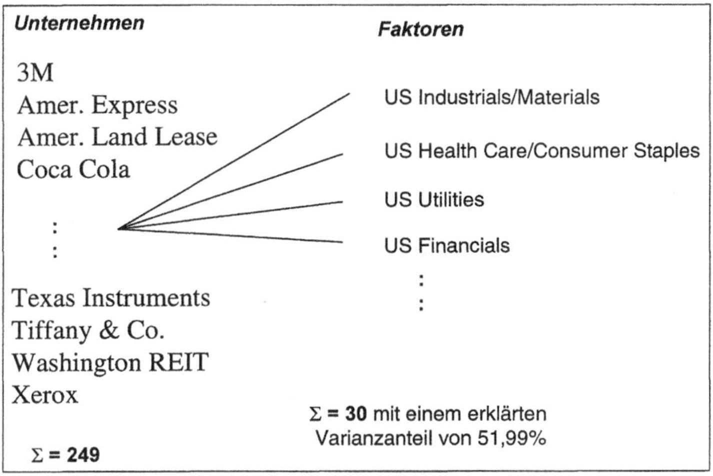

Abbildung 23: Ergebnis der Hauptkomponentenanalyse für die USA (Zeitraum 1990-1995)

Die Faktorladungsmatrix lässt hingegen keinen reinen Immobilienfaktor erkennen, so dass auch die Korrelationen zwischen den extrahierten Faktoren und den beiden Immobilienindizes so gering ausfallen, dass sie keine Interpretation zulassen.

Für die zweite Subperiode (1996-2002) erklären die 30 extrahierten Faktoren einen Varianzanteil von 57,88%. Während die ersten vier Faktoren wiederum als Branchenfaktoren interpretiert werden können, ist aus der Faktorladungsmatrix zu erkennen, dass sich der 5. Faktor aus 22 REITs zusammensetzt, so dass in diesem Fall ein Immobilienfaktor angenommen werden kann. Diese Ergebnisse zeigt Abbildung 24.

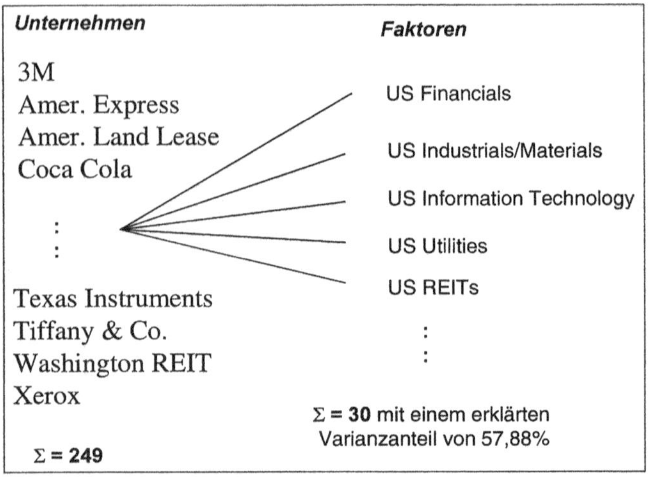

Abbildung 24: Ergebnis der Hauptkomponentenanalyse für die USA (Zeitraum 1996-2002)

Die Korrelation zwischen dem 5. Faktor und dem NAREIT Equity REIT Index beträgt 0,757, die Korrelation mit dem GPR 250 USA 0,745. Diese hohen Korrelationen sprechen für das Vorliegen eines Immobilienfaktors.

Die Ergebnisse der Hauptkomponentenanalyse zeigen sowohl für Europa als auch für die USA, dass Immobilienfaktoren vorliegen und deren Bedeutung im Verlauf des Untersuchungszeitraumes zugenommen hat. Innerhalb Europas existiert zwar bisher kein europäischer Immobilienfaktor, aber dennoch war für England, Frankreich und die Niederlande ein länderspezifischer Immobilienfaktor erkennbar. Anfänglich wurden die europäischen Aktienrenditen vor allem durch länderspezifische Risikofaktoren beeinflusst, aber ein Aufbrechen dieser Strukturen zeigt sich vor allem in der zweiten Subperiode.[309] Problematisch an allen durchgeführten Hauptkomponentenanalysen erscheint jedoch die Tatsache, dass zum einen nur ein geringer Anteil der Gesamtvarianz durch die 30 extrahierten Faktoren erklärt wurde und zum anderen die Faktorladungen für knapp die Hälfte der Aktien, die auf einen Faktor luden, unter dem kritischen Wert von 0,5 lagen. Infolgedessen ist die Aussagekraft der Ergebnisse eingeschränkt, so dass es sich zur Überprüfung dieser Ergebnisse anbietet, die Risikostruktur der Aktienauswahl nochmals anhand eines alternativen Gruppierungsalgorithmus herauszuarbeiten.

[309] Vgl. zu Sayn-Wittgenstein (1999), S. 77.

Clusteranalyse (WARD-Methode)

Eine weitere Möglichkeit der multivariaten Statistik zum Erkennen von Strukturen in einer Menge von Objekten stellt die *Clusteranalyse (pattern recognition)* dar.[310] Bei der Clusteranalyse wird eine *heterogene Gesamtheit von Objekten* untersucht, mit dem Ziel, *homogene Teilmengen von Objekten* aus der Objektgesamtheit zu identifizieren.[311] Dies entspricht den Voraussetzungen für das Vorliegen von Assetklassen, so dass dieses Verfahren für eine Identifikation von Assetklassen prinzipiell geeignet erscheint. Die Clusteranalyse unterscheidet sich von der Hauptkomponentenanalyse darin, dass nicht die ähnlichen Objekte durch einen künstlichen Faktor abgebildet, sondern in homogene Klassen eingeteilt werden. Dieses hat den Vorteil, dass alle Untersuchungsobjekte klassifiziert werden und alle erhaltenen Cluster interpretierbar sind.

Geht man davon aus, dass eine Menge von *n* interessierenden Objekten (hier: Aktien bzw. Immobilien-Aktien) so strukturiert ist, dass sie in mehrere Klassen (Cluster) zerfällt, so lassen sich mittels der Clusteranalyse diese Klassen festlegen.[312] Dabei sollen die Objekte einer Klasse einander möglichst ähnlich sein und Objekte verschiedener Klassen (≙ Cluster) sich möglichst stark unterscheiden, d.h. die Cluster sollen in sich homogen und untereinander heterogen sein. Zur Gruppierung der Objekte stehen verschiedene Cluster-Algorithmen zur Verfügung, die hier bis auf die verwendete Ward-Methode im einzelnen nicht erläutert werden.[313]

Bei dem *Ward-Verfahren* handelt es sich um ein agglomeratives hierarchisches Verfahren. Dieses bedeutet, dass von der feinsten Partition (alle Objekte - hier: Aktien - bilden ein eigenständiges Cluster) ausgegangen wird und der Ablauf dieses Verfahrens durch eine *Zusammenfassung von Gruppen* charakterisiert ist.[314] Die Ward-Methode fasst diejenigen Objekte zusammen, die die geringste Distanz aufweisen. Dabei wird das Distanzmaß der *quadrierten Euklidischen Distanz* zugrundegelegt, welches wie folgt berechnet wird[315]:

---

[310] Eine ausführliche Darstellung der Clusteranalyse findet sich in Hartung/Elpelt (1999), S. 443-503 sowie in Backhaus et al. (2000), S. 329-384.

[311] Vgl. Backhaus et al. (2000), S. 329.

[312] Vgl. Hartung/Elpelt (1999), S. 443.

[313] Zu den Cluster-Algorithmen vgl. Backhaus et al. (2000), S. 348 ff. und Hartung/Elpelt (1999), S. 478 ff. In der Literatur ist man der Auffassung, dass das Ward-Verfahren im Vergleich zu anderen Algorithmen in den meisten Fällen sehr gute Partitionen findet und die Objekte richtig zuordnet. Vgl. Backhaus et al. (2000), S. 365 f.

[314] Vgl. hier und in der Folge Backhaus et al. (2000), S. 359 ff.

[315] Diese Renditereihen wurden vor der Berechnung des Distanzmaßes standardisiert, so dass alle Variablen einen Mittelwert von Null und eine Varianz von Eins aufweisen.

$$(13) \quad d_{k,l} = \sqrt{\sum_{t=1}^{N} (x_{k,t} - x_{l,t})^2}$$

mit: $d_{k,l}$ = Distanz der Renditereihen der Aktien k und l

x_{kt}, x_{lt} = Wert der Renditereihen zum Zeitpunkt t bei Aktie k, l.

Durch die Quadrierung des „Klammerterms“ werden große Differenzen bei der Berechnung des Distanzmaßes stärker berücksichtigt, während geringeren Differenzwerten ein kleineres Gewicht zukommt.

Die folgende Abbildung 25 stellt den Ablauf einer Clusteranalyse mit der Ward-Methode dar und fasst somit die hier beschriebene Vorgehensweise zusammen.

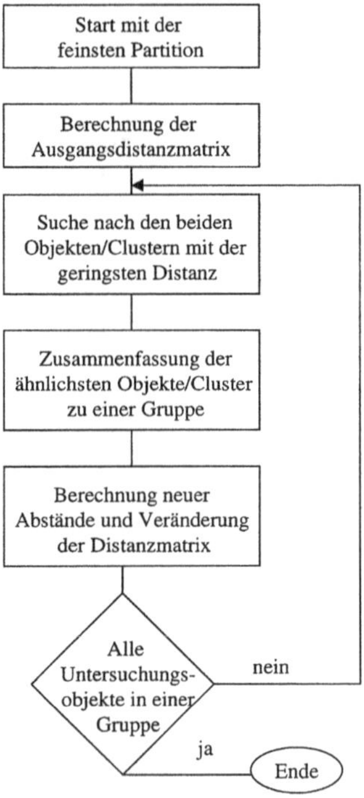

Abbildung 25: Ablaufschritte der agglomerativen hierarchischen Clusterverfahren[316]

In dieser Untersuchung wurde für den Gesamtzeitraum sowie die zwei Subperioden jeweils eine Clusteranalyse mit Hilfe des Ward-Verfahrens durchgeführt und die Ergebnisse in einem Dendrogramm dargestellt. Ein Dendrogramm fasst die Ergebnisse einer Clusteranalyse graphisch zusammen

---

316 In Anlehnung an Backhaus et al. (2000), S. 353.

und erleichtert somit die Interpretation. Dabei gibt die Länge der horizontalen Linien das Ausmaß der Ungleichheit zwischen den Aktien an.[317] Der „niedrigste" Cluster verbindet diejenigen Aktien bzw. Immobilien-Aktien, die eine niedrige Distanz (hohe Homogenität) untereinander aufweisen.

Als Ergebnis der Clusteranalyse kann für Europa bzw. die USA folgendes erwartet werden:

(1) Für Europa könnte vermutet werden, dass länderspezifische Faktoren eventuell bestehende Immobilienfaktoren überdecken und sich daher nur Immobilien-Cluster innerhalb eines Länderclusters ergeben.

(2) Für die USA können diese Verzerrungen hingegen nicht auftreten, so dass neben einer Gruppierung der Aktien nach industriellen Sektoren die Bildung von Immobilien-Clustern erwartet wird.

Innerhalb Europas ergeben sich für den gesamten Untersuchungszeitraum die folgenden in Abbildung 26 dargestellten Cluster.

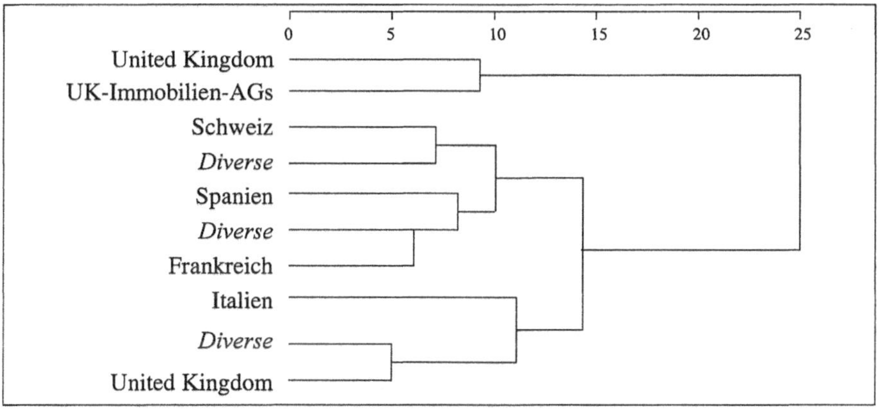

Abbildung 26: Dendrogramm für Europa (Zeitraum 1990-2002)

Das Dendrogramm zeigt deutlich, dass sich im wesentlichen niedrige Cluster für die Aktien eines Landes ergeben. Teilweise sind jedoch auch Aktien auf einem niedrigen Niveau zusammengefasst („Diverse"), die weder eine Länderstruktur noch einen Immobilienfaktor erkennen lassen und daher möglicherweise andere Renditetreiber besitzen. Ein niedriger Cluster ist jedoch auch für englische Immobilien-Aktien zu erkennen, so dass von einer Homogenität der

[317] Die im Laufe des Fusionierungsprozesses auftretenden Fehlerquadratsummen werden immer auf einer Skala von 0 bis 25 normiert, so dass die Fehlerquadratsumme der letzten Fusionierungsstufe immer einen Wert von 25 aufweist. Vgl. Backhaus et al. (2000), S. 377.

Immobilien-Aktien zumindest innerhalb dieses Landes ausgegangen werden kann.

Für die erste Subperiode (1990-1995) ergab sich ein ähnliches Bild wie in dem Gesamtzeitraum. Wiederum bildeten überwiegend die Aktien eines Landes einen niedrigen Cluster, jedoch existierte auch ein niedriger Cluster für die englischen Immobilien-AGs. Interessant erscheint hier zum einen, dass die englischen Aktien und die englischen Immobilien-Aktien sich auf höchstem Maße von den kontinentaleuropäischen Aktien unterscheiden, zum anderen offensichtlich ein „nordisches" Cluster durch die Zusammenfassung des schwedischen, des finnischen und des norwegischen Clusters entsteht. Auch die Zusammenfassung des schweizerischen und des deutschen Clusters sowie des spanischen und französischen Clusters erscheint aus geographischen Gesichtspunkten durchaus plausibel. Die folgende Abbildung 27 gibt diese Klassifizierungen der Aktien wieder.

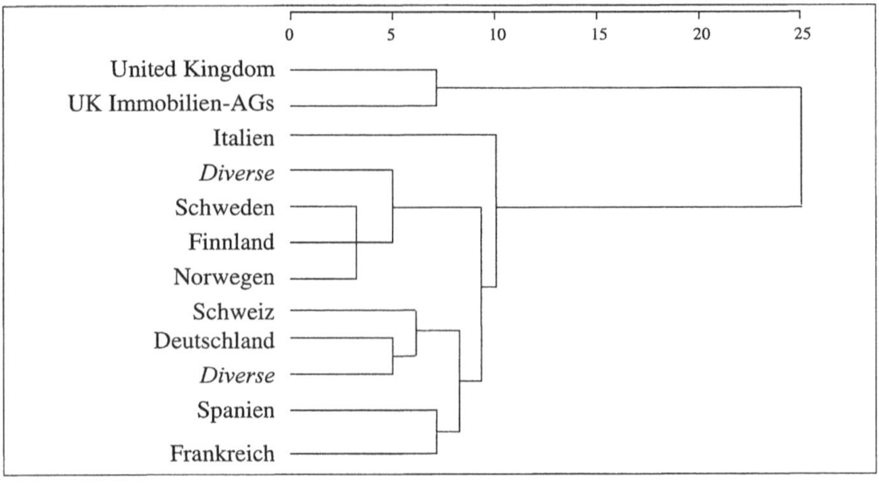

Abbildung 27: Dendrogramm für Europa (Zeitraum 1990-1995)

Schließlich ist die Untersuchung der zweiten Subperiode (1996-2002) von besonderem Interesse, da sie den Zeitraum umfasst, in dem die Immobilien-AGs in Europa an Bedeutung gewonnen haben, was sich auch in deren Homogenität untereinander und in der Heterogenität zu anderen Aktien auswirken sollte. Die Klassifizierungen der Aktien unterscheiden sich deutlich von den beiden vorherigen Zeiträumen. Zum einen treten keine Ländercluster mehr auf und zum anderen ist sowohl ein niedriges englisches als auch ein niedriges europäisches Immobilien-Cluster zu erkennen. Dieses europäische Cluster enthält 14 Immobilien-Aktien aus vier Ländern, so dass in diesem Cluster 64% der in der Aktienauswahl insgesamt enthaltenen Immobilien-Aktien (ausgenommen sind die englischen Immobilien-Werte, die ein eigenes Cluster bilden) zusammengefasst sind. Diese Struktur der Aktienrenditen wird in dem in Abbildung 28 dargestellten Dendrogramm deutlich.

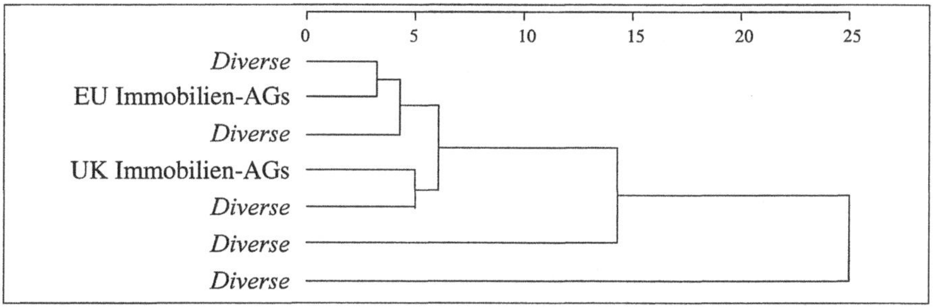

Abbildung 28: Dendrogramm für Europa (Zeitraum 1996-2002)

Insofern lässt die Clusteranalyse für die zweite Subperiode erkennen, dass die länderspezifischen Strukturen in den Aktienrenditen aufbrechen und die Renditen englischer bzw. europäischer Immobilien-Aktien eine hohe Ähnlichkeit aufweisen.[318]

Für die USA wurde ebenfalls eine Clusteranalyse in dem Gesamtzeitraum sowie den beiden Subperioden durchgeführt. Wie bereits erwähnt, können hier keine Verzerrungen des Ergebnisses durch länderspezifischen Faktoren auftreten, so dass eine Gruppierung der Aktien nach ihrem Unternehmensgegenstand bzw. der Zugehörigkeit zu industriellen Sektoren erwartet wird.

Für den Gesamtzeitraum ergibt sich folgendes in Abbildung 29 dargestelltes Dendrogramm.

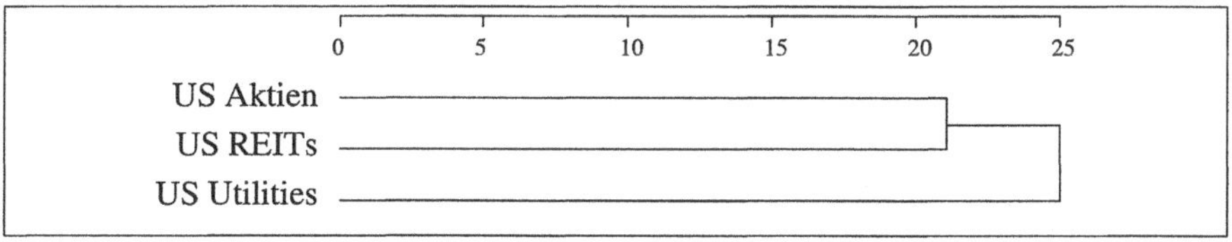

Abbildung 29: Dendrogramm für die USA (Zeitraum 1990-2002)

Da bei dieser Analyse die Frage im Vordergrund steht, ob es sich bei den REITs um eine in sich homogene Assetklasse handelt, wurde auf die Interpretation aller Cluster verzichtet und nur besonders deutliche Gruppierungen analysiert. In dem gesamten Zeitraum hat sich ein niedriger Cluster für die REITs ergeben, in dem

---

318 Eine Strukturuntersuchung von europäischen Aktien führte ebenfalls zu dem Ergebnis, dass im Zeitraum 1990-1997 Länderfaktoren in den Hintergrund treten und vereinzelt sogar Branchenstrukturen in den Aktien erkennbar sind. Vgl. zu Sayn-Wittgenstein (1999), S. 64.

41 der 44 REITs zusammengefasst sind. Die höchste Distanz sowohl zu den REITs als auch zu den übrigen Aktien weisen Aktien des Utility-Sektors auf.

Für die erste Subperiode (1990-1995) ergibt sich ein fast identisches Ergebnis, welches aus Abbildung 30 deutlich wird.

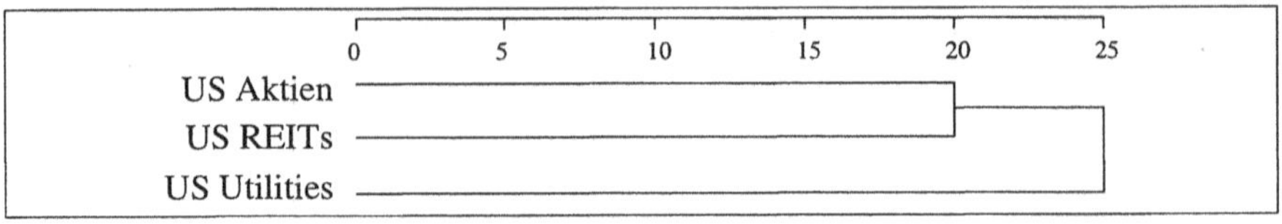

Abbildung 30: Dendrogramm für die USA (Zeitraum 1990-1995)

Im Unterscheid zu der Gesamtperiode ist in dem Zeitraum 1990-1995 die Distanz zwischen dem REIT-Cluster und den übrigen Aktien geringfügig niedriger, wobei in dem REIT-Cluster 40 von 44 REITs sowie einzelne übrige Aktien enthalten sind.

Für die zweite Subperiode (1996-2002) wird abermals eine Clusteranalyse durchgeführt und die Ergebnisse in Abbildung 31 dargestellt.

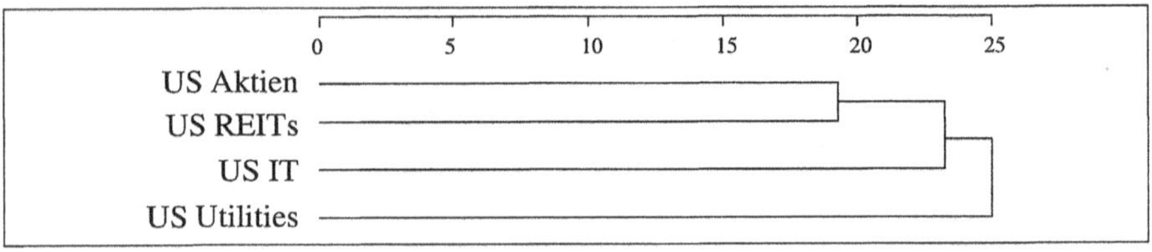

Abbildung 31: Dendrogramm für die USA (Zeitraum 1996-2002)

Die Struktur der Ergebnisse stimmen mit den vorherigen Ergebnissen weitgehend überein, allerdings weist nun ein IT-Cluster neben dem Utility-Cluster die zweithöchste Distanz zu den REITs und den übrigen U.S. Aktien auf und in dem REIT-Cluster sind diesmal 43 der 44 REITs enthalten.

Die Clusteranalyse hat die erwarteten Ergebnisse sowohl für Europa als auch die USA bestätigt. Innerhalb Europas gruppieren sich Aktien weitgehend nach ihrer Länderzugehörigkeit, allerdings bricht diese klare Struktur in der zweiten Subperiode auf, so dass die Aktienmischungen in den Clustern keine Länderstrukturen mehr erkennen lassen. In allen drei betrachteten Perioden existiert ein englischer Immobilien-Cluster, in der zweiten Subperiode sogar ein europäischer Immobilien-Cluster. In den USA tritt ebenfalls in allen drei Zeitperioden ein REIT-Cluster auf, der zudem fast alle in der Aktienauswahl enthaltenen REITs beinhaltet. Diese Ergebnisse decken sich weitgehend mit denen der Hauptkompo-nentenanalyse.

In diesem Abschnitt wird der Frage nachgegangen, ob und inwiefern sich Immobilien-Aktien und REITs von den übrigen Aktien unterscheiden, um das

Bestehen einer eigenständigen Assetklasse zu begründen. Da das Vorliegen einer Assetklasse an die Homogenität der Aktien innerhalb sowie die Heterogenität zwischen Wertpapieren verschiedener Assetklassen geknüpft wird, zielten die durchgeführten Analysen darauf ab, die Struktur der europäischen und amerikanischen Aktienauswahl offen zu legen. Mit einer Korrelationsanalyse wurde in einem ersten Schritt festgestellt, ob zwischen den Immobilien-Aktien bzw. REITs oder zwischen den übrigen Aktien größere Ähnlichkeiten in den Renditeentwicklungen bestehen, d.h. die Bedingung der Homogenität innerhalb der Assetklasse von den Immobilien-Aktien erfüllt wird. Entgegen den Erwartungen ergab sich, dass der Renditegleichlauf gemessen als durchschnittlicher Korrelationskoeffizient bei den allgemeinen Aktien höher war als bei den Immobilien-Aktien bzw. REITs; für beide Fälle ergaben sich jedoch relativ niedrige durchschnittliche Korrelationskoeffizienten. Auf der Basis der Korrelationsanalyse konnte insofern nicht davon ausgegangen werden, dass Immobilien-Aktien deutliche Gemeinsamkeiten aufweisen.

Die im Anschluss vorgenommene Hauptkomponenten- sowie Clusteranalyse führte jedoch zu anderen Ergebnissen. Diese Differenzen sind darauf zurückzuführen, dass die Korrelationsanalyse nur die Homogenität innerhalb der Assetklasse analysiert und insofern die Immobilien-Aktien getrennt von den Aktien analysiert. Die Hauptkomponenten- und Clusteranalyse betrachten hingegen sowohl die Homogenität innerhalb als auch die Heterogenität zwischen den Assetklassen, so dass beide Verfahren auf die gesamte Aktienauswahl angewendet werden. Für die erste Subperiode (1990-1995), in der die Bedeutung von REITs in den USA vor allem aber von Immobilien-Aktien in Europa noch gering war, ergaben sich bereits (länderspezifische) Immobilienfaktoren. In der zweiten Subperiode (1996-2002) ist der Einfluss der Immobilienfaktoren mit zunehmender Bedeutung der REITs sowie der Immobilien-AGs gestiegen, was sich in einer höheren Korrelation der extrahierten Faktoren mit den Immobilienindizes bei der Hauptkomponentenanalyse und durch eine hohe Anzahl an Immobilien-Aktien bzw. REITs in den Immobilien-Clustern bemerkbar macht.

Aufgrund dieser Resultate kann daher das Vorliegen von immobilienspezifischen Risikofaktoren vor allem im jüngsten Untersuchungszeitraum bestätigt werden. Diese beeinflussen die Renditen von Immobilien-Aktien bzw. REITs derart, dass sie sich deutlich von den Renditeentwicklungen der übrigen Aktien unterscheiden und daher als eigenständige Assetklasse angesehen werden können.

Im folgenden stellt sich nun die Frage, welche Stellung die Immobilien-Aktien in einem Portfolio bestehend aus den traditionellen Assetklassen Aktien und Renten einnehmen. Zur Beantwortung dieser Frage wird auf dem Aggregationsniveau der Indizes in einem ersten Schritt die Rendite-/Risikostruktur der drei Assetklassen Aktien, Renten und Immobilien-Aktien in

Europa und den USA beschrieben, bevor eine Korrelationsanalyse die Quantifizierung des Diversifikationspotentials von Immobilien-Aktien ermöglichen soll.

4.3.2. Rendite-/Risikostruktur von Immobilien-AGs, Aktien und Renten

Für die Darstellung der Rendite-/Risikostruktur der einzelnen Assetklassen wurde der Mittelwert, die Standardabweichung sowie die Sharpe-Ratio für die betrachteten Indizes und die drei Zeitperioden berechnet. Die folgende Tabelle 9 enthält diese Kennzahlen für Europa sowie die USA.

Zeitraum	Statistik	GPR 250 Europa	TOTMKEU	Europa Bond Index
EUROPA				
1990 - 1995	μ	-1,00%	7,61%	10,32%
	σ	13,31%	14,18%	4,03%
	Sharpe Ratio	-0,63	0,02	0,74
1996 - 2002	μ	13,26%	13,11%	6,74%
	σ	11,67%	16,76%	3,23%
	Sharpe Ratio	0,83	0,57	0,97
1990 - 2002	μ	6,37%	10,45%	8,47%
	σ	12,62%	15,53%	3,66%
	Sharpe Ratio	0,08	0,33	0,84
		NAREIT	S&P 500	US Bond Index
USA				
1990 - 1995	μ	10,46%	12,27%	8,84%
	σ	12,41%	11,77%	4,37%
	Sharpe Ratio	0,42	0,59	0,81
1996 - 2002	μ	11,10%	10,09%	6,27%
	σ	12,38%	16,80%	4,17%
	Sharpe Ratio	0,48	0,30	0,28
1990 - 2002	μ	10,79%	11,14%	7,51%
	σ	12,35%	14,54%	4,27%
	Sharpe Ratio	0,45	0,41	0,54

Tabelle 9: Annualisierter Mittelwert, Standardabweichung sowie Sharpe Ratio der Indexrenditen für Europa und die USA[319]

Tabelle 9 zeigt für den Zeitraum 1990-2002, dass mit einer Aktienanlage eine Rendite von 10,45% p.a. innerhalb Europas bzw. 11,14% p.a. in den USA realisiert werden konnte, während eine Investition in Bonds nur eine Rendite

319 Die Verschiedenheit der Mittelwerte wurde sowohl für alle Assetklassen als auch alle drei Zeiträume untersucht. Die Nullhypothese H_0: $\mu_1 = \mu_2$ wurde gegen die Alternativhypothese H_A: $\mu_1 \neq \mu_2$ getestet. Im Zeitraum 1990-1995 waren der Mittelwert des EU Bond Index sowie des GPR 250 Europe signifikant auf dem Niveau von 5% verschieden, während die Nullhypothese für alle anderen Zeiträume und Assetklassen nicht verworfen werden konnte. Eine Ablehnung von H_0 hätte nur mit einer Irrtumswahrscheinlichkeit von bis zu 98,6% erfolgen können. Für eine Darstellung von Hypothesen-Tests vgl. beispielweise Hartung (2002), Kapitel 8 sowie Bohley (2000), Kapitel 18.

von 8,47% p.a. in Europa bzw. 7,51% p.a. in den USA aufwies. Wie der Verlauf der Immobilien-Indizes (siehe Abbildung 15) schon vermuten lies, liegt die erzielbare Rendite von Immobilien-AGs in Europa mit 6,37% p.a. deutlich unterhalb derjenigen von Aktien bzw. Renten, während in den USA eine Rendite von 10,79% p.a. für REITs erzielbar war und diese Rendite zwischen derjenigen von Aktien und Renten liegt. Zudem konnte ein U.S. Investor mit einer Anlage in REITs eine um mehr als 40% höhere Rendite erzielen als ein europäischer Anleger mit einer Investition in Immobilien-AGs.

Wird der Untersuchungszeitraum in zwei Subperioden unterteilt, so ergeben sich für die Assetklassen deutlich andere Renditestrukturen. Während innerhalb Europas im Zeitraum 1990-1995 eine negative Rendite von 1,00% p.a. mit Immobilien-AGs realisiert wurde, wiesen Renten mit 10,32% p.a. eine erheblich höhere Rendite auf als Aktien mit 7,61% p.a.. Im Gegensatz dazu konnte in der zweiten Subperiode von Januar 1996-Mai 2002 die höchste Rendite von 13,26% mit Immobilien-AGs, eine geringfügig niedrigere Rendite von 13,11% mit Aktien und eine knapp 50% niedrigere Rendite von 6,74% mit Renten erzielt werden. In den USA hingegen weisen die realisierbaren Renditen der drei Assetklassen in den beiden Subperioden nicht so deutliche Unterschiede auf. In der ersten Subperiode konnte wie in der Gesamtperiode die höchste Rendite mit Aktien (12,27%), eine etwas niedrigere Rendite mit REITs (10,46% p.a.) und die niedrigste Rendite mit Renten (8,84% p.a.) erzielt werden. In der zweiten Subperiode weisen jedoch wie in Europa auch in den USA die REITs die höchste Rendite auf. So liegt die Rendite der Aktien (10,09% p.a.) knapp 10% und diejenige der Renten (6,27% p.a.) ca. 45% niedriger als die Rendite der REITs von 11,10% p.a..

Eine Beurteilung der Assetklassen sollte jedoch nicht alleine unter Renditegesichtspunkten erfolgen, sondern zudem das mit der jeweiligen Anlage verbundene Risiko einbeziehen. Ein Vergleich der Sharpe Ratio gibt darüber Aufschluss, welche Überschussrendite über eine risikolose Anlage[320] pro Einheit des eingegangenen Risikos mit den jeweiligen Assetklassen realisiert werden

---

[320] Da für den Anfang des Untersuchungszeitraums kein einheitlicher europäischer Zinssatz existiert, wurde für die risikolose Anlage für den Zeitraum 1990-1998 ein 3-Monats-DM-Zinssatz und für den Zeitraum 1999-2002 ein 3-Monats-Euribor verwendet. Für die USA stand für den gesamten Zeitraum ein 3-Monats-US$-Zinssatz zur Verfügung.

konnte.[321] Im Zeitraum 1990-2002 konnte die höchste Sharpe Ratio sowohl in Europa als auch in den USA mit Renten erreicht werden. Während in Europa die Immobilien-AGs mit einer Sharpe Ratio von 0,08 die Assetklasse mit der niedrigsten Überschussrendite pro Einheit eingegangenen Risikos darstellte, lagen die Aktien mit einer Sharpe Ratio von 0,33 zwischen derjenigen der Immobilien-AGs und derjenigen der Renten. In den USA fielen die erzielbaren Sharpe Ratios nicht so unterschiedlich aus. Die Sharpe Ratio einer Rentenanlage lag mit 0,54 nur geringfügig höher als diejenige der REITs (0,45) und der Aktien (0,41). In der ersten Subperiode ergibt der Vergleich der Sharpe Ratios für die europäischen Assetklassen die gleiche Reihenfolge wie im Gesamtzeitraum. Die Sharpe Ratio für Renten fällt mit 0,74 erheblich höher aus als für Aktien (0,02) während sie für Immobilien-AGs sogar negativ ist (-0,63).[322] Dieses wurde durch die negative Rendite der Immobilien-AGs hervorgerufen und verstärkt durch eine deutlich positive Rendite der risikolosen Anlage. Im Gegensatz dazu fallen die Sharpe Ratios für die zweite Subperiode erheblich höher und ähnlicher aus. Die höchste Sharpe Ratio konnte mit Renten (0,97) erzielt werden, während die Sharpe Ratio von Immobilien-AGs mit 0,83 diesmal deutlich höher als diejenige der Aktien (0,57) ausfiel. In den USA weisen die Sharpe Ratios für die verschiedenen Subperioden keine so deutlichen Unterschiede auf wie in Europa. Von 1990-1995 konnte mit Renten die höchste Sharpe Ratio (0,81) realisiert werden, während Aktien eine Sharpe Ratio von 0,59 und REITs eine Sharpe Ratio von 0,42 aufwiesen. Im Unterschied dazu konnten REITs in der zweiten Subperiode die höchste Sharpe Ratio mit 0,48 erzielen, wohingegen die Sharpe Ratio von Aktien mit 0,30 und diejenige von Renten mit 0,28 deutlich niedriger ausfielen.

Insgesamt zeigt der Vergleich der Sharpe Ratios kein einheitliches Bild. Für Europa wird deutlich, dass die Sharpe Ratios sowohl im Zeitablauf als auch je nach der betrachteten Assetklasse sehr unterschiedlich ausfallen. Dabei ist keine

---

321 Ein risikoadjustierter Vergleich der Assetklassen kann mit Hilfe der Sharpe Ratio (SR) vorgenommen werden. Die Sharpe Ratio wird folgendermaßen berechnet:

$$SR = \frac{r_{AK} - r_f}{\sigma_{AK}}$$

mit: r_{AK} = durchschnittliche annualisierte Rendite der Assetklasse

r_f = durchschnittliche annualisierte risikofreie Rendite (Zinssatz für 3-Monatsgeld am Euromarkt s. FN 320))

σ_{AK} = durchschnittliches annualisiertes Risiko der Assetklasse.

Durch die Berechnung der Sharpe Ratio ist ein risikoadjustiertes Ranking der drei Assetklassen möglich. Dabei gilt die Assetklasse mit der höheren Sharpe Ratio, also der höheren erzielten Überschussrendite pro Einheit eingegangenen Risikos, als überlegen. Vgl. Sharpe (1966), S. 123.

322 Während im positiven Bereich die Assetklasse mit der höheren Sharpe Ratio als überlegen gilt, ist im negativen Bereich die Interpretation der Sharpe Ratio genau umgekehrt.

Assetklasse einer anderen eindeutig überlegen. In den USA weisen die Sharpe Ratios hingegen keine großen Schwankungen auf. Aber auch hier dominiert keine Assetklasse eindeutig die beiden anderen. Deutlich wurde hingegen sowohl für die USA als auch innerhalb Europas, dass in der zweiten Subperiode Immobilien-AGs bzw. REITs risikoadjustiert eine attraktive Anlageform darstellen. Bei den REITs wurde das eingegangene Risiko sogar höher als bei den beiden anderen Assetklassen entgolten.

4.3.3. Korrelationsanalyse

Wie in Abschnitt 3.1.2. dargestellt, ergibt sich der Diversifikationseffekt aus der Tatsache, dass sich durch eine Mischung von Wertpapieren das Gesamtrisiko im Vergleich zur gewichteten Summe der Einzelrisiken reduzieren lässt. Dabei ist das Diversifikationspotential von dem Gleichlauf (gemessen durch den Korrelationskoeffizienten) der einzelnen Renditereihen abhängig, d.h. je niedriger die Korrelation zwischen den Wertpapieren, desto mehr Risiko kann durch eine kombinierte Anlage in diese vernichtet werden. Die Berechnung von Korrelationskoeffizienten ermöglicht es, das Diversifikationspotential einer Mischung von Wertpapieren grob abzuschätzen. Im folgenden soll nun das Diversifikationspotential der Assetklassen Aktien, Renten und Immobilien-Aktien[323] im Zeitablauf festgestellt und analysiert werden. Mit der Betrachtung dieser drei Assetklassen auf dem Niveau der Indizes handelt es sich implizit um eine semiaktive Anlagestrategie, da ein Anleger, der davon ausgeht, dass effiziente Immobilien-Aktien-, Renten- und Aktienmärkte vorliegen, eine Risikodiversifikation nur durch die Mischung dieser Märkte erzielen kann.[324] Er wird somit zwar die Marktportfolios der einzelnen Anlagemärkte halten, diese in seinem Portfolio jedoch abweichend von deren Anteil am Gesamtmarktportfolio gewichten.

Die dazu für den gesamten Untersuchungszeitraum sowie für die beiden Subperioden berechneten Korrelationen zwischen den drei europäischen bzw. amerikanischen Assetklassen werden in Tabelle 10 dargestellt.

---

[323] Die Assetklassen werden dabei durch die jeweiligen Indizes repräsentiert.
[324] Vgl. Schmidt-von Rhein (1996), S. 30.

Zeitraum		GPR 250 Europa	TOTMKEU	Europa Bond Index
EUROPA				
1990 - 1995	GPR 250 Europa	1		
	TOTMKEU	0,836	1	
	Europa Bond Index	0,569	0,610	1
1996 - 2002	GPR 250 Europa	1		
	TOTMKEU	0,375	1	
	Europa Bond Index	0,077	0,023	1
1990 - 2002	GPR 250 Europa	1		
	TOTMKEU	0,587	1	
	Europa Bond Index	0,326	0,298	1
		NAREIT	S&P 500	US Bond Index
USA				
1990 - 1995	NAREIT	1		
	S&P 500	0,528	1	
	US Bond Index	0,366	0,546	1
1996 - 2002	NAREIT	1		
	S&P 500	0,266	1	
	US Bond Index	-0,120	-0,092	1
1990 - 2002	NAREIT	1		
	S&P 500	0,364	1	
	US Bond Index	0,119	0,165	1

Tabelle 10: Korrelationen der Aktien-, Renten- sowie Immobilienindizes für Europa und die USA

Wie Tabelle 10 zeigt, fallen die Korrelationen im Zeitraum 1990-2002 zwischen dem GPR 250 Europa und dem TOTMKEU mit 0,587 relativ hoch aus, während die Korrelationen zwischen dem GPR 250 Europa und dem Europa Bond Index bzw. dem TOTMKEU und dem Europa Bond Index mit 0,326 bzw. 0,298 geringer ausfallen. Betrachtet man die Korrelationskoeffizienten in den beiden Subperioden, so fällt auf, dass alle Korrelationen von der ersten zur zweiten Subperiode deutlich abnehmen. Am höchsten fällt die Differenz zwischen der ersten und der zweiten Subperiode für die Korrelation zwischen dem TOTMKEU und dem Europa Bond Index mit 0,586 Punkten aus. Da es sich bei Immobilien-Aktien und Aktien um ein grundsätzlich gleiches Anlageprodukt handelt, ist die deutliche Differenz von 0,461 Punkten zwischen der Korrelation in der ersten und der zweiten Subperiode bemerkenswert. Dieser deutlich gesunkene Korrelationskoeffizient lässt eine Abkopplung der Renditeentwicklungen der Immobilien-Aktien von den übrigen Aktien vermuten.

Betrachtet man hingegen die Korrelationen zwischen den Assetklassen in den USA, so fällt auf, dass diese insgesamt geringer ausfallen als in Europa. In der Gesamtperiode beträgt der Korrelationskoeffizient zwischen dem NAREIT und dem S&P 500 0,364, während derjenige zwischen dem NAREIT und dem US Bond Index mit 0,119 deutlich geringer ausfällt. Die Betrachtung der Subperioden zeigt in den USA ebenfalls, dass die Korrelationen von der ersten zur zweiten Subperiode deutlich gesunken sind. Konnte für die erste Subperiode noch ein Korrelationskoeffizient zwischen dem NAREIT und dem S&P 500 von 0,528 gemessen werden, so fiel dieser in der zweiten Subperiode auf 0,266. Noch stärker war diese Differenz bei den Korrelationen zwischen dem NAREIT und dem US Bond Index bzw. dem S&P 500 und dem Bond Index ausgeprägt. Zwischen diesen Assetklassen ergaben sich sogar leicht negative Korrelationskoeffizienten.

Die Darstellung der Korrelationskoeffizienten zwischen den drei Assetklassen hat deutlich gemacht, dass die Korrelationen sowohl in Europa als auch in den USA von der ersten zur zweiten Subperiode deutlich abgenommen haben.[325] Dabei zeigte sich, dass der Gleichlauf der verschiedenen Assetklassen innerhalb Europas noch wesentlich höher ausfällt als in den USA. Unterstellt man nun, dass die niedrigen Korrelationen in den USA durch eine Abkopplung des reiferen REIT Marktes vom Aktienmarkt zustande kommen, ließe sich vermuten, dass innerhalb Europas die Korrelationen zwischen den Immobilien-Aktien und dem übrigen Aktienmarkt mit Fortschreiten der Entwicklung von Immobilien-AGs ebenfalls weiter abnehmen.

Zur Überprüfung, ob die sinkenden Korrelationen innerhalb Europas und in den USA systematisch oder zufällig sind, wurden rollierende Korrelationen jeweils über einen Zeitraum von 6 Jahren berechnet, d.h. es findet eine Bewegung von der ersten zur zweiten Subperiode statt. Da der Gleichlauf zwischen den Aktien- und den Immobilien-Aktienindizes von besonderem Interesse ist, wird der Verlauf der rollierenden Korrelationen nur für diese beiden Assetklassen in Abbildung 32 dargestellt.

---

[325] Diese Beobachtungen bestätigen die Ergebnisse einer Studie von ING REAL ESTATE Asset Management, die in drei Subperioden (3/1986-2/1991, 3/1991-2/1996 sowie 3/1996-2/2001) sowohl für England als auch für die USA deutliche abnehmende Korrelationen festgestellt haben. Vgl. ING REAL ESTATE Asset Management (2001), S.32.

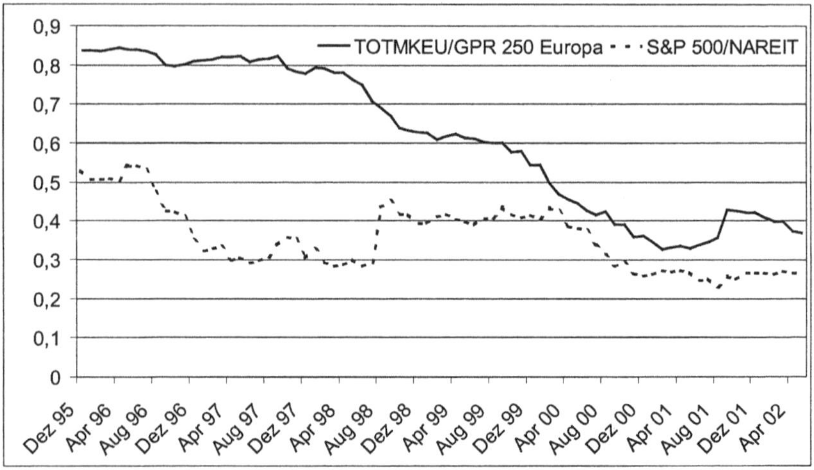

Abbildung 32: Rollierende Korrelationen zwischen den Aktien- und den Immobilienrenditen (6 Jahre)

Der Verlauf der rollierenden Korrelationen in Abbildung 32 zeigt klar, dass die Korrelationen innerhalb Europas fast stetig abnehmen, während die Korrelationen in den USA stärkere Schwankungen aufweisen. So fallen die Korrelationen in Europa von 0,836 im Dezember 1995 auf 0,327 im Februar 2000, steigen dann aber wieder kurz an, bevor sie im Mai 2002 ein Niveau von 0,368 erreichen. In den USA hingegen liegt der Korrelationskoeffizient anfänglich bei 0,528, fällt bis Juni 1997 stark, steigt zum August 1998 wieder deutlich an und sinkt schließlich im Mai 2002 auf 0,264.[326] Während in Europa also die Korrelationen in dem betrachteten Zeitfenster deutlich abgenommen haben, schwanken die Korrelationen in den USA ab Mitte 1996 zwischen 0,450 und 0,228. Da die Korrelationen offensichtlich zeitlich keine Konstanz aufweisen, werden im folgenden nochmals rollierende Korrelationen jeweils über einen Zeitraum von zwei Jahren betrachtet, um kurzfristigere Veränderungen der Korrelationen vor allem am Ende des Untersuchungszeitraumes feststellen zu können. Der Verlauf dieser rollierenden Korrelationskoeffizienten zwischen dem TOTMKEU und dem GPR 250 Europa sowie dem S&P 500 und dem NAREIT Equity REIT Index werden in Abbildung 33 dargestellt.

[326] Diese Korrelationen bestätigen die Ergebnisse der National Association of Real Estate Investment Trusts, die den Gleichlauf von Equity REITs und dem S&P 500 im Zeitraum 1972 - 2000 analysieren und ebenfalls eine deutliche Abnahme in den Korrelationen feststellen. Vgl. NAREIT (2000), S. 9.

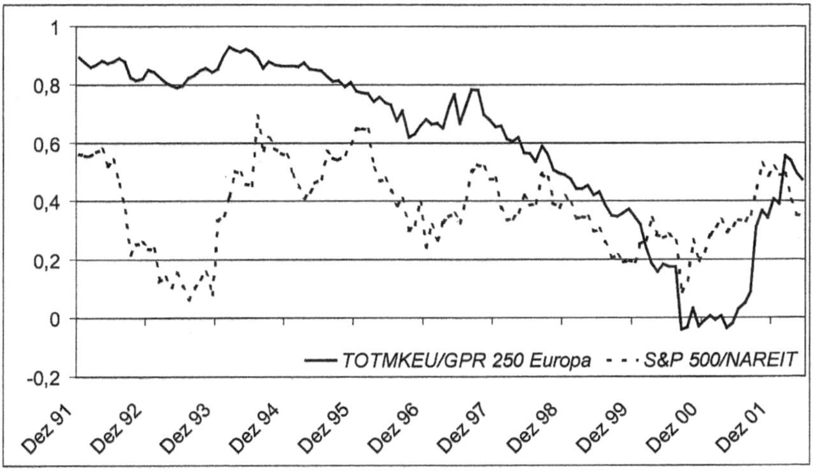

Abbildung 33: Rollierende Korrelationen zwischen den Aktien- und den Immobilienrenditen (2 Jahre)

Die über einen Zeitraum von zwei Jahren rollierenden Korrelationen weisen besonders gegen Ende des Untersuchungszeitraumes ein deutlich anderes Bild auf als in Abbildung 32. Betrachtet man die rollierenden Korrelationen für Europa, so wird deutlich, dass sie von einem Niveau von 0,893 im Dezember 1991 wiederum stetig abnehmen, bis sie im August 2000 ein Niveau von -0,041 erreichen. Ab Juli 2001 nehmen die Korrelationen dann wieder zu, wobei dieser Anstieg durch die Ereignisse des 11. September nochmals verstärkt wurde. Im Februar 2002 erreichen die Korrelationen ein Niveau von 0,556, bevor sie im Mai 2002 schließlich wieder auf 0,474 zurückfallen. Der Vergleich dieses Verlaufs der Korrelationen mit der Entwicklung des Aktienmarktes (Abbildung 15) lässt vermuten, dass die Korrelationen in einem Umfeld steigender Aktienmärkte abnehmen, die Korrelationen hingegen bei sinkenden Aktienmärkten wieder ansteigen. In den USA schwanken die Korrelationen im betrachteten Zeitraum zwischen 0,064 (Juli 1993) und 0,692 (Juli 1994), wobei die Schwankungsbreite im Zeitablauf abnimmt. Im Mai 2002 erreichen die Korrelationen ein Niveau von 0,351. Die Korrelationen zwischen dem S&P 500 und dem NAREIT Equity REIT Index fallen fast im gesamten Zeitraum niedriger aus als die europäischen Korrelationen. Nur im Zeitraum Februar 2000 bis Februar 2002 liegen die Korrelationen in den USA über den Europäischen. Dies deutet darauf hin, dass die Korrelationen in den USA in einem steigenden Aktienmarktumfeld nicht so deutlich fallen wie in Europa und die Korrelationen bei fallenden Aktienmärkten nicht so stark ansteigen. Insofern lässt sich vermuten, dass die REITs sich von den Entwicklungen der amerikanischen

Aktienmärkte stärker abgekoppelt haben, als dies bisher bei den europäischen Immobilien-Aktien sichtbar wird.

Um die Vermutung zu bestätigen, dass die Korrelationen zwischen den Immobilienrenditen und den Aktienrenditen in einem fallenden Aktienmarktumfeld höher sind als in einem steigenden Aktienmarktumfeld, wurden diese für die Gesamtperiode sowie die beiden Subperioden berechnet. Die Ergebnisse werden in Tabelle 11 dargestellt.

	Korrelationen bei			
	steigendem Aktienmarkt		*fallendem Aktienmarkt*	
Europa				
1990-1995	0,575	(44)	0,830	(28)
1996-2002	0,186	(51)	0,568	(26)
1990-2002	0,332	(95)	0,534	(54)
USA				
1990-1995	0,163	(48)	0,543	(24)
1996-2002	0,053	(46)	0,314	(31)
1990-2002	0,078	(94)	0,320	(55)

Tabelle 11: Korrelationen zwischen den Aktien- und Immobilienrenditen in einem steigenden bzw. fallenden Aktienmarktumfeld (Anzahl der Renditen < 0 bzw. > 0)

Zur Berechnung dieser Korrelationskoeffizienten wurden für den gesamten Untersuchungs-zeitraum sowie die beiden Subperioden die monatlichen Aktien- und Immobilienrenditen aufsteigend nach dem Aktienindex sortiert und dann die Korrelationen zwischen den negativen Aktienrenditen und den korrespondierenden Immobilienrenditen bzw. zwischen den positiven Aktienrenditen und den korrespondierenden Immobilienrenditen bestimmt. Die Ergebnisse bestätigen die Vermutung, dass die Immobilien- und die Aktienrenditen in einem fallenden Aktienmarktumfeld einen deutlich höheren Gleichlauf aufweisen als dies in einem steigenden Marktumfeld der Fall ist. In der ersten Subperiode beträgt der Korrelationskoeffizient zwischen Immobilien- und Aktienrenditen bei einem fallenden Aktienmarkt in Europa 0,830 und liegt damit deutlich höher als bei einem steigenden Aktienmarkt (0,575). In der zweiten Subperiode ist der Gleichlauf der Renditereihen allgemein geringer, aber die Korrelationen in einem fallenden Marktumfeld liegen in Europa mit 0,568 immer noch deutlich höher als in einem steigenden Aktienmarktumfeld (0,186). Für die USA sind ebenfalls in einem fallenden Aktienmarktumfeld zwischen den REIT- und den Aktienrenditen höhere Korrelationen zu beobachten als bei einem steigenden Aktienmarkt, aber die Korrelationen fallen insgesamt niedriger aus als in Europa.

Die Korrelationsanalyse hat gezeigt, dass im Zeitraum 1990-2002 die Korrelationen zwischen den drei Assetklassen in Europa relativ hoch und vor allem höher waren als in den USA. Die Betrachtung der Subperioden machte deutlich, dass die Korrelationen von der ersten zur zweiten Subperiode sowohl in Europa als auch in den USA deutlich gefallen sind. Aufgrund dieser sehr starken Veränderungen wurden rollierende Korrelationen jeweils über sechs sowie über zwei Jahre zwischen den Immobilien-Aktien bzw. REITs und dem Aktienindex berechnet, um die Veränderungen der Korrelationen im Zeitablauf genauer zu analysieren. Dabei stellte sich heraus, dass in Europa die Korrelationen fast stetig abgenommen und nur gegen Ende des Untersuchungszeitraumes wieder leicht zugenommen haben, während in den USA die Korrelationen in einem relativ breiten Fenster starke Schwankungen aufwiesen, aber meist geringer als in Europa ausfielen. Das Diversifikationspotential speziell der Immobilien-Aktien bzw. REITs kann für den gesamten Untersuchungszeitraum aufgrund der starken Veränderungen der Korrelationen kaum abgeschätzt werden. Aufgrund der geringen Korrelationen in der zweiten Subperiode sowie der rollierenden Korrelationen konnte ein im Zeitablauf zunehmendes Diversifikationspotential von Immobilien-Aktien bzw. die REITs festgestellt werden.

Nach dieser Korrelationsanalyse wäre es nun interessant herauszufinden, welchen Einfluss diese Korrelationen tatsächlich auf die Portfoliomischung von Mixed-Asset Portfolios sowohl in Europa als auch in den USA haben. Die im nächsten Abschnitt durchgeführte Effizienzlinienanalyse auf der Basis von ex-post Daten wird zeigen, wie sich die Höhe und die Veränderungen der Korrelationskoeffizienten auf die Risikodiversifikation auswirken.

4.3.4. Effiziente Mixed-Asset Portfolios

Für die folgende Effizienzlinienanalyse setzt sich das Datenmaterial aus den Assetklassen Aktien, Renten und Immobilien-Aktien bzw. REITs für Europa und die USA zusammen. Es soll die unterschiedliche Lage von Mixed-Asset Portfolios im μ/σ-Raum in den einzelnen Untersuchungsperioden verglichen werden, wobei zwei unterschiedliche Allokations-alternativen unterstellt werden. Die eine diversifiziert über Aktien und Renten und die andere über alle drei Assetklassen, d.h. über Aktien, Renten sowie Immobilien. Dazu wurde jeweils eine Effizienzlinie bestehend aus den drei europäischen bzw. amerikanischen Assetklassen sowie eine Effizienzlinie bestehend aus Aktien und Renten pro Untersuchungsperiode berechnet und graphisch dargestellt. Eine Effizienzlinie stellt dabei die Menge aller effizienten Wertpapierkombinationen dar, d.h. es gibt keine Wertpapierkombination, die bei gegebenem Risiko eine höhere Rendite erwirtschaftete oder bei gegebener Rendite ein geringeres Risiko aufwies.[327]

---

[327] Vgl. Elton/Gruber (1995), S. 70.

Der konkave Kurvenverlauf der Effizienzlinien ist nicht funktional beschreibbar, so dass sie nur durch wiederholte Anwendung des Effizienzprinzips für unterschiedliche Renditeniveaus berechnet werden können.[328] Dieses stellt sich wie folgt dar:

$$(14) \qquad Min\ \sigma^2_{PF} = Min \sum_{i=1}^{N}\sum_{j=1}^{N} x_i x_j \sigma_{ij}$$

$$\text{unter: a)} \qquad \sum_{i=1}^{N} x_i \mu_i = E \ \ (\text{für } \mu_{MVP} \leq E \leq \mu_{MaxEP})$$

$$\text{b)} \qquad \sum_{i=1}^{N} x_i = 1.$$

Gleichung (14) entspricht einem quadratischen Optimierungsproblem unter linearen Nebenbedingungen. Für ein bestimmtes Ertragsniveau E ist die Portfoliovarianz zu minimieren, wobei Gleichung (14b) sicherstellt, dass das Anlagekapital vollständig investiert ist, die Summe der Portfoliogewichte also 100% ergibt (d.h. $x_i \geq 0$). Die Optimierung wird für jedes erreichbare Ertragsniveau nach Gleichung (14) durchgeführt, wodurch sukzessive die gesamte Effizienzkurve ermittelt wird.[329]

Die Berechnung der in Abbildung 34 bis Abbildung 39 dargestellten Effizienzlinien wurde mit dem oben erläuterten Optimierungskalkül durchgeführt, wobei neben den erwähnten Nebenbedingungen keine Leerverkäufe zugelassen waren.[330] Zusätzlich zu den beiden Effizienzkurven enthält jede Abbildung die erreichbaren Rendite/Risiko-Punkte der drei Assetklassen.

Bei allen sechs Graphiken ist auf der Ordinate die annualisierte Rendite abgetragen und auf der Abzisse das annualisierte Risiko, wobei in allen Graphiken auf die unterschiedliche Skalierung sowohl der Abzisse als auch der Ordinate zu achten ist. So ist jeder Punkt in diesem μ/σ-Raum eindeutig durch eine bestimmte annualisierte Rendite und ein bestimmtes annualisiertes Risiko definiert, wobei derjenige Punkt vorzuziehen ist, welcher bei gleichem Risiko eine höhere Rendite oder bei gleicher Rendite ein niedrigeres Risiko besitzt.[331]

Für den gesamten Untersuchungszeitraum ergibt sich für Europa folgende in Abbildung 34 dargestellte Effizienzlinie.

---

328 Vgl. hier und in der Folge Schmidt-von Rhein (1996), S. 245 f.

329 Bei der Ermittlung der Effizienzkurven können weitere Nebenbedingungen eingeführt werden, wie z.B. die *Nichtnegativitätsbedingung*, d.h. Leerverkäufe sind nicht möglich, oder bezüglich der Portfolioanteile bestimmter Assets. Für eine ausführliche Darstellung möglicher Nebenbedingungen vgl. Schmidt-von Rhein (1996), S. 246 ff.

330 Bei der Berechnung der effizienten Portfolios wurde ein minimales Gewicht jeder Assetklasse von 1% vorgegeben.

331 Vgl. Levy/Sarnat (1990), S. 270 f.

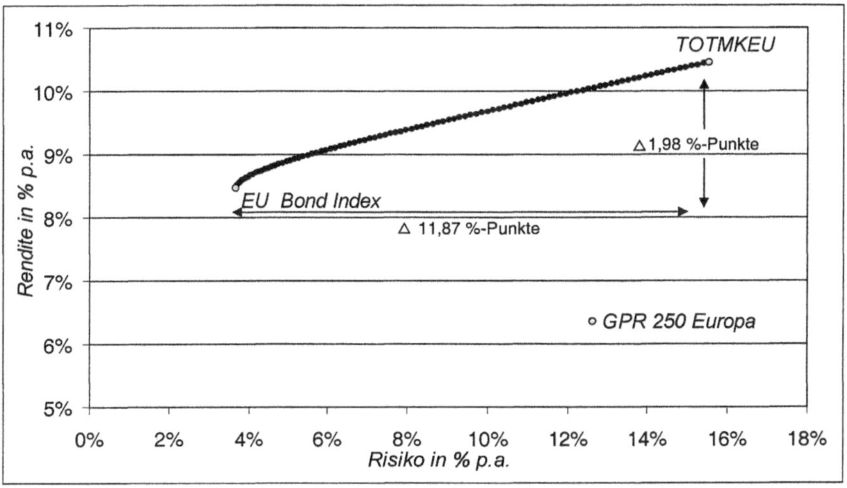

Abbildung 34: Ex-post optimierte Portfolios für Europa (Zeitraum 1990-2002)

Es wird deutlich, dass sich in dem Zeitraum 1990-2002 die effizienten Portfolios nur aus Aktien und Renten zusammensetzten. Immobilien-Aktien stellten in diesem Zeitraum eine ineffiziente Anlage dar. Daher konnten keine Portfolios bestehend aus Immobilien-Aktien, Renten und Aktien gebildet werden, die eine höhere Rendite bei gleichem Risiko oder ein geringeres Risiko bei gleicher Rendite als ein Portfolio nur bestehend aus Aktien und Renten ermöglicht hätten. Mit Immobilien-Aktien konnte insofern keine Effizienzlinie gebildet werden und sie tragen somit auch nicht zur Portfoliodiversifikation bei. Das Minimum Varianz Portfolio (MVP) besteht in diesem Zeitraum nur aus europäischen Renten und erwirtschaftete eine annualisierte Rendite von 8,47% bei einem Risiko von 3,66% p.a.. Das Maximum Ertragsportfolio (MaxEP) besteht grundsätzlich zu 100% aus der Assetklasse, die die höchste Rendite in einem betrachteten Zeitraum ermöglicht. In diesem Fall konnte mit einer reinen Aktienanlage eine Rendite von 15,53% p.a. bei einem annualisierten Risiko von 10,45% realisiert werden. Die Effizienzlinie macht deutlich, dass man durch eine Mischung der beiden Assetklassen einen großen Anteil des Risikos mit nur geringen Renditeeinbußen vernichten konnte. Durch eine Bewegung vom MaxEP zum MVP konnten 11,87%-Punkte des Risikos vernichtet werden, während nur auf 1,98%-Punkte der Rendite verzichtet werden musste.

Die Unterteilung des Untersuchungszeitraums in die zwei Subperioden soll wiederum darüber Aufschluss geben, wie sich die Lage der Effizienzlinien sowie die Zusammenstellung der effizienten Portfolios im Zeitablauf verändert hat. Abbildung 35 zeigt die Ergebnisse der Portfoliooptimierung für die erste Subperiode.

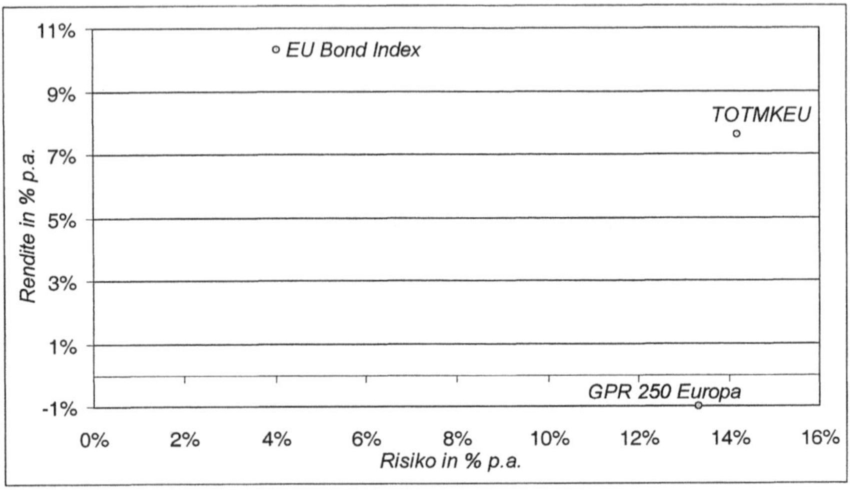

Abbildung 35: Ex-post optimierte Portfolios für Europa (Zeitraum 1990-1995)

Für den Zeitraum 1990-1995 ergeben sich aufgrund der Rendite-/Risikoeigenschaften der drei Assetklassen keine Effizienzlinien, sondern nur ein Effizienzpunkt. Selbst durch eine Mischung von Aktien und Renten konnte kein Portfolio gebildet werden, das eine höhere Rendite bei gleichem Risiko oder ein geringeres Risiko bei gleicher Rendite im Vergleich zu den Renten aufweisen würde. Insofern handelte es sich in dieser Periode sowohl bei den Aktien als auch bei den Immobilien-Aktien um eine ineffiziente Anlage.

Für die zweite Subperiode ergibt sich folgendes in Abbildung 36 dargestelltes Bild.

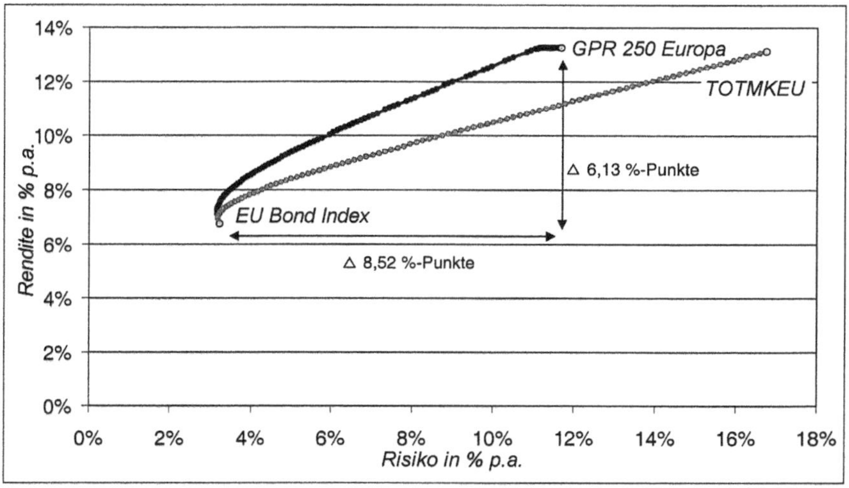

Abbildung 36: Ex-post optimierte Portfolios für Europa (Zeitraum 1996-2002)

Für den Zeitraum 1996-2002 ergibt sich sowohl eine Effizienzlinie für alle drei Assetklassen (schwarze Linie) als auch für Aktien und Renten (graue Linie), d.h. durch eine Mischung der drei bzw. zwei Assetklassen konnte Risiko diversifiziert werden. Die Lage der beiden Effizienzlinien zeigt deutlich, dass durch ein Hinzufügen von Immobilien-Aktien mit einem Mixed-Asset Portfolio eine höhere Rendite bei gleichem Risiko bzw. ein geringeres Risiko bei gleicher Rendite hätte realisiert werden können. Das MVP der Effizienzlinie, die durch eine Mischung aller Assetklassen zustande kommt, enthält in dieser Subperiode 94% Renten, 4% Immobilien-Aktien und 2% Aktien und erzielt eine Rendite von 7,13% p.a. bei einem Risiko von 3,15% p.a.. Im Gegensatz dazu konnte mit dem MaxEP, das zu 100% aus dem GPR 250 Europa bestand, eine annualisierte Rendite von 13,26% bei einem Risiko von 11,67% p.a. erreicht werden. Durch eine Mischung der drei Assetklassen ließ sich insofern maximal ein Risiko von 10,38%-Punkten bei einer Renditeeinbuße von 6,13%-Punkten vernichten. Die europäischen Aktien waren ebenfalls mit einer Gewichtung von bis zu 20% in den effizienten Portfolios vertreten, da sie fast gleiche Rendite-/Risikoeigenschaften wie die Immobilien-Aktien aufweisen und sehr geringe Korrelationen zwischen den Aktien und den Renten bzw. Immobilien-Aktien bestehen.

Für die USA wurde ebenfalls eine Portfoliooptimierung für die drei Perioden durchgeführt, um die Ergebnisse mit denen aus Europa zu vergleichen. Für den gesamten Untersuchungszeitraum ergaben sich dabei folgende in Abbildung 37 dargestellte Effizienzlinien.

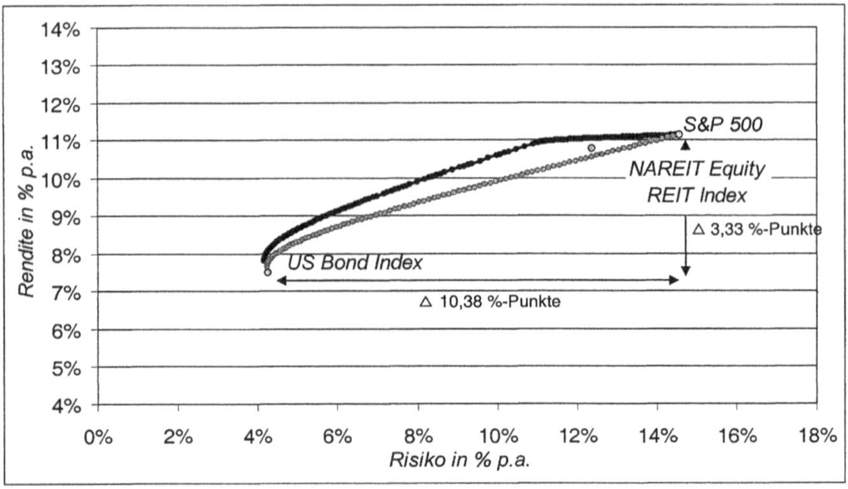

Abbildung 37: Ex-post optimierte Portfolios für die USA (Zeitraum 1990-2002)

Abbildung 37 zeigt die Effizienzlinien, die durch eine Mischung der drei Assetklassen Aktien, Renten und REITs (schwarze Linie) bzw. der zwei Assetklassen Aktien und Renten (graue Linie) in dem Zeitraum 1990-2002 zustande kommen. Es wird deutlich, dass sich durch ein Hinzufügen der REITs die Effizienzlinie weiter zur Ordinate wölbt und somit eine höhere Risikodiversifikation erreicht werden kann. Dabei setzt sich das MVP des Mixed-Asset Portfolios bestehend aus allen drei Assetklassen aus 91% Renten, 7% REITs und 2% Aktien zusammen und erzielt eine annualisierte Rendite von 7,81% bei einem eingegangenen Risiko von 4,16% p.a.. Mit dem MaxEP, das sich aus 100% Aktien zusammensetzt, konnte eine Rendite von 11,14% p.a. bei einem Risiko von 14,54% realisiert werden. Eine Bewegung von dem MaxEP zum MVP führte zu einer Risikovernichtung von 10,38%-Punkten bei einer Renditeeinbuße von 3,33%-Punkten. Der maximale REIT-Anteil in einem effizienten Portfolio lag bei 58%.

Für die erste Subperiode (1990-1995) ergab sich, wie in Abbildung 38 dargestellt, ein weitgehend ähnliches Bild.

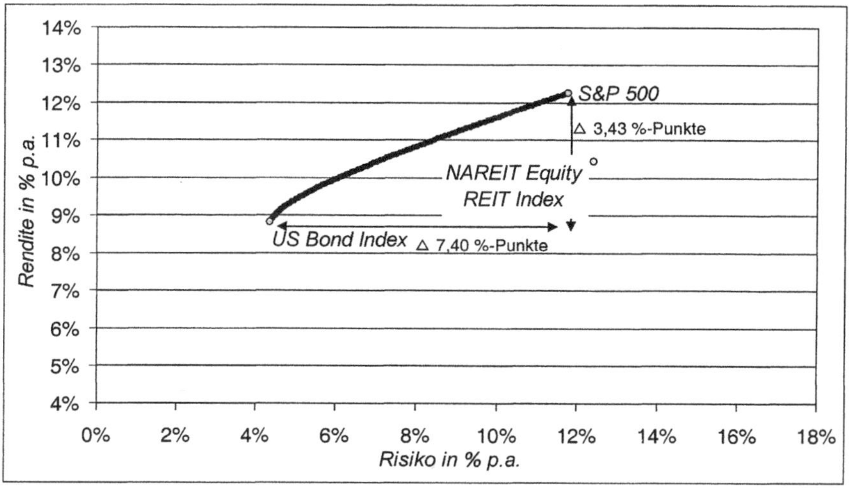

Abbildung 38: Ex-post optimierte Portfolios für die USA (Zeitraum 1990-1995)

In dieser Subperiode setzte sich das MVP nur aus Renten zusammen, d.h. durch eine Mischung der drei Assetklassen, konnte kein effizientes Portfolio mit einem geringeren Risiko gebildet werden. Mit dem MVP konnte eine Rendite von 8,84% p.a. bei einem Risiko von 4,37% p.a. erzielt werden. Das MaxEP setzte sich aus 100% Aktien zusammen und ermöglichte eine annualisierte Rendite von 11,77% bei einem eingegangen Risiko von 12,27% p.a.. Aufgrund der Lage der REITs im μ/σ-Raum sind REITs nur mit einem maximalen Anteil von 3% in den effizienten Portfolios enthalten. Die Effizienzlinie nur bestehend aus Aktien und Renten deckt sich aufgrund dieses geringen REIT-Anteils weitgehend mit derjenigen inklusive der REITs und wird somit nicht dargestellt. REITs weisen gegenüber den Aktien eine niedrigere Rendite bei höherem Risiko auf und konnten insofern nur wegen der niedrigen Korrelationen mit Aktien und Renten in geringem Umfang zur Risikodiversifikation beitragen.

Für die zweite Subperiode (1996-2002) ergibt sich in den USA ein sehr ähnliches Bild wie in Europa. Die Effizienzlinie für diesen Zeitraum wird in Abbildung 39 dargestellt.

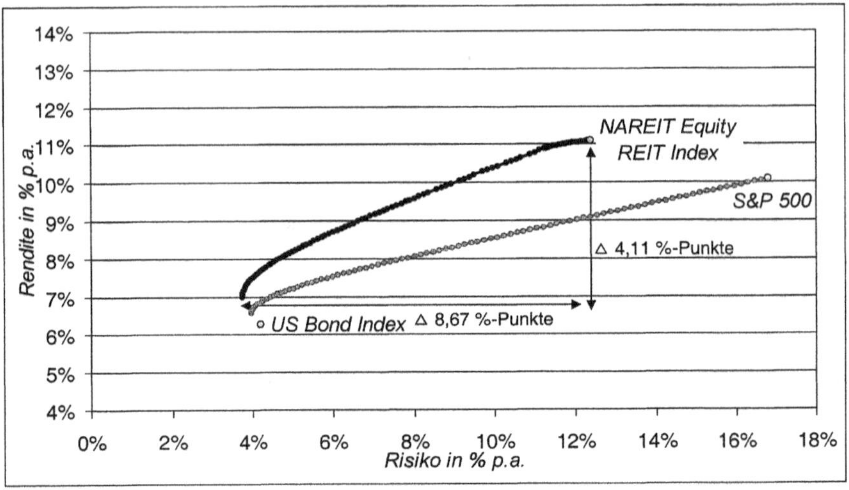

Abbildung 39: Ex-post optimierte Portfolios für die USA (Zeitraum 1996-2002)

Die Effizienzlinien in Abbildung 39 zeigen deutlich, dass durch eine Mischung der drei bzw. zwei Assetklassen ein erheblicher Diversifikationseffekt erzielt werden konnte. Dabei ist jedoch offensichtlich, dass dieser Effekt bei Mixed-Asset Portfolios bestehend aus allen drei Assetklassen nochmals erheblich höher ist, als bei reinen Aktien-Renten Portfolios. Betrachtet man die Effizienzlinie, die sich durch die Mischung aller Assetklassen ergibt, so konnte durch eine Bewegung vom MaxEP zum MVP insgesamt ein Risiko von 7,40%-Punkten bei einer Renditeeinbuße von 3,43%-Punkten vernichtet werden. Während sich das MVP in diesem Zeitraum aus 84% Renten, 11% REITs und 5% Aktien zusammensetzte, bestand das MaxEP zu 100% aus Equity REITs. Aufgrund seiner sehr geringen Korrelation mit den REITs und den Renten konnten die Aktien trotz ihrer relativ zu den REITs geringen Rendite bei einem höheren Risiko zu der Risikodiversifikation mit einem maximalen Portfolioanteil von 21% beitragen.

Die Effizienzlinienanalyse hat gezeigt, dass sich durch eine Mischung der drei Assetklassen (teilweise) ein erheblicher Teil des Portfoliorisikos diversifizieren lässt. Während die Portfoliooptimierung für Europa in den drei betrachteten Zeiträumen sehr unterschiedliche Ergebnisse erzielte, waren die Ergebnisse in den USA im Zeitablauf weitgehend gleich. So waren die Immobilien-Aktien in der Gesamtperiode sowie in der ersten Subperiode aufgrund ihrer schlechten Rendite-/Risikoeigenschaften und den noch hohen Korrelationen mit den europäischen Aktien sowie Renten in den effizienten Portfolios nicht vertreten. In der zweiten Subperiode stellte eine Investition in Immobilien-Aktien hingegen das Portfolio mit dem höchsten Ertrag (MaxEP) dar. Aufgrund der attraktiven Rendite/Risikocharakteristik und den erheblich gesunkenen

Korrelationen mit Aktien sowie Renten waren Immobilien-Aktien im Zeitraum 1996-2002 in allen effizienten Portfolios enthalten und trugen erheblich zur Risikodiversifikation bei. Zudem zeigen die Effizienzlinien, dass durch ein Hinzufügen von Immobilien-Aktien bzw. REITs besonders in der zweiten Subperiode eine höhere Rendite bei gleichem Risiko bzw. ein geringes Risiko bei gleicher Rendite erreichbar gewesen wäre als dies mit einem reinen Aktien/Renten-Portfolio möglich gewesen wäre. Da die Korrelationsanalyse zu dem Ergebnis führte, dass die Korrelationen zwar in einem fallenden Aktienmarkt leicht steigen, aber dennoch im Zeitablauf abgenommen haben, lässt sich vermuten, dass das Diversifikationspotential der Immobilien-Aktien in Zukunft zunimmt und sie insofern vermehrt in effizienten Portfolios enthalten sein werden.

In den USA konnte in allen drei Zeitperioden durch eine Mischung der drei Assetklassen eine stärkere Risikodiversifikation erzielt werden, als dies mit einer Mischung von Aktien und Renten möglich gewesen wäre. REITs waren im Zeitraum 1990-2002 nur mit einem maximalen Anteil von 3% in den effizienten Portfolios vertreten, so dass die Effizienzlinie bestehend aus Aktien, Renten und REITs fast identisch verlief wie diejenige ohne REITs. Im letzten Zeitraum stellten die REITs hingegen das MaxEP für die Effizienzlinie bestehend aus allen drei Assetklassen dar.

Aufgrund der sehr unterschiedlichen Zusammensetzung der effizienten Portfolios in den drei betrachteten Perioden, erscheint es sinnvoll, für ein konkretes Rendite- oder Risikoniveau effiziente Portfolios im Zeitablauf sowie die Anteile der drei Assetklassen in diesen Portfolios zu bestimmen. Da im europäischen Raum in der ersten Subperiode nur ein Effizienzpunkt realisiert werden konnte, wurde das Renditeniveau dieses Punktes (EU Bond Index) als Grundlage für die Analyse verwendet. Daher werden im folgenden für das Renditeniveau 10,32% p.a. quartalsweise rollierend die Portfoliogewichte der drei Assetklassen für das Portfolio bestimmt, das bei der gegebenen Rendite das geringste Risiko aufweist. Die folgende Abbildung 40 stellt die Ergebnisse dieser Analyse graphisch dar.

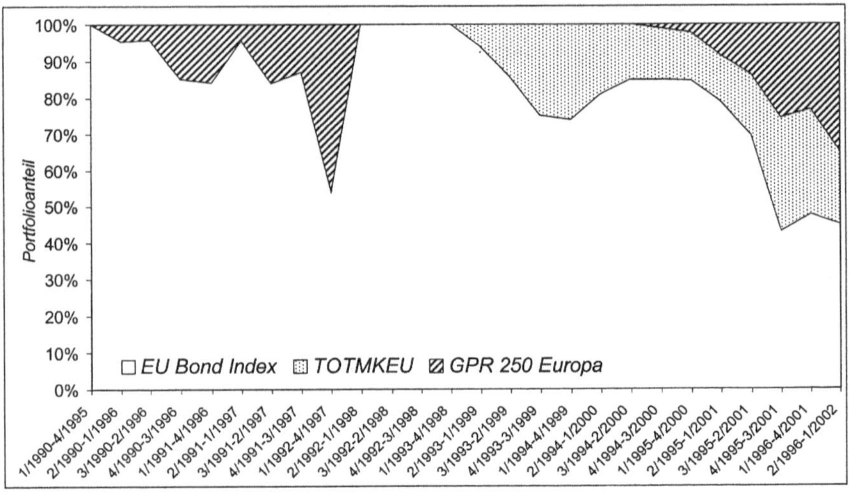

Abbildung 40: Portfolioanteil der drei europäischen Assetklassen im Zeitablauf

Abbildung 40 zeigt, wie sich die Zusammensetzung eines Portfolios im Zeitablauf verändert, bei dem die Rendite konstant ca. 10,32% p.a. beträgt und das Risiko minimiert wird. Es wird deutlich, dass beginnend mit dem einzigen effizienten Portfolio in der ersten Subperiode (100% Renten) der Anteil der Immobilien-Aktien langsam zunimmt, bis dieser einen maximalen Wert von 45,98% im Zeitraum 1/1992-4/1997 erreicht. Während des darauf folgenden Jahres besteht das effiziente Portfolio wiederum nur aus Renten bis im Zeitraum 2/1993-1/1999 erstmalig Aktien neben Renten im effizienten Portfolio enthalten sind. Ab dem Zeitraum 4/1994-3/2000 sind schließlich alle drei Assetklassen im effizienten Portfolio vertreten, wobei der maximale Aktienanteil mit 31,13% im Zeitraum 4/1995-3/2001 erreicht wird. In der letzten betrachteten Periode (2/1996-1/2002) setzt sich das effiziente Portfolio aus 44,91% Renten, 34,89% Immobilien-Aktien und 20,20% Aktien zusammen, wobei das annualisierte Risiko einen Wert von 5,69% p.a. aufweist.

Auf dem gleichen Renditeniveau wurde auch für die USA rollierend die Zusammensetzung eines effizienten Portfolios bestimmt. In Abbildung 41 werden diese Ergebnisse graphisch dargestellt.

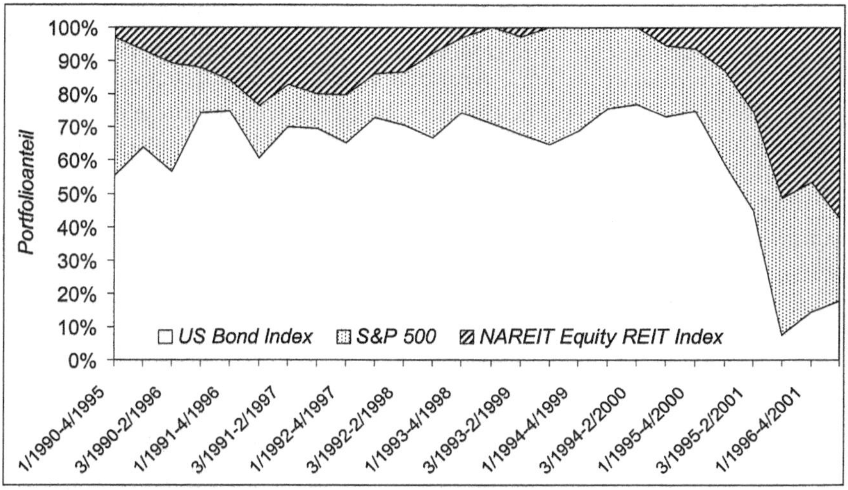

Abbildung 41: Portfolioanteil der drei amerikanischen Assetklassen im Zeitablauf

Wie in Abbildung 41 zu erkennen ist, setzt sich im Zeitraum 1/1990-4/1995 das effiziente Portfolio aus 55,14% Renten, 41,80% Aktien und 3,06% REITs zusammen. Anfänglich nimmt der Aktienanteil deutlich ab, während der REIT-Anteil zunimmt und der Renten-Anteil ungefähr konstant bleibt. Ab dem Zeitraum 2/1992-1/1998 steigt jedoch der Anteil der Aktien wieder an und derjenige der REITs nimmt ab, bis ab dem Zeitraum 2/1993-1/1999 das effiziente Portfolio nur noch aus Renten und Aktien besteht. Im Zeitraum 3/1994-2/2000 erreichen die Renten ihren maximalen Anteil von 77,06%, der im folgenden stark abnimmt. Ab dem darauf folgenden Zeitraum (4/1994-3/2000) sind REITs wieder neben den Renten sowie den Aktien im effizienten Portfolio vertreten. In der letzten Periode erreichen die REITs mit 57,28% ihren maximalen Portfolioanteil, während die Aktien einen Anteil von 25,07%, die Renten einen Anteil von 17,64% aufweisen.

Die Analyse der rollierenden Zusammensetzung eines Portfolios, für das bei einem gegebenen Renditeniveau das Risiko minimiert wurde, hat in Europa zu sehr unterschiedlichen Ergebnissen geführt. Während anfänglich nur Renten und Immobilien-Aktien in dem Portfolio enthalten waren, bestand das effiziente Portfolio teilweise nur aus Renten, anschließend überwiegend aus Renten und teilweise aus Aktien und schließlich aus allen drei Assetklassen. Der hohe Anteil von Immobilien-Aktien im letzten Zeitraum lässt sich zum einen durch die sehr hohe erzielbare Rendite bei moderatem Risiko, zum anderen durch die niedrigen Korrelationen mit den beiden anderen Assetklassen erklären.

Für die USA zeigte sich hingegen, dass bis auf einen kurzen Zeitraum alle drei Assetklassen im effizienten Portfolio enthalten waren, wobei der Rentenanteil aber auch hier bis auf die letzten Perioden sehr hoch (ca. 70%) war. Ähnlich wie in Europa setzte sich das effiziente Portfolio der letzten Periode hauptsächlich aus REITs zusammen, was sich ebenfalls auf das attraktive Rendite-/Risikoverhältnis sowie auf die niedrigen Korrelationen mit den anderen beiden Assetklassen zurückführen lässt. Interessant erscheint zudem, dass in Europa und den USA ab dem Zeitraum 2/1993-1/1999 die Zusammensetzungen der effizienten Portfolios weitgehend übereinstimmen.

Diese Analyse hat gezeigt, dass in Europa die effiziente Zusammensetzung sehr starke Unterschiede im Zeitablauf aufwies, während in den USA erst gegen Ende des Untersuchungszeitraumes deutliche Veränderungen in der Zusammensetzung festzustellen waren. Neben der Analyse von ex-post optimierten Portfolios wäre eine Formulierung von Portfoliostrategien und eine anschließende Überprüfung der Performance in den verschiedenen Zeitperioden für Investoren aufschlussreich. Zu diesem Zweck werden drei Anlagestrategien definiert, deren Performance dann für den Gesamtzeitraum sowie die beiden Subperioden berechnet wird. Eine Beurteilung der Vorteilhaftigkeit dieser drei Portfoliostrategien erfolgt anschließend an Hand des Sharpe Maßes.

4.3.5. Anlagestrategien von Mixed-Asset Portfolios

Die Gewichtung der einzelnen Assetklassen spielt im Rahmen einer semiaktiven Anlagestrategie eine erhebliche Rolle, so dass ein Vergleich verschiedener Gewichtungen bzw. deren Performance in unterschiedlichen Zeitperioden für die Formulierung zukunftsgerichteter Portfoliostrategien von Nutzen sein kann.

Zu diesem Zweck wurden drei verschiedene Portfoliostrategien entwickelt, deren Performance anschließend für die Gesamtperiode und die zwei Subperioden sowie für die beiden Anlagegebiete berechnet wurden. Bei den Portfoliostrategien handelt es sich um eine konservative, eine aggressive sowie eine naive Strategie. Ein risikoaverser[332] Anleger wird sein Portfolio zu großen Teilen aus „sicheren" Renten und nur zu einem geringen Teil aus „risikoreichen" Aktien bilden, d.h. er verfolgt eine konservative Portfoliostrategie. Das hier betrachtete konservative Portfolio setzt sich aus 70% Renten und 30% Aktien zusammen, wobei der Anteil zum einen aus Immobilien-Aktien/REITs (15%) zum anderen aus sonstigen Aktien (15%) besteht. Ein risikofreudiger Anleger würde hingegen aufgrund der Antizipation höherer Renditen Aktien deutlich übergewichten. Daher besteht das aggressive Portfolio aus 30% Renten und 70% Aktien, wobei der Anteil an Immobilien-Aktien (REITs) 10% und derjenige der sonstigen Aktien 60% beträgt. Ein „naiver" Anleger würde die drei Assetklassen im Portfolio gleich gewichten, d.h. bei dieser Strategie sind die Assetklassen zu je 1/3 in dem Portfolio enthalten.

---

[332] Zur Risikoaversion vgl. Reilly/Brown (1997), S. 252.

Die folgende Tabelle 12 zeigt die Rendite, das Risiko sowie die Sharpe Ratio für die drei Portfoliostrategien in den verschiedenen Zeitperioden und Anlagegebieten.

	konservative Strategie			*aggressive Strategie*			*naive Strategie*		
Europa	*Rendite*	*Risiko*	*Sharpe-Maß*	*Rendite*	*Risiko*	*Sharpe-Maß*	*Rendite*	*Risiko*	*Sharpe-Maß*
1990 - 1995	8,215%	4,263%	*0,208*	7,561%	8,851%	0,026	5,643%	6,920%	-0,244
1996 -2002	8,674%	3,851%	*1,318*	11,216%	10,208%	0,746	11,037%	6,995%	1,063
1990 - 2002	8,452%	4,070%	*0,750*	9,450%	9,560%	0,423	8,430%	6,978%	0,434
USA									
1990 - 1995	9,594%	4,127%	*1,042*	11,057%	7,405%	0,778	10,521%	6,075%	0,860
1996 -2002	7,568%	4,280%	*0,572*	9,048%	10,248%	0,384	9,156%	7,148%	0,565
1990 - 2002	8,547%	4,202%	*0,796*	10,019%	8,961%	0,537	9,815%	6,632%	0,695

Tabelle 12: Sharpe-Ratio der verschiedenen Portfoliostrategien

Aus Tabelle 12 lässt sich erkennen, dass in Europa mit der konservativen Portfoliostrategie durchschnittlich eine Rendite von 8,45% bei einem Risiko von 4,06% p.a. realisiert werden hätte können. Im Gegensatz dazu konnte ein Anleger mit der aggressiven Strategie zwar eine höhere annualisierte Rendite (9,41%) erzielen, musste jedoch auch ein erheblich höheres Risiko (9,54% p.a.) in Kauf nehmen. Mit der naiven Strategie konnte durchschnittlich die geringste Rendite (8,37% p.a.) bei einem zwischen den anderen beiden Strategien liegenden Risikoniveau (6,96% p.a.) erzielt werden. Ein risikoadjustiertes Ranking dieser drei Anlagestrategien kann durch die Berechnung der Sharpe Ratio erfolgen.[333] Dabei gilt, wie im Abschnitt 4.3.2. bereits dargestellt, die Strategie mit der höheren Sharpe Ratio, also der höheren erzielten Überschussrendite pro Einheit eingegangenen Risikos, als überlegen. Der Vergleich der Sharpe Ratio ergibt, dass die konservative Strategie in allen drei Zeitperioden den anderen beiden Strategien vorzuziehen gewesen wäre. Dieses Ergebnis war insofern zu erwarten, als dass bereits die rollierende Zusammensetzung eines effizienten Portfolios für ein gegebenes Renditeniveau einen im Zeitablauf hohen Rentenanteil aufwies und dies für die konservative Strategie ebenfalls zutrifft. Im betrachteten Zeitraum konnte mit einer aggressiven Strategie nicht annähernd eine ähnlich hohe Sharpe Ratio realisiert werden. Die naive Strategie hat hingegen in der zweiten Subperiode zu einer nur geringfügig niedrigeren Sharpe Ratio geführt als die konservative Strategie.

---

333 Die Sharpe-Ratio hat hingegen den Nachteil, dass sie die Überschussrendite ins Verhältnis zum Gesamtrisiko setzt und somit nicht zwischen dem diversifizierbaren unsystemtatischen und dem systematischen Risiko einer Anlage differenziert. Außerdem wird implizit vorausgesetzt, dass es sich bei dem betrachteten Portfolio um die einzige Anlage eines Investors handelt. Besitzt der Investor hingegen weitere Anlagen, bezieht die Rangfolge der Anlagealternativen anhand der Sharpe-Ratio die Korrelationen zwischen den Anlagealternativen und den bestehenden Anlagen nicht mit ein, so dass es zu unvorteilhaften Anlageentscheidungen kommen kann. Zur Kritik an der Sharpe-Ratio vgl. Dowd (2000), S. 212 f., Poddig et al. (2000), S. 268 sowie Sharpe (1994), S. 54-56. Zu u.a. aus dieser Kritik entstandenen alternativen Performance-Maßzahlen vgl. Schmidt-von Rhein (1996), S. 456, Elton/Gruber (1995), S. 644 sowie Dowd (2000), S. 213 ff.

Die Performance der drei Anlagestrategien in den USA zeigt ähnliche Ergebnisse. Mit der konservativen Strategie konnte durchschnittlich eine annualisierte Rendite von 8,57% bei einem Risiko von 4,20% p.a. erzielt werden. Die aggressive Strategie führte auch in den USA bei einem mehr als doppelt so hohen Risiko (8,87% p.a.) zu einer höheren Rendite (10,04% p.a.). Der Erfolg der naiven Strategie lag hingegen sowohl bezüglich der Rendite als auch des Risikos zwischen den beiden anderen Anlagestrategien. Vergleicht man hingegen die drei Strategien an Hand des Sharpe Maßes, so zeigt sich deutlich, dass die konservative Strategie in allen drei Perioden den beiden anderen Strategien überlegen gewesen wäre. Nur im Zeitraum 1996-2002 weist die naive Strategie mit einem Sharpe Maß von 0,565 ein annähernd so hohes Sharpe Maß wie die konservative Strategie (0,572) auf. Dieses Ergebnis konnte wie in Europa aufgrund der Analyse der Portfoliozusammensetzung für ein bestimmtes Renditeniveau bereits erwartet werden. Ein Vergleich der Sharpe Ratios in Europa und den USA zeigt für alle Anlagestrategien, dass im Gesamtzeitraum sowie in der zweiten Subperiode in den USA eine höhere Sharpe Ratio erzielt werden konnte, während in der ersten Subperiode für einen Anleger in Europa eine höhere Sharpe Ratio erreichbar war.

Der Vergleich von drei verschiedenen ex-ante Anlagestrategien hat ergeben, dass die konservative Strategie beim Vergleich der Sharpe Ratios den beiden anderen Strategien sowohl in Europa als auch in den USA überlegen war.

4.4. Zusammenfassung der empirischen Ergebnisse

Die empirische Untersuchung sollte zeigen, ob Immobilien-Aktien bzw. REITs eine eigenständige Assetklasse darstellen und welche Diversifikationseffekte sich im Rahmen eines Mixed-Asset Portfolios bestehend aus den Assetklassen Aktien, Renten sowie Immobilien-Aktien / REITs erzielen lassen.

Zur Bestimmung der Ähnlichkeit von Immobilien-Aktien bzw. REITs und Aktien wurde eine Korrelationsanalyse auf dem Niveau von europäischen sowie amerikanischen Aktien und Immobilien-Aktien/REITs durchgeführt. Dabei zeigte sich, dass entgegen den Erwartungen die durchschnittlichen Korrelationen zwischen den Immobilien-Aktien bzw. REITs niedriger waren, als die Korrelationen zwischen den sonstigen Aktien. Da jedoch die Spannweite der Verteilung der Korrelationskoeffizienten bei den Immobilien-Aktien sowie den REITs geringer ausfiel als bei den Aktien, konnte auf größere Gemeinsamkeiten innerhalb der Immobilien-Aktien bzw. REITs als bei den sonstigen Aktien geschlossen werden.

Anhand einer Hauptkomponentenanalyse wurden künstliche, hinter den Aktien der gesamten Aktienauswahl stehende, Faktoren ermittelt. In der ersten Subperiode sowie in der Gesamtperiode zeigte die Faktorladungsmatrix, dass überwiegend eine länderspezifische Gruppierungen der Aktien auftraten. In der zweiten Subperiode brachen diese klaren Strukturen auf. In allen drei Perioden wurde zudem deutlich, dass die Immobilien-Aktien eines Landes jeweils auf einen gemeinsamen Faktor luden, so dass das Vorliegen von länderspezifischen Immobilienfaktoren angenommen werden konnte. Für die USA zeigten die Ergebnisse, dass sich in allen drei Perioden die extrahierten Faktoren aus Aktien eines industriellen Sektors zusammensetzten und zumindest für den Gesamtzeitraum sowie für die zweite Subperiode hohe Ladungen der REITs auf einen gemeinsamen Faktor erkennbar waren. Die hohen Korrelationen zwischen den extrahierten Faktoren und den länderspezifischen Aktien- sowie den länderspezifischen Immobilien-Aktienindizes bzw. in den USA und den zwei REIT-Indizes ermöglichten tatsächlich die Identifikation von Länderfaktoren sowie länderspezifischen Immobilienfaktoren. Die Interpretation der Faktorladungsmatrix ist jedoch mit Problemen (s. S. 114) verbunden, so dass zur Bestätigung des Vorliegens von Länderfaktoren sowie länderspezifischen Immobilienfaktoren eine Clusteranalyse durchgeführt wurde.

In Europa gruppierte die Clusteranalyse in der Gesamtperiode sowie in der ersten Subperiode zum einen die Aktien eines Landes, zum anderen die englischen Immobilien-Aktien zusammen, so dass das Vorliegen von Länderfaktoren sowie von einem länderspezifischen Immobilienfaktor bestätigt wurde. Für die zweite Subperiode waren diese länderspezifischen Gruppierungen nicht mehr zu beobachten, es ergab sich jedoch wiederum ein englischer Immobiliencluster und erstmalig ein europäischer Immobiliencluster. In den USA war in allen drei Zeitperioden ein REIT-Cluster erkennbar.

Insgesamt führen die Korrelations-, die Hauptkomponenten- sowie die Clusteranalyse zu dem Ergebnis, dass immobilienspezifische Risikofaktoren vorliegen und Immobilien-Aktien bzw. REITs daher als eigenständige Assetklasse angesehen werden können. Insofern stellt sich die Frage, welches Diversifikationspotential diese Assetklasse sowie die traditionellen Assetklassen Aktien und Renten aufweisen.

Zur Quantifizierung des Diversifikationspotentials der drei Assetklassen wurden für die Renditereihen der drei betrachteten Assetklassen Korrelationsmatrizen ermittelt. Es stellte sich heraus, dass die Korrelationen zwischen den Assetklassen von der ersten zur zweiten Subperiode sowohl in Europa als auch in den USA deutlich abgenommen haben, wobei die Korrelationen in den USA deutlich niedriger ausfallen als in Europa. Eine Analyse der Korrelation zwischen dem Aktien- und dem Immobilien-Aktienindex (REIT-Index) im Zeitablauf führte zu der Vermutung, dass der Gleichlauf der beiden Renditereihen im Falle von fallenden Aktienmärkten ausgeprägt ist, während sich die beiden Renditereihen in einem steigenden Aktienmarktumfeld weitgehend unabhängig von einander bewegen. In den USA lässt der Verlauf der Korrelationskoeffizienten diese Vermutung nur in abgeschwächter Form zu. Diese Vermutung konnte sowohl für Europa als auch für die USA bestätigt werden. Die geringen Korrelationen in der zweiten Subperiode sowie der

Verlauf der Korrelationen im Zeitablauf lassen vermuten, dass Immobilien-Aktien bzw. REITs -besonders in einem steigenden Aktienmarktumfeld- ein zunehmendes Diversifikationspotential versprechen könnten.

Die Effizienzlinienanalyse zeigte, dass durch eine Mischung der drei Assetklassen teilweise eine erhebliche Risikodiversifikation erzielt werden konnte und durch ein Hinzufügen von Immobilien-Aktien bzw. REITs zu reinen Aktien/Renten-Portfolios höhere Renditen realisiert werden konnten. Für Europa wiesen die Ergebnisse im Gegensatz zu den USA in den verschiedenen Zeitperioden jedoch deutliche Unterschiede auf. So waren Immobilien-Aktien im Gesamtzeitraum sowie in der ersten Subperiode in den effizienten Portfolios nicht enthalten und trugen nur in der zweiten Subperiode zur Risikodiversifikation bei. In den USA setzten sich hingegen die effizienten Portfolios in den betrachteten Zeitperioden aus allen drei Assetklassen zusammen. Aufgrund der deutlichen Unterschiede in den europäischen Ergebnissen wurde zusätzlich eine Analyse der Zusammensetzung eines effizienten Portfolios im Zeitablauf durchgeführt. Diese ergab, dass innerhalb Europas in dem effizienten Portfolio nur am Anfang sowie gegen Ende des Untersuchungszeitraumes Immobilien-Aktien und erst in der zweiten Hälfte des Untersuchungszeitraumes Aktien enthalten waren, während in den USA bis auf einen kurzen Zeitraum alle drei Assetklassen im effizienten Portfolio vertreten waren.

Abschließend stellte sich die Frage, wie erfolgreich verschiedene semiaktive Anlagestrategien im Zeitraum 1990-2002 sowie in den beiden Subperioden gewesen wären. Der risikoadjustierte Vergleich der konservativen, der aggressiven sowie der naiven Anlagestrategie zeigte sowohl in Europa als auch in den USA deutlich die Überlegenheit der konservativen Strategie.

Im Verlauf der empirischen Analyse wurde deutlich, dass Immobilien-Aktien im Gegensatz zu den U.S. amerikanischen REITs unvorteilhafte Rendite-/Risikoeigenschaften aufweisen und zudem anfänglich hohe Korrelationen zwischen den Immobilien-Aktien und den sonstigen Aktien sowie Renten zu beobachten waren. Aus diesem Grund wird im folgenden Kapitel der Frage nachgegangen, worauf diese unvorteilhaften und zeitlich stark variierenden Rendite-/Risikocharakteristika der Immobilien-Aktien zurückzuführen sind und welche Risikofaktoren auf die Kursentwicklung von Immobilien-Aktien einwirken.

5. Ansätze zur Erklärung von Immobilien-Aktienrenditen

Immobilien-Aktien weisen im Vergleich zu Renten und sonstigen Aktien eine relativ heterogene Performance auf. Im Laufe dieses Kapitels soll daher der Frage nachgegangen werden, welche Einflussfaktoren für diese sehr unterschiedlichen Renditen von Immobilien-Aktien verantwortlich sind. Dabei steht der Versuch einer Formulierung eines im Zeitablauf stabilen Erklärungsmodells für die Renditen von Immobilien-Aktien im Vordergrund, um aufbauend auf diesen Ergebnissen Aussagen über die zukünftige Entwicklung von Immobilien-Aktienrenditen ableiten zu können. Abbildung 42 zeigt die Vorgehensweise der folgenden empirischen Untersuchung.

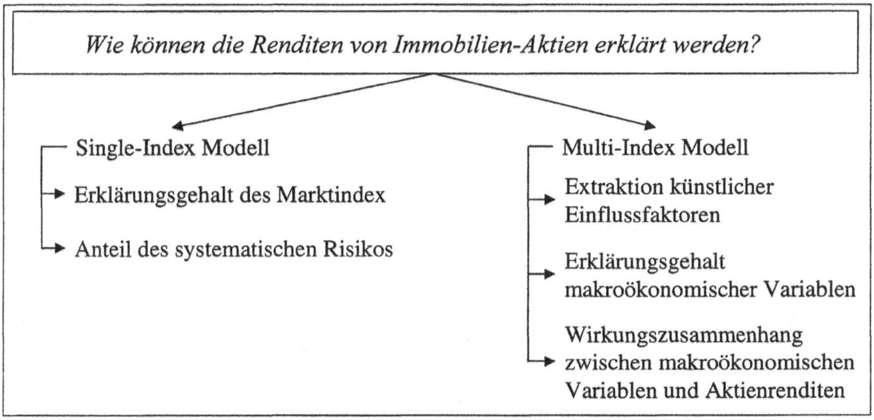

Abbildung 42: Aufbau der empirischen Untersuchung

In einem ersten Schritt soll ein Single-Index Modell (Marktmodell) Aufschluss darüber geben, welcher Varianzanteil durch den Marktindex (TOTMKEU) erklärt wird und wieviel systematisches bzw. unsystematisches Risiko die einzelnen Immobilien-Aktien aufweisen. Anschließend werden mittels einer Faktoranalyse künstliche den Immobilien-Aktien gemeinsame Risikofaktoren extrahiert. Im Rahmen eines Multi-Index Modells wird schließlich der Erklärungsgehalt verschiedener makroökonomischer Variablen bestimmt und die Wirkungszusammenhänge zwischen diesen Variablen und den Immobilien-Aktienrenditen interpretiert. Diese Untersuchungen werden für die europäischen Immobilien- und sonstigen Aktien vorgenommen und die Ergebnisse diskutiert.

5.1. Einfaktor-Modell

Eine Möglichkeit, die im Zeitablauf unterschiedlichen Immobilien-Aktienrenditen zu analysieren, stellt die Schätzung eines (normativen) Renditegenerierungsprozesses auf der Basis von Vergangenheitsdaten dar. Dazu bietet sich zunächst das Einfaktorenmodell an, welches vereinfachend unterstellt, dass die Wertpapierrenditen ausschließlich von einem Risikofaktor abhängen.

Die zentrale Aussage des *Single-Index Modells* ist, dass sich die Renditen einzelner Wertpapiere entsprechend den Bewegungen eines Indizes entwickeln.[334] Dabei wird ein linearer Zusammenhang zwischen der Rendite eines Wertpapiers und der Rendite eines Indizes unterstellt. Wird als Haupteinflussfaktor der zugrundliegende Markt der Anlageobjekte verwendet, bezeichnet man das Single-Index Modell auch als *Marktmodell*.[335] Die Rendite eines Wertpapiers kann dann ex post geschrieben werden als:[336]

$$(15) \quad R_{i,t} = \alpha_i + \beta_i R_{m,t} + e_{i,t}$$

mit: $R_{i,t}$: Rendite des Wertpapiers i zum Zeitpunkt t
α_i : von der Marktrendite unabhängige Wertpapierrendite
$\beta_{i,t}$: systematische Wertpapierrendite
$R_{m,t}$: Rendite des (Markt-)Indizes zum Zeitpunkt t
$e_{i,t}$: Zufallsfehler.

Der β-Koeffizient wird empirisch ermittelt als Regressionskoeffizient zwischen einem Index und der Wertpapierrendite und drückt somit den Einfluss des Indizes auf das jeweilige Wertpapier aus. Weist der β-Faktor z.B. einen Wert von 1,2 auf, so lässt er sich folgendermaßen interpretieren: Falls der Marktindex einen Renditeanstieg von einem Prozentpunkt aufweist, ist im Durchschnitt mit einem Anstieg der Wertpapierrendite von 1,2% zu rechnen. Der Erklärungsgehalt der Regressionsgleichung wird üblicherweise mit dem Bestimmtheitsmaß (R^2) gemessen. Je näher der Wert des Bestimmtheitsmaßes an 1 herankommt, desto besser wird die Renditeentwicklung des Einzelwertes durch den Marktindex erklärt.[337] Analytisch lässt sich das Bestimmtheitsmaß wie folgt darstellen:

---

334 Vgl. Sharpe et al. (1999), S. 256.

335 Vgl. Sharpe et al. (1999), S. 260 sowie Schmidt-von Rhein (1996), S. 272. Der Begriff „Marktmodell" wird in der Literatur jedoch nicht einheitlich verwendet. Elton/Gruber (1995), S. 152 sehen das Marktmodell als eine weniger restriktive Form des Single-Index Modells, da die Annahme $\mathrm{cov}(e_i e_j) = 0$ nicht unterstellt wird. Für die folgende regressionsanalytische Anwendung des Single-Index Modells ist diese Annahme nicht notwendig.

336 Vgl. Elton/Gruber (1995), S. 131.

337 Vgl. hier und in der Folge Steiner/Bruns (2000), S. 37 f.

$$(16) \quad R^2 = \beta_i^2 \frac{\sigma_m^2}{\sigma_i^2}.$$

Dabei wird vorausgesetzt, dass $\beta = \frac{cov_{im}}{\sigma_m^2}$, $\rho = \frac{cov_{im}}{\sigma_i \sigma_m}$ sowie $R^2 = \rho^2$.[338]

Der Quotient zwischen der Varianz des Marktindizes σ^2_m und der Varianz des betrachteten Wertpapiers σ^2_i, multipliziert mit dem quadrierten Betafaktor des Wertpapiers *i*, ergibt das Bestimmtheitsmaß R^2. Ein R^2-Wert von z.B. 0,7 bedeutet, dass 70% der Varianz der Aktienrendite durch die Indexbewegung erklärt wird. Die gesamte Varianz der Aktienrendite lässt sich in diesen systematischen und einen unsystematischen, d.h. nicht auf die Indexbewegung rückführbaren, Teil zerlegen:[339]

$$(17) \quad Var(R_i) = \beta_i^2 Var(R_m) + Var(e_i) \text{ bzw. } \sigma_i^2 = \beta_i^2 \sigma_m^2 + \sigma_{e_i}^2$$

mit: σ_i^2: Gesamtrisiko des Wertpapiers *i*

$\beta_i^2 \sigma_m^2$: systematisches Risiko des Wertpapiers *i*

$\sigma_{e_i}^2$: unsystematisches Risiko des Wertpapiers *i*

Formel (17) zeigt, dass man das Gesamtrisiko eines Wertpapiers in eine systematische und eine unsystematische Komponente aufspalten kann. Das R^2 einer empirischen Regression entspricht dabei dem Anteil der Varianz von R_i, der durch die Variation des Indizes erklärt wird, während $1\text{-}R^2$ der Anteil an der Varianz der Aktienrendite ist, der als unsystematisch bezeichnet wird.[340]

In diesem Kapitel werden zuerst Single-Index Modelle auf der Basis von Monatsdaten für den GPR 250 Europa sowie den Marktindex (TOTMKEU) in den beiden Perioden geschätzt, bevor Single-Index Modelle auf der Basis von Wochendaten der Immobilien- und sonstigen Aktien ermittelt werden.[341] In beiden Subperioden wird für jede einzelne Immobilie- sowie sonstige Aktie der Zusammenhang zwischen der Wertpapierrendite und dem Marktindex (TOTMKEU) mittels OLS-Verfahren geschätzt und das dazugehörige Bestimmtheitsmaß berechnet.

---

338 Die Beziehung von β und R^2 wird insofern wesentlich von dem Verhältnis der Varianz des Marktes (σ^2_m) zu der Varianz des Wertpapiers (σ^2_i) beeinflusst.

339 Vgl. Poddig et al. (2000), S. 259 f. sowie Elton/Gruber (1995), S. 133.

340 Vgl. Drummen (1992), S. 43.

341 Die Verwendung des TOTMKEU als „Marktindex“ liegt darin begründet, dass es sich um den breitesten europäischen Aktienindex handelt und bis auf 10 Werte alle Immobilien-Aktien in ihm enthalten sind. Bei den nicht enthaltenen Werten handelt es sich um sechs englische, drei schweizerische und einen norwegischen Titel. Sowohl Norwegen als auch die Schweiz sind nicht im TOTMKEU vertreten.

Nach den bisherigen Ergebnissen vor allem der Korrelationsanalyse in Abschnitt 4.3.2. lassen die Regressionen folgende Resultate erwarten:

- aufgrund der im 4. Kapitel festgestellten deutlichen Abnahme in den Korrelationen zwischen dem GPR 250 Europa und dem TOTMKEU im Zeitablauf sollte der TOTMKEU in der ersten Periode einen relativ hohen Anteil der Varianz des GPR 250 Europa erklären (hohes R^2), während dieser Anteil wahrscheinlich in der zweiten Periode deutlich geringer ausfällt;
- da in der ersten Subperiode höhere Korrelationen zwischen den beiden Indizes gemessen werden konnten als in der zweiten Periode, wird der β-Faktor für den GPR 250 Europa in der ersten Periode ebenfalls höher sein als in der zweiten Periode;
- die β-Faktoren der einzelnen Immobilien-Aktien und des GPR 250 Europa könnten ähnlich hoch ausfallen, da die Kovarianz zwischen der einzelnen Immobilien-Aktie und dem TOTMKEU ähnlich hoch ausfällt wie diejenige zwischen dem GPR 250 Europa und dem TOTMKEU;
- der Erklärungsgehalt der Regressionsgleichungen für die einzelnen Immobilien-Aktien sollte im Vergleich zur Indexebene deutlich abnehmen, da der GPR 250 Europa ein bereits diversifiziertes Immobilien-Aktienportfolio darstellt und insofern dieses Portfolio ein geringeres unsystematisches Risiko aufweisen wird als die einzelne in ihm enthaltene Aktie.
- Im Vergleich zu den sonstigen Aktien werden die OLS-Schätzungen für die Immobilien-Aktien sowohl niedrigere β-Faktoren als auch Bestimmtheitsmaße (R^2) aufzeigen.

Für den GPR 250 Europa konnte für die beiden Subperioden folgender Renditegenerierungs-prozess empirisch ermittelt werden:[342]

$$R_{GPR250Europa}^{1990-1995} = -0{,}0058^{*} + 0{,}7845^{**} R_{TOTMKEU} \qquad \text{mit } R^2 = 0{,}6994$$

bzw.

$$R_{GPR250Europa}^{1996-2002} = 0{,}0082^{*} + 0{,}2612^{**} R_{TOTMKEU} \qquad \text{mit } R^2 = 0{,}1407$$

Die Ergebnisse der OLS-Schätzungen spiegeln erwartungsgemäß die starke Abnahme der Korrelationen von der ersten zur zweiten Subperiode, die zwischen dem GPR 250 Europa und dem Aktienindex zu beobachten gewesen ist, deutlich wider. So nimmt der in der ersten Periode hohe β-Faktor von 0,7845 in der zweiten Subperiode deutlich ab (0,2612), während gleichzeitig der

[342] * signifikant auf einem Niveau von 95%;
** signifikant auf einem Niveau von 99%.

Erklärungsgehalt der Regressionsgleichung von 0,6994 auf 0,1407 sinkt. Der stark gesunkene β-Koeffizient deutet darauf hin, dass sich der GPR 250 Europa bei einer Bewegung des Marktindizes kaum verändert. Das in der ersten Subperiode signifikante, negative Alpha war aufgrund der negativen Rendite des GPR 250 Europa in diesem Zeitraum zu erwarten und spiegelt die schlechte Performance dieser Assetklasse wider. Die deutliche Abnahme des Erklärungsgehalts der Regressionsgleichung (R^2) von der ersten zur zweiten Subperiode zeigt, dass das durch den Marktindex erklärbare Risiko des GPR 250 Europa abgenommen und das unsystematische (anlagenspezifische) Risiko der Immobilien-AGs zugenommen hat.

In der deskriptiven Welt des Capital Asset Pricing Modell (CAPM) wird die Übernahme von unsystematischem Risiko nicht entgolten, da es durch eine effiziente Diversifikation vollständig vernichtet werden könnte.[343] Eine Zunahme dieses unsystematischen Risikos im Verhältnis zum Gesamtrisiko lässt daher ein höheres Diversifikationspotential der Immobilien-Aktien vermuten. Wie bereits in den Abschnitten 4.3.2. und 4.3.3. gezeigt wurde, konnte für Immobilien-Aktien im Gegensatz zur ersten Subperiode im Zeitraum 1996-2002 ein höheres Diversifikationspotential im Rahmen eines Mixed-Asset Portfolios nachgewiesen werden.

Für jede einzelne Immobilien- und sonstige Aktie wurden nun OLS-Schätzungen auf der Basis von Wochendaten durchgeführt. Die Verteilungen der β-Faktoren werden für die beiden Subperioden in der folgenden Abbildung 43 dargestellt, wobei die Abszisse in Klassen unterteilt wurde, die nach der Höhe der β-Faktoren geordnet sind, und auf der Ordinate der prozentuale Anteil der Werte abgetragen ist, der sich in diesen Klassen befindet. Bei den auf der Abszisse abgetragenen Klassen handelt es sich um abgeschlossene Klassen, d.h. <0,8 bedeutet, dass die Werte dieser Klasse größer oder gleich 0,65 und kleiner 0,8 sind. Bei der Ordinate ist auf die unterschiedliche Skalierung bei den Immobilien-Aktien bzw. den Aktien zu achten.

---

343 Vgl. Elton/Gruber (1995), S. 301.

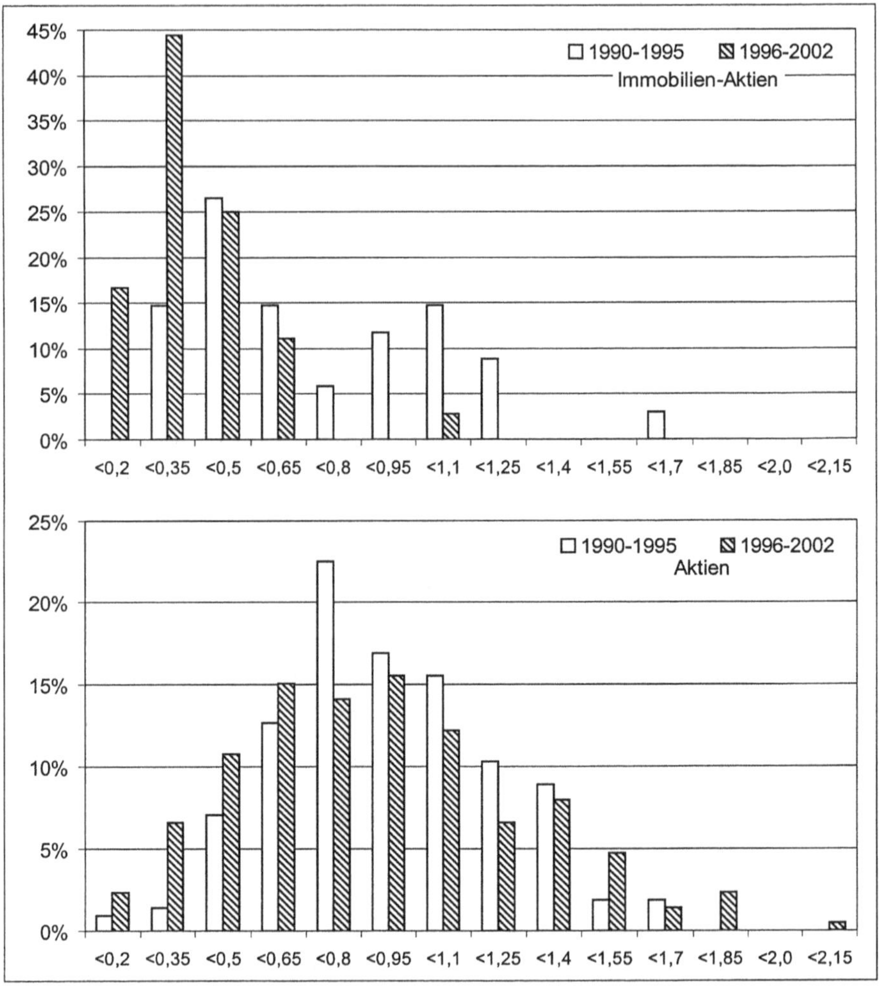

Abbildung 43: Verteilung der ß-Faktoren – Immobilien-Aktien vs. Aktien[344]

Die Verteilungen der β-Faktoren lassen deutliche Unterschiede zwischen den Immobilien- und den sonstigen Aktien erkennen. Die geschätzten β-Faktoren der Immobilien-Aktien liegen in der ersten Periode teilweise um 0,5, teilweise um 1,1, so dass der Mittelwert mit 0,682 deutlich höher ausfällt als der Median mit 0,568. In der zweiten Subperiode wird die Verteilung der Betas enger und verschiebt sich nach links; der Mittelwert liegt mit 0,356 deutlich niedriger als

344 Diesen Verteilungen liegen OLS-Schätzungen von 41 Immobilien-Aktien bzw. 210 sonstige Aktien zugrunde.

in der ersten Periode. Im Gegensatz dazu zeigen die β-Faktoren der sonstigen Aktien ein im Zeitablauf einheitliches Bild. Im Zeitraum 1990-1995 liegt der Mittelwert mit 0,872 leicht über dem in der zweiten Subperiode (0,843). Während der Mittelwert in der ersten Periode zwar höher als der der Immobilien-Aktien ausfällt, ist er in der zweiten Subperiode mehr als doppelt so hoch.

Zur genaueren Analyse der Regressionsergebnisse werden die minimalen, durchschnittlichen und maximalen Werte der β-Faktoren sowie die Bestimmtheitsmaße der Regressionsgleichungen in der folgenden Tabelle 13 dargestellt.

	Immobilien-Aktien			*sonstige Aktien*		
1990-1995	MIN	Ø	MAX	MIN	Ø	MAX
Beta	0,217	0,682	1,616	0,104	0,872	1,642
R^2	0,027	0,109	0,339	0,001	0,173	0,419
$1-R^2$	0,661	0,891	0,973	0,581	0,827	0,999
	Immobilien-Aktien			*sonstige Aktien*		
1996-2002	MIN	Ø	MAX	MIN	Ø	MAX
Beta	0,164	0,356	1,031	0,041	0,843	2,129
R^2	0,030	0,070	0,137	0,001	0,181	0,513
$1-R^2$	0,863	0,930	0,970	0,487	0,819	0,999

Tabelle 13: Ergebnisse der OLS-Schätzungen[345]

Die Werte in Tabelle 13 lassen erkennen, dass das Sinken der β-Faktoren bei den Immobilien-Aktien mit einer Abnahme des ohnehin schon niedrigen Bestimmtheitsmaßes verbunden ist. Bei den sonstigen Aktien fällt das R^2 hingegen in beiden Perioden höher, in der zweiten Periode mehr als doppelt so hoch aus.[346] Das Beta sowie das R^2 weisen bei den sonstigen Aktien in beiden Perioden fast gleiche Werte auf. Dies lässt sich gemäß Formel (16) darauf

---

[345] Diese Werte wurden nur für die auf dem Niveau von 99% signifikanten Betas der Immobilien-Aktien ermittelt.

[346] In den USA wurden einige wenige Untersuchungen der β-Faktoren von REITs im Rahmen von Single-Index Modellen durchgeführt, deren Ergebnisse uneinheitlich ausfielen. Während *Khoo et al. (1993)* zeigen, dass im Zeitraum 1970-1989 die β-Faktoren der REITs deutlich abgenommen haben, kommen *Liang et al. (1995)* zu dem Ergebnis, dass die β-Faktoren in den 70er Jahren weitgehend stabil waren, in den 80er Jahren hingegen leicht gesunken sind. Dieses führen beide darauf zurück, dass die Standardabweichung der REITs abgenommen hat, wobei sie diese Abnahme mit den Steuerreformen bzgl. des Immobiliensektors, einer gestiegenen Verfügbarkeit von REIT-Informationen sowie einer zunehmenden Marktliquidität dieser Assetklasse in Verbindung bringen. Vgl. Liang et al. (1995), S. 438 ff. sowie Khoo et al. (1993), S. 125. *Peterson/Hsiek (1997)* vergleichen die β-Faktoren von REITs mit denen sonstiger Aktien und stellen wie in der obigen Untersuchung fest, dass die β-Faktoren der Aktien als auch der Erklärungsgehalt der Regressionsgleichung deutlich höher ausfallen als diejenigen der REITs.

zurückführen, dass der Quotient zwischen der Varianz des Marktindizes σ^2_m und der Varianz des betrachteten Wertpapiers σ^2_i bei den Immobilien-Aktien stark ansteigt (1. Periode: 0,356, 2. Periode: 0,758) und in beiden Subperioden deutlich höher ausfällt als bei den sonstigen Aktien (1. Periode: 0,243, 2. Periode 0,277). Da σ^2_m für die Immobilien- und sonstigen Aktien identisch ist, zeigen diese Werte, dass Immobilien-Aktien im Verhältnis zu den sonstigen Aktien besonders in der zweiten Subperiode ein geringeres Risiko aufweisen. Dieses wird in Abbildung 44 nochmals grafisch dargestellt.

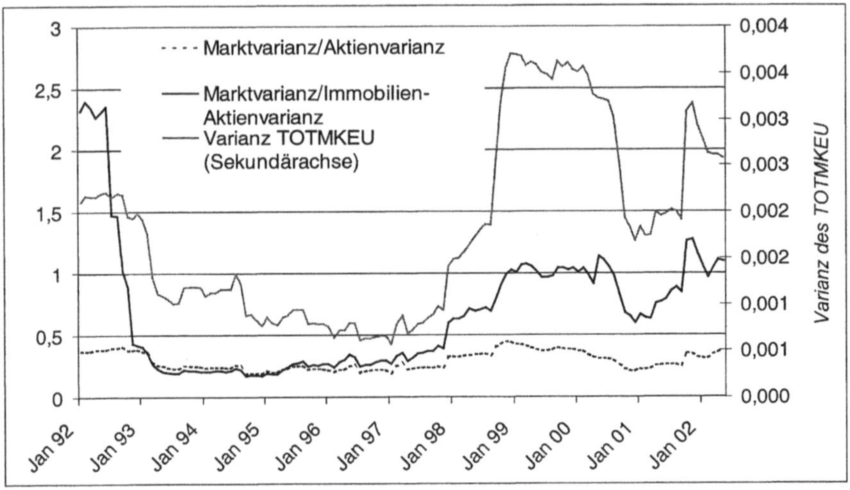

Abbildung 44: Interpretation der Single-Index Ergebnisse

Abbildung 44 zeigt den rollierend über 24 Monate berechneten Quotienten zwischen der Marktvarianz und der Immobilien-Aktienvarianz (schwarze Linie), zwischen der Marktvarianz und der Aktienvarianz (gestrichelte Linie) sowie die Marktvarianz (hellgraue Linie). Diese über alle Immobilien- bzw. sonstigen Aktien berechneten Größen zeigen eindrucksvoll, dass, während der Quotient für die Aktien auf einem Wert um 0,3 fast konstant ist, der Wert für die Immobilien-Aktien im Zeitablauf großen Schwankungen unterworfen ist. Im ersten Jahr fällt dieser Quotient von über 2 auf 0,4, liegt in den folgenden Jahren um 0,25 und steigt ab 1998 wieder bis auf 1,1 an. Diese Schwankungen verlaufen dabei ähnlich der Varianz des Marktes (TOTMKEU). Dies lässt vermuten, dass die Immobilien-Aktien eine weitgehend stabile bzw. in der 2. Subperiode leicht sinkende Varianz aufweisen, während sich die Varianz der sonstigen Aktien ähnlich der Marktvarianz verhält und somit der Quotient zwischen der Marktvarianz und der Aktienvarianz kaum Schwankungen aufweist. Da der Quotient der Immobilien-Aktien besonders in der 2. Subperiode ansteigt, lässt sich daraus ableiten, dass die Varianz der Immobilien-

Aktien im Gegensatz zu den sonstigen Aktien im Zeitablauf abnimmt und teilweise sogar geringer als die des Marktes ausfällt.

Die Schätzung von Single-Index Modellen auf der Basis von Vergangenheitsdaten hat gezeigt, dass der Erklärungsgehalt des Marktindex bei den Immobilien- und sonstigen Aktienrenditen relativ niedrig war. Das im Rahmen des Single Index Modells nicht erklärte unsystematische (anlagenspezifische) Risiko fällt somit besonders bei den Immobilien-Aktien hoch aus. Es stellt sich daher die Frage, ob außer dem Marktindex weitere systematische Faktoren existieren, die die Immobilien- und sonstigen Aktienrenditen (besser) erklären können. Zur Beantwortung dieser Frage wird im folgenden ein Mehrfaktorenmodell geschätzt, das unterstellt, dass die Wertpapierrenditen von mehreren gemeinsamen Risikofaktoren abhängen.

5.2. Mehrfaktorenmodell

Bei einem Single-Index Modell geht man davon aus, dass e_i (vgl. Gleichung (15)) nur nicht-systematisch erklärbare Renditeanteile enthält und ein Faktor zur Beschreibung systematischer Renditeabhängigkeiten in den Wertpapieren ausreicht. Möglicherweise bestehen jedoch andere systematische Renditeabhängigkeiten, die dann fälschlicherweise e_i zugeordnet werden. Diese lassen sich durch ein Hinzufügen weiterer Einflussfaktoren in einem sog. *Mehrfaktorenmodell* (Multi-Index Modell) aufdecken. Die Formulierung eines Multi-Index Modells erfolgt vor dem Hintergrund, dass mit einer geringen Datenmenge eine möglichst genaue Beschreibung des Renditegenerierungsprozesses erreicht werden soll. In einem Multi-Index Modell wird die Rendite einer Aktie als Linearkombination mehrerer Faktoren (F) und eines Störterms dargestellt, so dass es wie beim Single-Index Modell auf der Annahme eines linearen Renditegenerierungsprozesses aufbaut:[347]

$$(18) \quad R_{it} = \alpha_i + \beta_{i1}F_{1t} + \beta_{i2}F_{2t} + ... + \beta_{iN}F_{Nt} + e_{it}$$

mit: R_{it} : Rendite des Wertpapiers i zum Zeitpunkt t
α_i : erwartete, wertpapierspezifische Rendite
$\beta_{i,k}$: Sensitivität von r_i auf Faktor F (β-Faktor)
$F_{k,t}$: Faktor k (k = 1 ... N) zum Zeitpunkt t
e_{it} : Zufallsfehler zum Zeitpunkt t mit $\mu_{ei} = 0$

Mittels einer multiplen linearen Regression werden die β-Koeffizienten für die einzelnen Faktoren empirisch ermittelt, so dass sich die zu erklärende Wertpapierrendite R_i als Linearkombination zwischen der Konstanten α_i, den mit β_i gewichteten erklärenden Faktoren F_k sowie einer Störgröße e_i ergibt.[348]

---

347 Vgl. Sharpe et al. (1999), S. 267 sowie Elton/Gruber (1995), S. 162.
348 Vgl. Poddig et al. (2000), S. 202.

Der Erklärungsgehalt von Multi-Index Modellen wird ebenfalls anhand des Bestimmtheitsmaßes R^2 gemessen. Das R^2 eines Mehrfaktorenmodells entspricht dem Anteil an der Varianz von R_i, der durch die Variation aller Faktoren $F_1, ..., F_N$ gemeinsam erklärt werden kann.[349] Je höher der Wert des Bestimmtheitsmaßes, desto besser wird die Renditeentwicklung des Wertpapiers durch die verschiedenen Faktoren erklärt (systematisches Risiko); $1\text{-}R^2$ entspricht wiederum dem Anteil an der Varianz, der nicht auf die Variation der ins Modell aufgenommenen Faktoren zurückgeführt werden kann (unsystematisches Risiko).

Zur besseren Beschreibung der Immobilien- und sonstigen Aktienrenditen wird im folgenden ein Multi-Index Modell mit verschiedenen makroökonomischen Faktoren formuliert: Dazu werden zuerst für die beiden Subperioden den Immobilien-Aktienrenditen gemeinsame künstliche Faktoren mittels einer Hauptkomponentenanalyse extrahiert.[350] Diese künstlichen Faktoren werden anschließend anhand der Berechung von Korrelationskoeffizienten zwischen den Faktoren und verschiedenen makroökonomischen Variablen interpretiert. Die Korrelationen zwischen dem Immobilien- sowie dem sonstigen Aktienindex und den makroökonomischen Faktoren werden ebenfalls bestimmt. Aufbauend auf diesen Korrelationen werden sowohl für den GPR 250 Europa als auch für den TOTMKEU in beiden Subperioden Single-Index Modelle geschätzt, um den partiellen Einfluss der einzelnen makoökonomischen Variablen sowie die Wirkungszusammenhänge zwischen den Variablen und den Aktienindizes zu bestimmen. Schließlich werden Multi-Index Modelle für die beiden Indizes geschätzt und der Erklärungsgehalt der einzelnen Faktoren sowie der Gesamtregression ermittelt. Alle folgenden Untersuchungen werden auf der Basis von Monatsdaten durchgeführt.

Für die Hauptkomponentenanalyse wurden die 41 europäischen Immobilien-Aktien für die beiden Subperioden verwendet und unter Berücksichtigung des Kaiser-Kriteriums in der ersten Subperiode 12, in der zweiten Subperiode 11 Faktoren extrahiert.[351] Im Zeitraum 1990-1995 wurde mit den 12 extrahierten Faktoren ein Varianzanteil von 73,68% erklärt. Im Vergleich zu der Clusteranalyse auf der Basis aller europäischen Immobilien- bzw. sonstigen Aktien fällt der erklärte Varianzanteil höher aus. Dies ist auf die per se homogeneren Immobilienaktien sowie die geringere Anzahl an Immobilien-Aktien zurückzuführen. Die Faktorladungsmatrix lässt erkennen, dass hauptsächlich die Immobilien-Aktien eines Landes auf einen Faktor hoch laden.

---

349 Vgl. Drummen (1992), S. 43.

350 Zur Faktoranalyse vgl. Abschnitt 4.3.1., S. 104.

351 Vor der Anwendung der Hauptkomponentenanalyse wurde wiederum überprüft, ob die Anwendung dieses Analyseverfahrens sinnvoll erscheint. Für beide Subperioden liegt der KMO-Wert mit >0,7 deutlich über dem kritischen Wert von 0,5. Zum KMO-Kriterium vgl. Backhaus et al. (2000), S. 269

So setzt sich z.B. der erste Faktor nur aus englischen, der zweite Faktor neben acht englischen auch aus zwei spanischen Werten zusammen. Auf die nachfolgenden Faktoren laden nur bis zu vier Immobilien-Aktien, die weitgehend aus einem Land stammen. In der zweiten Subperiode wurden 11 künstliche Faktoren extrahiert, die einen Varianzanteil von 70,67% erklären. Während auf den ersten sowie den dritten Faktor ausschließlich englische Immobilien-Aktien hoch laden, setzen sich die anderen Faktoren aus Immobilien-Aktien mehrerer Länder zusammen. So laden auf den zweiten Faktor acht Werte aus fünf Ländern, auf den fünften Faktor vier Werte aus drei Ländern. Die Zusammensetzung des zweiten Faktors ist insofern interessant, als dass sieben der acht Immobilien-Aktien in dem europäischen Cluster der zweiten Subperiode (vgl. Abschnitt 4.3.2., S. 118) enthalten waren.[352] Zur Interpretation der künstlichen Faktoren werden Korrelationen zwischen diesen Faktoren und verschiedenen makroökonomischen Variablen berechnet.[353] Aufgrund des für die Verwendung von gesamtwirtschaftlichen Variablen relativ kurzen Untersuchungszeit-raumes von 12 Jahren ist es für eine sinnvolle Schätzung von Multi-Index Modellen notwendig, zumindest monatliche Daten zu verwenden. Da sich die verwendete Auswahl an Immobilien-Aktien, der GPR 250 Europa sowie der TOTMKEU hauptsächlich aus deutschen, englischen, französischen sowie niederländischen Werten zusammensetzt, es sich um europäische Indizes handelt und der amerikanische Markt grundsätzlich einen großen Einfluss auf die internationalen Finanzmärkte ausübt, wurden verfügbare makroökonomische Variablen für diese Länder/Regionen monatlich ausgewählt. Als mögliche Einflussfaktoren der Immobilien- und sonstigen Aktien wurden folgende gesamtwirtschaftliche Größen verwendet: die Industrieproduktion, ein allgemeiner Wirtschaftsindikator, Einzelhandels-umsätze, Arbeitslosenraten, Preisindices, die Geldmengen, der Wechselkurs des € zum US$, Zinsen langfristiger Staatsanleihen, kurzfristige (3-Monats-) Zinsen, die Differenz der Zinsen langfristiger Staatsanleihen und des 3-Monatszinses (Maturity Spread), der auf das Baugewerbe entfallende Anteil der Industrieproduktion sowie der im Konsumentenpreisindex (CPI) enthaltene Mietanteil.[354]

Für die Korrelationen zwischen den verwendeten makroökonomischen Größen und den künstlichen Faktoren / Aktienindizes sowie für die sich anschließenden OLS-Schätzungen können folgende Zusammenhänge erwartet werden:

---

[352] Dabei ist jedoch zu beachten, dass die Clusteranalyse auf der Basis von Wochendaten und die hier beschriebene Hauptkomponentenanalyse auf der Basis von Monatsdaten durchgeführt wurde.

[353] Eine vollständige Liste der verwendeten makroökonomischen Faktoren, ihrer Datastream-Kürzel sowie ihrer Quelle befindet sich im Anhang 3.

[354] Die Stationaritätseigenschaft dieser Zeitreihen wurde durch die Verwendung von Veränderungsgrößen sichergestellt.

- Da eine steigende Industrieproduktion, steigende Einzelhandelsumsätze, ein steigender allgemeiner Wirtschaftsindikator sowie eine Zunahme des Baugewerbeanteils an der Industrieproduktion eine positive wirtschaftliche Lage eines Landes andeuten und Aktienrenditen in einem solchen Umfeld ebenfalls zunehmen, sollten zwischen diesen makroökonomischen Größen und den künstlichen Faktoren bzw. den Aktienindizes positive Korrelationen auftreten.
- Eine Zunahme der Ausgaben für Mieten könnte sich positiv auf die Renditen von Immobilien-AGs auswirken, so dass zwischen dem im CPI enthaltenen Mietanteil und den Faktoren/Indizes positive Korrelationen zu beobachten sein könnten.
- Die Differenz zwischen den Zinsen langfristiger Staatsanleihen und den 3-Monatszinsen (Maturity Spread) gibt Aufschluss über die Gestalt der vorherrschenden Zinsstruktur. Da eine normale Zinsstruktur (positiver Maturity Spread) eine positive gesamtwirtschaftliche Lage andeutet, sollten zwischen dem Maturity Spread und den extrahierten Faktoren/Aktienindizes ebenfalls positive Korrelationen auftreten.
- Im Gegensatz dazu sind zwischen den Zinsen langfristiger Staatsanleihen bzw. den 3-Monatszinsen und den Faktoren/Aktienindizes negative Korrelationen zu erwarten. Sinkende Zinsen führen meist zu höheren Investitionen, geringeren Refinanzierungs-kosten und auf Grund einer niedrigeren Attraktivität von Alternativanlagen zu einer steigenden Nachfrage nach Aktienanlagen, dies sollte steigende Aktienrenditen auslösen.
- Negative Korrelationen sollten zwischen der Veränderung der Arbeitslosigkeit und den extrahierten Faktoren/Aktienindizes auftreten, da eine steigende Arbeitslosigkeit in einem negativen gesamtwirtschaftlichen Umfeld auftritt und in einem solchen tendenziell fallende Aktienkurse zu beobachten sind. Dies könnte besonders für Immobilien-Aktien gelten, da ein Anstieg der Arbeitslosigkeit zu Mietausfällen führen kann. Allerdings könnte ebenso ein positiver Zusammenhang zwischen der Arbeitslosigkeit und den Aktienrenditen bestehen: Werden z.B. im Rahmen von Restrukturierungsprogrammen von Aktiengesellschaften Arbeitsplätze abgebaut und wird dies von der Börse positiv bewertet, könnten die Aktienrenditen mit zunehmender Arbeitslosigkeit kurzfristig steigen. Langfristig könnte hingegen eine durch die Arbeitslosigkeit verursachte sinkende Kaufkraft zu geringeren Aktienkursen führen.
- Auch zwischen der Geldmenge und den künstlichen Faktoren/Aktienindizes werden negative Korrelationen vermutet, da ein

Anstieg der Geldmenge (c.p.) einen Inflationsdruck auslösen und dieser ggf. zu steigenden Zinsen führen kann (s.o).[355]

- Die Korrelationen zwischen der realisierten, erwarteten sowie unerwarteten Inflation[356] und den künstlichen Faktoren/Aktienindizes werden zeigen, ob zumindest für Teile der Inflation die Immobilien-Aktienrenditen Hedge-Eigenschaften aufweisen.

Aus Gründen der Übersichtlichkeit werden in den folgenden zwei Tabellen nur die (signifikanten) Korrelationen zwischen den verwendeten volkswirtschaftlichen Daten und den mittels der Faktoranalyse extrahierten künstlichen Faktoren sowie den Aktienindizes für die beiden Subperioden dargestellt.

---

355 Vgl. u.a. Fisher (1963), S. 14 ff.

356 Den Berechnungen der erwarteten und unerwarteten Inflationsraten liegt die Annahme adaptiver Erwartungen zu Grunde, d.h. die Erwartungshaltung der Wirtschaftssubjekte wird von der realisierten Inflationsrate des Vormonats geprägt. Im Rahmen dieser Arbeit werden stetige Veränderungen verwendet, so dass sich die erwarteten und unerwarteten Inflationsraten (hier dargestellt für den CPI) wie folgt ergeben:
erwartete Inflationsrate = $\ln(CPI_{t-1}) - \ln(CPI_{t-2})$;

unerwartete Inflationsrate = $\ln\left(\frac{CPI_t}{CPI_{t-1}}\right) - \ln\left(\frac{CPI_{t-1}}{CPI_{t-2}}\right)$.

	1 Faktor	2 Faktor	3 Faktor	4 Faktor	5 Faktor	6 Faktor	7 Faktor	8 Faktor	9 Faktor	10 Faktor	11 Faktor	12 Faktor	TOTMKEU	GPR 250 Europa
BD 3-Monatszins														-0,3530**
BD Arbeitslosenrate sa				-0,4273**				0,2472*						
BD erwartete Inflation (PPI)										-0,2423*				
BD Industrieproduktion nsa					-0,2310*									
BD Industrieproduktion-Baugewerbe												-0,2727*		
BD langfristige Staatsanleihen			-0,3032**										-0,4014**	-0,5160**
BD unerwartete Inflation (CPI)													0,3155**	
EU allg. Wirtschaftsindikator	0,2378*	0,2612*											0,3967**	0,3349**
EU Arbeitslosenrate sa									-0,2821*					
EU erwartete Inflation (CPI)					0,2349*									
EU Industrieproduktion-Baugewerbe	-0,2954*											-0,2410*		
EU unerwartete Inflation (CPI)					-0,2334*									
FR 3-Monatszins						0,3311**			0,2892*					
FR allg. Wirtschaftsindikator		0,2625*			0,2701*						-0,2611*		0,4052**	0,3664**
FR Arbeitslosenrate sa													0,2667*	0,3455**
FR erwartete Inflation (CPI)										-0,2761*				
FR langfristige Staatsanleihen	-0,3613**	-0,2868*	-0,3892**										-0,5217**	-0,6767**
FR Maturity Spread					0,2418*	-0,3333**			-0,2942*					
FR unerwartete Inflation (CPI)									0,2692*					
NL 3-Monatszins			-0,2470*											-0,4218**
NL allg. Wirtschaftsindikator	0,2509*												0,2639*	0,3285**
NL Arbeitslosenrate sa						0,2862*								
NL CPI-Mieten		-0,2351*								0,2485*				
NL Industrieproduktion nsa					-0,2346*									
NL Industrieproduktion sa								0,2649*						
NL langfristige Staatsanleihen	-0,3190**		-0,2681*										-0,4596**	-0,5699**
NL Maturity Spread	-0,2403*												-0,2535*	
NL realisierte Inflation (PPI)			-0,2647*			-0,2576*								
NL unerwartete Inflation (CPI)									0,2750*					
NL unerwartete Inflation (PPI)									0,2530*					
UK 3-Monatszins		-0,3323**												-0,3005*
UK allg. Wirtschaftsindikator	0,2671*	0,3192**											0,4466**	0,4039**
UK Arbeitslosenrate sa		0,3058**												
UK Einzelhandelsumsatz nsa											-0,2377*			
UK erwartete Inflation (PPI)										-0,3871**				
UK langfristige Staatsanleihen	-0,4198**		-0,2985*										-0,3597**	-0,5851**
UK Maturity Spread										-0,2614*				
UK unerwartete Inflation (PPI)										0,2354*				
US allg. Wirtschaftsindikator													0,3328**	
US Arbeitslosenrate sa							-0,2798*							
US erwartete Inflation (CPI)		-0,2526*				-0,2580*								
US erwartete Inflation (PPI)		-0,2516*											-0,2850*	
US Industrieproduktion sa												0,2352*		
US langfristige Staatsanleihen														-0,2946*
US realisierte Inflation (CPI)							-0,2520*				0,3229**		-0,3261**	-0,4026**
US realisierte Inflation (PPI)											0,2553*		-0,4445**	-0,2830*
Wechselkurs (€ TO US $)						0,2407*	0,3729**						0,3973**	0,3021**

** Die Korrelation ist auf dem Niveau von 0,01 (2-seitig) signifikant.
* Die Korrelation ist auf dem Niveau von 0,05 (2-seitig) signifikant.

Tabelle 14: Korrelationen zwischen makroökonomischen Indizes und extrahierten Faktoren (1990-1995)

	GPR 250 Europa	TOTMKEU	1. Faktor	2. Faktor	3. Faktor	4. Faktor	5. Faktor	6. Faktor	7. Faktor	8. Faktor	9. Faktor	10. Faktor	11. Faktor
BD allg. Wirtschaftsindikator	0,3028**	0,4649**			0,2780*			0,2463*				0,3473**	
BD Arbeitslosenrate sa				0,2408*									
BD CPI-Mieten	0,2256*	0,2767*		0,3157**									
BD Industrieproduktion nsa				-0,2341*									
BD langfristige Staatsanleihen				-0,2303*	0,2266*								
BD Maturity Spread					0,2328*								
BD realisierte Inflation (CPI)		0,2708*		0,3582**									
BD unerwartete Inflation (CPI)		0,2693*									0,2356*		
EU allg. Wirtschaftsindikator	0,3448**	0,4300**			0,3357**			0,2445*					
EU Arbeitslosenrate sa										-0,3350**			
EU Industrieproduktion sa											0,2243*		
EU Industrieproduktion-Baugewerbe													0,2370*
EU realisierte Inflation (CPI)					-0,2306*		0,2361*						
EU unerwartete Inflation (CPI)					-0,2594**		0,3088**						
FR allg. Wirtschaftsindikator		0,4488**											0,2918*
FR Arbeitslosenrate sa												-0,2262*	
FR Einzelhandelsumsatz sa						0,2358*							
FR erwartete Inflation (CPI)					0,2745*								
FR Industrieproduktion-Baugewerbe													0,2483*
FR langfristige Staatsanleihen				-0,2646*			0,2445*						
NL 3-Monatszins		0,2609*							0,2247*				
NL allg. Wirtschaftsindikator	0,2418*	0,2407*											
NL Arbeitslosenrate sa										-0,2605*			
NL CPI-Mieten										-0,3652**	0,2404*		
NL Einzelhandelsumsatz nsa				-0,3408**									
NL erwartete Inflation (CPI)										0,2243*			
NL Industrieproduktion nsa				-0,3204**									
NL Industrieproduktion sa								0,2400*			0,2296*		
NL langfristige Staatsanleihen				-0,2369*									
NL Maturity Spread		-0,3031**											
NL realisierte Inflation (CPI)										-0,2991**			
NL realisierte Inflation (PPI)												0,2735	
NL unerwartete Inflation (CPI)										-0,4101**			

	GPR 250 Europa	TOTMKEU	1. Faktor	2. Faktor	3. Faktor	4. Faktor	5. Faktor	6. Faktor	7. Faktor	8. Faktor	9. Faktor	10. Faktor	11. Faktor
UK allg. Wirtschaftsindikator	0,2920**				0,3785**								
UK Arbeitslosenrate sa				-0,2793*									
UK Einzelhandelsumsatz nsa				-0,2886*									
UK Einzelhandelsumsatz sa			0,2453*										
UK erwartete Inflation (PPI)				0,2460*									
UK Industrieproduktion nsa									-0,2874*				
UK unerwartete Inflation (PPI)										-0,3160**			
US 3-Monatszins		0,3011**											
US allg. Wirtschaftsindikator		0,4526**											
US Arbeitslosenrate sa									-0,2600*				
US CPI-Mieten				0,3361**								0,3054**	
US Geldmenge		-0,2524*											
US Industrieproduktion nsa											-0,2858*		
US langfristige Staatsanleihen		0,2794*					0,2565*						
US realisierte Inflation (CPI)					0,2534*							0,2672*	
US realisierte Inflation (PPI)									-0,2633*				
US unerwartete Inflation (CPI)									-0,3278**				
US unerwartete Inflation (PPI)									-0,2500*				
Wechselkurs (€ to US $)		0,4574**	0,2769*		0,2574*					0,2844*			0,2545*

Tabelle 15: Korrelationen zwischen makroökonomischen Indizes und extrahierten Faktoren (1996-2002)

*(** Die Korrelation ist auf dem Niveau von 0,01 (2-seitig signifikant);*
** Die Korrelation ist auf dem Niveau von 0,05 (2-seitig signifikant))*

Zwischen den Ergebnissen der Faktorladungsmatrix und den Ergebnissen der Korrelationsanalyse sind in der ersten Subperiode, wie in Tabelle 14 dargestellt, nur ansatzweise Übereinstimmungen zu erkennen. So konnte zwar zwischen dem ersten Faktor, der sich ausschließlich aus englischen Werten zusammensetzt, und den Zinsen englischer langfristiger Staatsanleihen die betragsmäßig höchste Korrelation gemessen werden, aber dieser Faktor korrelierte ebenfalls signifikant mit makroökonomischen Größen diverser anderer Länder. Der 2. Faktor, der sich neben zwei spanischen Werten aus englischen Aktien zusammensetzt, korrelierte wiederum am höchsten mit einer englischen makroökonomischen Größe (UK 3-Monatszins), wies jedoch ebenfalls signifikante Korrelationen mit Größen anderer Ländern auf. Für den 3. Faktor, der aus vier französischen Werten besteht, konnte die höchste Korrelation mit den Zinsen französischer Staatsanleihen festgestellt werden, aber auch mit diesem Faktor korrelieren ein Vielzahl von Faktoren anderer Länder. Für die restlichen Faktoren konnten keine sinnvollen Übreinstimmungen zwischen den Korrelationen und der Faktorladungsmatrix festgestellt werden.

Eine alleinige Betrachtung der Korrelationsergebnisse lässt vermuten, dass es sich bei dem 3. Faktor um einen „Zinsfaktor" handelt, da die Zinsen langfristiger Staatsanleihen von Deutschland, Frankreich, den Niederlanden und England sowie der 3-Monatszins der Niederlande signifikant negativ mit diesem Faktor korrelieren. Die Korrelationsanalyse zeigt außerdem, dass zwischen der unerwarteten Inflation verschiedener Länder und den Faktoren/Aktienindizes mit einer Ausnahme signifikant positive Korrelationen bestehen, während die erwartete und die realisierte Inflation mit den Faktoren/Indizes negativ korreliert.

Die beiden Aktienindizes korrelieren in der ersten Subperiode mit fast den gleichen makroökonomischen Faktoren. Beide weisen signifikant negative Korrelationen mit den Zinsen langfristiger Staatsanleihen von Deutschland, Frankreich, den Niederlanden und England auf, sowie positive Korrelationen mit den allgemeinen Wirtschaftsindikatoren von Europa, Frankreich, den Niederlanden und England, der französischen Arbeitslosenrate sowie dem Wechselkurs des € zum US$. Außerdem konnten zwischen den Indizes und der amerikanischen realisierten Inflation (CPI und PPI) negative Korrelationen gemessen werden. Nur der TOTMKEU korreliert zudem signifikant positiv mit der deutschen unerwarteten Inflationsrate (CPI) und dem amerikanischen allgemeinen Wirtschaftsindikator sowie signifikant negativ mit der erwarteten amerikanischen Inflation (PPI). Für den GPR 250 Europa konnten zusätzlich signifikant negative Korrelationen mit den deutschen, niederländischen und englischen 3-Monatszinsen sowie den Zinsen langfristiger amerikanischer Staatsanleihen festgestellt werden. Bis auf wenige Differenzen werden der TOTMKEU sowie der GPR 250 Europa somit in der 1. Subperiode von weitgehend ähnlichen Einflussfaktoren bestimmt.

Für die zweite Subperiode (1996-2002) weisen die Korrelationen zwischen den künstlichen extrahierten Faktoren und den makroökonomischen Indizes kaum interpretierbare Übereinstimmungen mit der Faktorladungsmatrix auf. Außerdem führt eine Interpretation alleine der Korrelationen nicht -wie in der ersten Periode- zu der Vermutung eines „Zinsfaktors" oder zu einer systematischen Aussage bzgl. der Inflationskennzahlen. Wie Tabelle 15 zeigt, korrelieren die einzelnen Faktoren in der zweiten Subperiode hingegen mit sehr unterschiedlichen makroökonomischen Größen. Erstaunlich sind hingegen die im Gegensatz zur 1. Subperiode deutlichen Veränderungen in den Korrelationen zwischen den Aktienindizes und den makroökonomischen Größen. Der TOTMKEU und der GPR 250 Europa korrelieren signifikant positiv mit dem allgemeinen Wirtschaftsindikator von Deutschland, Europa und den Niederlanden sowie mit dem im deutschen CPI enthaltenen Mietanteil. Der GPR 250 Europa korreliert neben diesen Faktoren nur noch mit dem englischen allgemeinen Wirtschaftsindikator. Der TOTMKEU weist hingegen signifikante Korrelationen mit einer Vielzahl weiterer makroökonomischer Größen auf. Interessant erscheint dabei, dass dieser Aktienindex mit den niederländischen und den englischen 3-Monatszinsen sowie den Zinsen amerikanischer langfristiger Staatsanleihen positiv korreliert. Der TOTMKEU und der GPR 250 Europa werden im Gegensatz zu der ersten Periode im Zeitraum 1996-2002 nur von wenigen gemeinsamen Faktoren beeinflusst. Bemerkenswert erscheint zudem, dass der Immobilien-Aktienindex in der zweiten Subperiode weder mit den langfristigen noch mit den kurzfristigen Zinsen der betrachteten Länder korreliert.[357]

Aufbauend auf den Korrelationen zwischen den makoökonomischen Größen und dem Immobilien-Aktien- bzw. dem sonstigen Aktienindex werden im folgenden Single-Index Modelle zur Erklärung des GPR 250 Europa bzw. des TOTMKEU geschätzt.[358] Diese sollen den Wirkungszusammenhang sowie das R^2 der einzelnen volkswirtschaftlichen Daten offen legen, mit denen signifikante Korrelationen gemessen werden konnten.

In den folgenden Tabelle 16 - Tabelle 19 werden die Ergebnisse der OLS-Schätzungen für die beiden Indizes in den Zeiträumen 1990-1995 und 1996-2002 dargestellt.

---

357 Eine Untersuchung der rollierenden Korrelationen zwischen den Zinsen langfristiger Staatsanleihen von England und Frankreich sowie den 3-Monatszinsen von Deutschland und den Niederlanden und dem GPR 250 Europa ergab, dass die Korrelationen besonders im Zeitraum 1996-2002 sehr hohe Schwankungen aufweisen. Dies könnte das Vorliegen von nicht signifikanten Korrelationen zwischen dem GPR 250 Europa und den Zinsen langfristiger Staatsanleihen bzw. der 3-Monatszinsen erklären.

358 Zum Singel-Index Modell vgl. Abschnitt 5.1., S. 148.

makroökonomische Größe	*Beta-Koeffizient*	R^2	$1\text{-}R^2$
BD 3-Monatszins	-6,2176**	0,1246	0,8754
BD Zinsen langfristiger Staatsanleihen	-8,4495**	0,2662	0,7338
EU allg. Wirtschaftsindikator	2,8646**	0,1122	0,8878
FR allg. Wirtschaftsindikator	2,3367**	0,1342	0,8658
FR Arbeitslosenrate	19,8467**	0,1194	0,8806
FR Zinsen langfristiger Staatsanleihen	-10,7195**	0,4579	0,5421
NL 3-Monatszins	-6,7934**	0,1779	0,8221
NL allg. Wirtschaftsindikator	3,4477**	0,1079	0,8921
NL Zinsen langfristiger Staatsanleihen	-10,7612**	0,3248	0,6752
UK 3-Monatszins	-2,8884*	0,0903	0,9097
UK allg. Wirtschaftsindikator	2,7929**	0,1631	0,8369
UK Zinsen langfristiger Staatsanleihen	-8,1665**	0,3423	0,6577
US realisierte Inflation (CPI)	-7,3591**	0,1621	0,8379
US realisierte Inflation (PPI)	-1,8984*	0,0801	0,9199
US Zinsen langfristiger Staatsanleihen	-4,8565*	0,0868	0,9132
Wechselkurs (€ to US$)	0,3849**	0,0913	0,9087
Durchschnitt	*-2,2773*	*0,1776*	*0,8224*

** signifikant auf einem Niveau von 99%.
* signifikant auf einem Niveau von 95%.

Tabelle 16: Ergebnisse der OLS-Schätzungen für den GPR 250 Europa (1990-1995)

Die Wirkungszusammenhänge zwischen den makroökonomischen Faktoren und dem GPR 250 Europa fallen in der ersten Subperiode erwartungsgemäß aus. Der Erklärungsgehalt der einzelnen makroökonomischen Faktoren liegt im Durchschnitt bei 0,1776, wobei die realisierte US Inflation sowie der Wechselkurs deutlich weniger und die Zinsen langfristiger Staatsanleihen deutlich mehr erklären als der Durchschnitt.

makroökonomische Größe	*Beta-Koeffizient*	R^2	$1\text{-}R^2$
BD allg. Wirtschaftsindikator	1,6445**	0,0917	0,9083
BD CPI-Mieten	8,4558*	0,0509	0,9491
EU allg. Wirtschaftsindikator	3,0097**	0,1189	0,8811
NL allg. Wirtschaftsindikator	2,5561*	0,0585	0,9415
UK allg. Wirtschaftsindikator	1,7212*	0,0852	0,9148
Durchschnitt	*3,4775*	*0,0810*	*0,9190*

** signifikant auf einem Niveau von 99%.
* signifikant auf einem Niveau von 95%.

Tabelle 17: Ergebnisse der OLS-Schätzungen für den GPR 250 Europa (1996-2002)

In der zweiten Subperiode nimmt der Erklärungsgehalt der einzelnen Faktoren deutlich ab und liegt im Durchschnitt bei 0,0810. Der Wirkungszusammenhang zwischen den allgemeinen Wirtschaftsfaktoren bzw. dem im deutschen CPI enthaltenen Mietanteil und dem GPR 250 Europa entspricht -wie in der ersten Periode- den Erwartungen.

Die Zusammenhänge zwischen den makroökonomischen Faktoren und dem TOTMKEU stimmen in der ersten Subperiode, wie in Tabelle 18 dargestellt, ebenfalls mit den Erwartungen überein.

makroökonomische Größe	*Beta-Koeffizient*	*R^2*	*$1-R^2$*
BD unerwartete Inflation (CPI)	2,0923**	0,0995	0,9005
BD Zinsen langfristiger Staatsanleihen	-6,1985**	0,1611	0,8389
EU allg. Wirtschaftsindikator	3,2001**	0,1574	0,8426
FR allg. Wirtschaftsindikator	2,4374**	0,1642	0,8358
FR Arbeitslosenrate	14,4461*	0,0711	0,9289
FR Zinsen langfristiger Staatsanleihen	-7,7932**	0,2722	0,7278
NL allg. Wirtschaftsindikator	2,6118*	0,0696	0,9304
NL Maturity Spread	-3,5161*	0,0642	0,9358
NL Zinsen langfristiger Staatsanleihen	-8,1837**	0,2112	0,7888
UK allg. Wirtschaftsindikator	2,9120**	0,1994	0,8006
UK Zinsen langfristiger Staatsanleihen	-4,7350**	0,1294	0,8706
US allg. Wirtschaftsindikator	1,9695**	0,1107	0,8893
US erwartete Inflation (PPI)	-1,8023*	0,0812	0,9188
US realisierte Inflation (CPI)	-5,6210**	0,1064	0,8936
US realisierte Inflation (PPI)	-2,8114**	0,1976	0,8024
Wechselkurs (€ to US$)	0,4773**	0,1579	0,8421
Durchschnitt	*-0,6572*	*0,1408*	*0,8592*

** signifikant auf einem Niveau von 99%.
* signifikant auf einem Niveau von 95%.

Tabelle 18: Ergebnisse der OLS-Schätzungen für den TOTMKEU (1990-1995)

Der durchschnittliche Erklärungsgehalt dieser Single-Index Modelle liegt mit 0,1408 unter demjenigen des GPR 250 Europa im gleichen Zeitraum.

Die folgende Tabelle 19 zeigt die Ergebnisse für den TOTMKEU in der zweiten Subperiode.

makroökonomische Größe	*Beta-Koeffizient*	*R^2*	*$1-R^2$*
BD allg. Wirtschaftsindikator	3,8009**	0,2162	0,7838
BD CPI-Mieten	15,6083*	0,0765	0,9235
BD realisierte Inflation (CPI)	5,4275*	0,0733	0,9267
BD unerwartete Inflation (CPI)	4,1788*	0,0725	0,9275
EU allg. Wirtschaftsindikator	5,6496**	0,1849	0,8151
FR allg. Wirtschaftsindikator	5,0971**	0,2014	0,7986
NL 3-Monatszins	6,6608*	0,0681	0,9319
NL allg. Wirtschaftsindikator	3,8292*	0,0579	0,9421
NL Maturity Spread	-6,9737**	0,0919	0,9081
US 3-Monatszins	6,8708**	0,0907	0,9093
US allg. Wirtschaftsindikator	3,7252**	0,2049	0,7951
US Geldmenge	-3,5040*	0,0637	0,9363
US Zinsen langfristiger Staatsanleihen	6,2728*	0,0781	0,9219
Wechselkurs (€ to US$)	0,8613**	0,2092	0,7908
Durchschnitt	*4,1053*	*0,1207*	*0,8793*

** signifikant auf einem Niveau von 99%.
* signifikant auf einem Niveau von 95%.

Tabelle 19: Ergebnisse der OLS-Schätzungen für den TOTMKEU (1996-2002)

Auch in der zweiten Subperiode fallen die β-Koeffizienten zwischen den allgemeinen Wirtschaftsindikatoren und dem TOTMKEU erwartungsgemäß aus. Der Erklärungsgehalt der Single-Index Modelle liegt mit im Durchschnitt 0,1207 niedriger als in der ersten Periode; er ist jedoch in der zweiten Periode nicht so deutlich gesunken wie derjenige des GPR 250 Europa.

Die folgende Abbildung 45 fasst die Ergebnisse der geschätzten Single-Index Modelle so zusammen, dass der durchschnittliche Erklärungsgehalt einzelner makroökonomischer Faktoren für die beiden Indizes in der jeweiligen Subperiode dargestellt wird. Dabei wird zwar unterstellt, dass sich der Erklärungsgehalt verschiedener Variablen additiv zusammensetzt, es handelt sich bei dem dargestellten Erklärungsgehalt jedoch nicht um einen mit diesen Faktoren kumuliert erzielbaren Erklärungsgehalt.

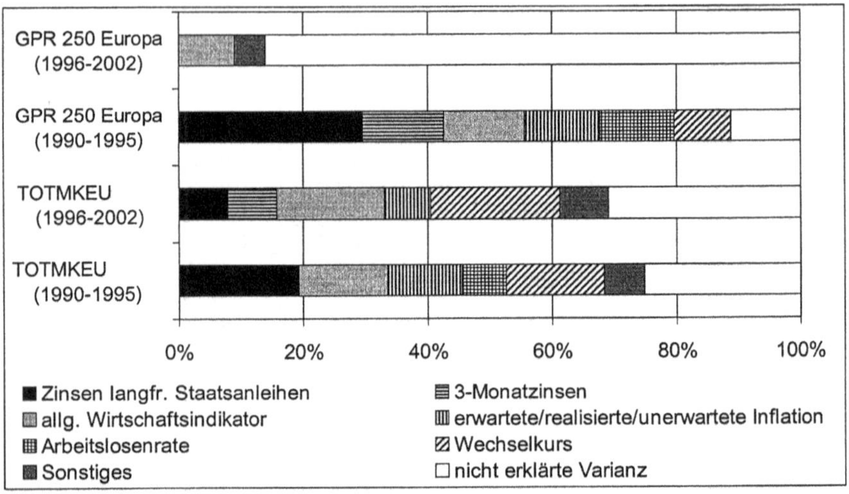

Abbildung 45: Zusammenfassung der Ergebnisse der OLS-Schätzungen[359]

Diese vereinfachte Darstellung der Ergebnisse der OLS-Schätzungen zeigt deutliche Veränderungen im Erklärungsgehalt verschiedener makroökonomischer Faktoren im Zeitablauf. Betrachtet man den GPR 250 Europa, so wird deutlich, dass in der ersten Subperiode die Zinsen langfristiger Staatsanleihen, die 3-Monatszinsen, die allgemeinen Wirtschaftsfaktoren, die realisierte Inflation, die Arbeitslosenrate sowie der Wechselkurs den Renditeverlauf dieses Indizes beeinflusst haben. In der zweiten Subperiode ist jedoch nur noch ein Zusammenhang zwischen den allgemeinen Wirtschaftsindikatoren sowie dem im CPI enthaltenen Mietanteil und den Renditen des GPR 250 Europa zu erkennen. Eine so deutliche Veränderung konnte für den TOTMKEU im Zeitablauf hingegen nicht festgestellt werden. In der ersten Periode konnte ein geringer Zusammenhang zwischen der Arbeitslosenrate sowie sonstigen Einflussfaktoren und dem TOTMKEU, ein bedeutender zwischen den Zinsen langfristiger Staatsanleihen, den allgemeinen Wirtschaftsindikatoren, verschiedenen Inflationskennzahlen sowie dem Wechselkurs festgestellt werden. In der zweiten Periode hat der Einfluss der Zinsen langfristiger Staatsanleihen deutlich abgenommen, während neben diesen nun auch die 3-Monatszinsen auf die Renditeentwicklung des TOTMKEU einwirken. Der Erklärungsgehalt der Inflations-kennzahlen hat hingegen deutlich abgenommen, während derjenige der allgemeinen Wirtschaftindikatoren und des Wechselkurses zugenommen hat. Der Erklärungsgehalt sonstiger makroökonomischer Faktoren hat sich kaum

---

[359] Für diese Darstellung wurde der durchschnittliche Erklärungsgehalte (R^2) ermittelt, den eine makroökonomische Variable unabhängig von deren Land/Region für den jeweiligen Index in einem Zeitraum aufweist.

verändert. Insgesamt zeigt sich insofern deutlich, dass die Einflussfaktoren des GPR 250 Europa und des TOTMKEU in der ersten Subperiode noch weitgehend ähnlich waren, in der zweiten Subperiode aber offensichtlich deutliche Veränderungen in den der Renditeentwicklung zugrundeliegenden Risikofaktoren auftraten.[360]

Aufbauend auf diesen Ergebnissen werden nun Multi-Index Modelle unter Verwendung mehrerer makroökonomischer Faktoren geschätzt. Der Erklärungsgehalt dieser Modelle wird zeigen, ob ein Teil des durch das Marktmodell nicht erklärten Risikos systematisch ist, oder ob speziell Immobilien-Aktien ein sehr hohes spezifisches (unsystematisches) Risiko aufweisen. Das Schätzen von Multi-Index Modellen erfolgt vor dem Hintergrund, dass so viel Varianz wie möglich mit so wenig Faktoren wie nötig erklärt werden soll. Aus diesem Grund werden für die Schätzung der Multi-Index Modelle die (maximal) fünf Faktoren verwendet, für die signifikante β-Koeffizienten ermittelt werden konnten und die einen hohen Erklärungsgehalt aufweisen. Da davon ausgegangen werden muss, dass die N erklärenden Variablen nicht voneinander linear unabhängig sind (*Multikollinearität*), werden diese makoökonomischen Faktoren vor der Schätzung der Multi-Index Modelle *orthogonalisiert*.[361] Dabei werden die zu verwendenden Faktoren in einer bestimmten Reihenfolge um den Informationsgehalt bereinigt, der bereits durch die vorherigen Faktoren abgebildet wird. In der folgenden Untersuchung wird diese Reihenfolge nach der Höhe der Korrelationen zwischen der einzelnen makroökonomischen Größe und dem zu erklärenden Aktienindex bestimmt.

---

360 Dieses Ergebnis ist jedoch insofern zu relativieren, als dass die monatlich für die betrachteten Länder zur Verfügung stehenden makroökonomischen Größen einzeln betrachtet nur einen relativ geringen Anteil der Varianz der beiden Indexrenditen erklären.

361 Zur Problematik der Multikollinearität vgl. Poddig et al. (2000), S. 361 ff. sowie Backhaus et al. (2000), S. 41 f. Zur Orthogonalisierung unabhängiger Variablen vgl. Poddig et al. (2000), S. 371 f. sowie Elton/Gruber (1995), S. 174 f.

Für den GPR 250 Europa wurde für den Zeitraum 1990-1995 folgendes Multi-Index Modell geschätzt:[362]

$$R_{GPR250\,Europa}^{1990-1995} = -0{,}004 - 10{,}720F_1^{**} - 4{,}216F_2^{**} + 1{,}713F_3^{**} - 2{,}331F_4 + 0{,}631F_5$$

($R^2 = 0{,}593$)

mit: F_1: FR Zinsen langfristiger Staatsanleihen;

F_2: NL 3-Monatszins (orthogonalisiert);

F_3: UK allgemeiner Wirtschaftsindikator (orthogonalisiert);

F_4: US realisierte Inflation (CPI) (orthogonalisiert);

F_5: FR Arbeitslosenrate (orthogonalisiert).

Es zeigt sich, dass mit den fünf verwendeten Faktoren ein Varianzanteil von fast 60% erklärt werden kann, wobei drei der fünf Faktoren auf einem Niveau von mindestens 99% signifikant sind. Der mit diesen Faktoren erklärte Varianzanteil liegt jedoch deutlich niedriger als derjenige, der alleine mit dem Marktindex (TOTMKEU) in dieser Periode erklärt werden konnte (0,6994). Eine Interpretation der Wirkungszusammenhänge zwischen den verwendeten makroökonomischen Größen und dem Immobilien-Aktienindex kann nur für den 1. Faktor erfolgen. Durch die Orthogonalisierung der anderen Faktoren sind abstrakte Faktoren entstanden, so dass sich damit auch deren inhaltliche Interpretation verändert hat.[363]

Für die zweite Subperiode wurde folgendes Multi-Index Modell geschätzt:[364]

$$R_{GPR250\,Europa}^{1996-2002} = 0{,}006 + 3{,}010F_1^{**} + 6{,}925F_2 \qquad (R^2 = 0{,}152)$$

mit: F_1: EU allgemeiner Wirtschaftsindikator;

F_2: BD CPI-Mieten (orthogonalisiert).

Im Zeitraum 1996-2002 konnten kaum signifikante Korrelationen bzw. β-Koeffizienten zwischen dem GPR 250 Europa und den makroökonomischen Faktoren ermittelt werden. Die Verwendung des europäischen allgemeinen Wirtschaftsfaktors sowie des im CPI enthaltenen Mietanteils für die Schätzung eines Multi-Index Modells führt zudem nur zu einem erklärten Varianzanteil von 15,2%, der jedoch über dem Erklärungsgehalt des Marktindizes liegt (0,1407).

---

362 Das geschätzte Modell ist auf einem Niveau von 99% signifikant. Für die einzelnen Faktoren gilt:
* signifikant auf einem Niveau von 95%;
** signifikant auf einem Niveau von 99%.

363 Vgl. Schmidt-von Rhein (1996), S. 280.

364 Das geschätzte Modell ist auf einem Niveau von 99% signifikant.

Für den TOTMKEU konnte in dem Zeitraum 1990-1995 folgendes Multi-Index Modell ermittelt werden:[365]

$$R_{TOTMKEU}^{1990-1995} = 0{,}004 - 7{,}793F_1^{**} + 2{,}349F_2^{**} - 1{,}715F_3^{**} + 0{,}244F_4^{*} - 4{,}412F_5$$

($R^2 = 0{,}502$)

mit: F_1: FR Zinsen langfristiger Staatsanleihen;

F_2: UK allgemeiner Wirtschaftsindikator (orthogonalisiert);

F_3: US realisierte Inflation (PPI) (orthogonalisiert);

F_4: Wechselkurs € zu US$ (orthogonalisiert);

F_5: FR Arbeitslosigkeit (orthogonalisiert).

Die verwendeten fünf Faktoren erklären in diesem Zeitraum einen Varianzanteil von 50,2%, wobei vier der fünf makoökonomischen Faktoren auf dem Niveau von mindestens 95% signifikant sind. Der Erklärungsgehalt dieses Modells liegt insofern deutlich niedriger als derjenige des GPR 250 Europa im gleichen Zeitraum.

Schließlich wurde für die zweite Subperiode folgendes Multi-Index Modell für den TOTMKEU geschätzt:[366]

$$R_{TOTMKEU}^{1996-2002} = 0{,}005 + 3{,}801F_1^{**} + 0{,}686F_2^{**} - 4{,}943F_3^{*} - 0{,}693F_4 + 10{,}702F_5^{*}$$

($R^2 = 0{,}421$)

mit: F_1: BD allgemeiner Wirtschaftsindikator;

F_2: Wechselkurs € to US$ (orthogonalisiert);

F_3: NL Maturity Spread (orthogonalisiert);

F_4: US 3-Monatszins (orthogonalisiert);

F_5: BD CPI-Mieten (orthogonalisiert).

Das Multi-Index Modell erklärt einen Varianzanteil von 42,1%, wobei drei der verwendeten fünf Faktoren auf dem Niveau von mindestens 95% signifikant sind. Der mit fünf Faktoren zu erklärende Varianzanteil liegt in dieser Periode niedriger als in der letzten Periode, aber deutlich höher als derjenige, der durch den Renditegenerierungsprozess des GPR 250 Europa in der zweiten Subperiode erklärt werden konnte.

Ein Vergleich des Einflusses verschiedener makroökonomischer Faktoren sowie des Erklärungsgehaltes eines Renditegenerierungsprozesses für den GPR 250 Europa und den TOTMKEU kann jedoch nur erfolgen, wenn identische

---

365 Das geschätzte Modell ist auf einem Niveau von 99% signifikant.

366 Das geschätzte Modell ist auf einem Niveau von 99% signifikant.

Variablen in dem jeweiligen Zeitraum verwendet werden.[367] Aus diesem Grund wird für die beiden Subperioden jeweils ein identisches Multi-Index Modell für beide Indizes formuliert. Dabei wird jedoch nicht unterstellt, dass die Renditen von Immobilien-Aktien und sonstigen Aktien theoretisch von den gleichen makroökonomischen Faktoren beeinfusst werden. Die folgende Tabelle 20 stellt die Ergebnisse für den Zeitraum 1990-1995 dar.

Index	*Konstante*	*FR Zinsen langfristiger Staatsanleihen*	*Wechselkurs € zu US$*	*FR Arbeitslosen-rate*	*UK allg. Wirtschafts-indikator*	*US realisierte Inflation (CPI)*	R^2
GPR 250 Europa	-0,001	-8,879**	0,131	0,179	1,754**	-2,100	0,560
TOTMKEU	0,006	-6,093**	0,292*	-3,576	2,091**	-1,235	0,458

* signifikant auf einem Niveau von 95%
** signifikant auf einem Niveau von 99%

Tabelle 20: Ergebnisse der Schätzung eines Multi-Index Modells für den GPR 250 Europa und den TOTMKEU (1990-1995)

Für das Schätzen eines Multi-Index Modells sowohl für den GPR 250 Europa als auch für den TOTMKEU mit identischen gesamtwirtschaftlichen Einflussfaktoren wurden (maximal) fünf Faktoren verwendet. Zum einen sollten diese fünf Faktoren einen im Rahmen der OLS-Schätzungen der beiden Indizes ermittelten auf dem Niveau von mindestens 95% signifikanten β-Koeffizienten aufweisen, zum anderen sollte es sich um Faktoren handeln, die einen hohen Varianzanteil der Indizes erklären. Mit diesen Auswahlkriterien wurden die Zinsen französischer langfristiger Staatsanleihen, der Wechselkurs des € zum US$, die französische Arbeitslosenrate, der englische allgemeine Wirtschaftsindikator sowie die realisierte US Inflation (CPI) als Einflussfaktoren der ersten Subperiode bestimmt. Der geschätzte Renditegenerierungsprozess

367 In den USA wurden einige Studien angefertigt, die einen Renditegenerierungsprozess für Equity REITs unter Verwendung makroökonomischer Variablen formulieren und die Ergebnisse mit denen für Aktien vergleichen. So zeigen Chan et al. (1990) für den Zeitraum 1973-1987 sowie für zwei Subperioden mit der Schätzung eines Multi-Index Modells mit fünf Faktoren (Industrieproduktion, erwartete Inflation, unerwartete Inflation, Maturity Spread und Term Structure), dass „*the factors explain only half as much of the movement in equity REIT returns as in the NYSE index* (...)“. Den großen Anteil an nicht erklärter Varianz von Equity REITs führen Chan et al. (1990) auf ein höheres spezifisches REIT-Risiko sowie die Schwankung impliziter Abzinsungfaktoren für closed-end REITs zurück. Die Ergebnisse einer multiplen linearen Regression mit vier Faktoren (Treasury-Bill Zinsen, Maturity Spread, Dividendenrendite, Kapitalisierungsrate) von Liao/Mei (1998) zeigen hingegen, dass im Zeitraum 1980-1989 diese Faktoren einen höheren Varianzanteil der Equity REITs als der Aktien erklären konnten. Chen et al. (1998) kommen in einer weiteren Studie, in der verschiedene Renditegenerierungsprozesse für Equity REITs formuliert werden, jedoch im Gegensatz zu den beiden vorherigen Studien zu dem Ergebnis, dass makroökonomische Variablen (unerwartete Inflation, erwartete Inflation, unerwartete Veränderungen der Term Struktur sowie eine unerwartete Veränderung der Risikoprämie) keinen signifikanten Einfluss auf die Entwicklung von Equity REITs aufweisen.

erklärt, wie in Tabelle 20 dargestellt, einen erheblich größeren Teil der Indexvarianz des GPR 250 Europa als des TOTMKEU. Dabei erklärt das für beide Indizes identische Multi-Index Modell jedoch weniger Varianz als das für die einzelnen Indizes individuell formulierte Modell. Der höhere Einfluss der Zinsen langfristiger französischer Staatsanleihen auf die Immobilien-Aktienrenditen erscheint plausibel. Ebenso überrascht der höhere Einfluss des englischen allgemeinen Wirtschaftsindikators sowie des Wechselkurses auf den TOTMKEU nicht.

Für die zweite Subperiode wurde ebenfalls ein Multi-Index Modell mit identischen Einflussfaktoren für den GPR 250 Europa und den TOTMKEU formuliert. Aufgrund der wenigen makroökonomischen Faktoren, für die ein signifikanter Zusammenhang zum GPR 250 Europa besteht, wurden für dieses Modell fünf Faktoren ausgewählt, die die o.g. Kriterien zumindest für den TOTMKEU erfüllen. Die Ergebnisse dieser Modell-Schätzungen zeigt Tabelle 21.

Assetklasse	*Konstante*	*FR Zinsen langfristiger Staatsanleihen*	*Wechselkurs € zu US$*	*BD CPI-Mieten*	*EU allg. Wirtschafts-indikator*	*EU realisierte Inflation (CPI)*	R^2
GPR 250 Europa	-0,003	-4,558	0,084	4,461	3,235**	0,096	0,205
TOTMKEU	-0,010	-3,438	0,697**	11,310*	4,512**	-0,152	0,377

* signifikant auf einem Niveau von 95%
** signifikant auf einem Niveau von 99%

Tabelle 21: Ergebnisse der Schätzung eines Multi-Index Modells für den GPR 250 Europa und den TOTMKEU (1996-2002)

Mit den fünf Faktoren (Zinsen französischer langfristiger Staatsanleihen, Wechselkurs des € zum US$, im deutschen CPI enthaltener Mietanteil, europäischer allgemeiner Wirtschaftsindikator und realisierte europäische Inflation (CPI)) wird ein Varianzanteil der Indexrenditen von 20,5% für den GPR 250 Europa und von 37,7% für den TOTMKEU erklärt. Dieser Anteil liegt deutlich unter demjenigen in der ersten Subperiode und hat besonders stark für den GPR 250 Europa abgenommen. Bemerkenswert erscheint jedoch, dass mit diesem Modell ein höherer Varianzanteil des GPR 250 Europa erklärt wird als mit dem individuellen Modell. Offensichtlich tragen die nicht signifikanten Faktoren jeweils mit einem geringen Teil zum Erklärungsgehalt des gesamten Modells bei. Der Einfluss des europäischen allgemeinen Wirtschaftsindikators ist auf den TOTMKEU deutlich höher als auf den GPR 250 Europa. Dies könnte auf eine stärkere länderspezifische/regionale Ausrichtung der Immobilien-AGs im Verhältnis zu den sonstigen Aktiengesellschaften zurückzuführen sein. Einen deutlich höheren Einfluss auf den TOTMKEU weisen ebenfalls der Wechselkurs des € zum US$ sowie der im deutschen CPI enthaltene Mietanteil auf. Das Modell ist in beiden Fällen auf dem Niveau von 99% signifikant.

5.3. Zusammenfassung der Ergebnisse

Im Mittelpunkt des vorliegenden Kapitels stand die Frage, welche Einflussfaktoren die im Zeitablauf relativ heterogene Performance von Immobilien-Aktien erklären können.

Das Schätzen von Single-Index Modellen zielte in einem ersten Schritt darauf ab, den Erklärungsgehalts des Marktindizes (TOTMKEU) zu quantifizieren sowie das Gesamtrisiko der Immobilien- sowie sonstigen Aktien in seine systematischen und unsystematischen Bestandteile zu zerlegen. Für den GPR 250 Europa zeigten die Ergebnisse, dass sowohl der β-Koeffizient als auch das R^2 von der ersten zur zweiten Subperiode deutlich abgenommen haben. Durch OLS-Schätzungen für jede einzelne Immobilien-Aktie wurden diese Ergebnisse bestätigt. Ein Vergleich des durchschnittlichen β-Koeffizienten der Immobilien- und sonstigen Aktien ergab, dass dieser in der ersten Periode für die Aktien etwas höher und in der zweiten Subperiode mehr als doppelt so hoch war wie derjenige der Immobilien-Aktien. Das gleiche Ergebnis wurde für das durchschnittliche Bestimmtheitsmaß der Regressionsgleichungen beobachtet. Dieser deutliche Unterschied in den Ergebnissen für die Immobilien- und sonstigen Aktien wird darauf zurückgeführt, dass das Risiko der Immobilien-Aktien im Gegensatz zu den sonstigen Aktien im Zeitablauf abnimmt und teilweise sogar geringer als dasjenige des Marktes ausfällt. Der besonders in der zweiten Subperiode hohe Anteil an nicht durch das Single-Index Modell erklärtem Risiko deutet auf ein zunehmendes Diversifikationspotential der Immobilien-Aktien hin.

Die Formulierung von Multi-Index Modellen sollte im Anschluss zeigen, ob ein Teil der durch das Single-Index Modell nicht erklärten Varianz durch verschiedene makroökonomische Variablen erklärt und somit zu systematisch erklärbarem Risiko werden könnte. Um einen ersten Anhaltspunkt für die die Immobilien-Aktienrenditen beeinflussenden Faktoren zu bekommen, wurden mittels einer Hauptkomponentenanalyse künstliche Faktoren extrahiert, die auf der Basis ihrer Korrelationen mit einer Vielzahl an makroökonomischen Größen interpretiert wurden. Da diese Interpretation sich jedoch in der ersten und besonders in der zweiten Periode als schwierig erwies, wurden auf der Basis der Korrelationen zwischen dem GPR 250 Europa bzw. dem TOTMKEU und den makroökonomischen Variablen in einem nächsten Schritt Single-Index Modelle berechnet. Der partielle Erklärungsgehalt der einzelnen volkswirtschaftlichen Größen sowie deren Wirkungszusammenhänge machten deutlich, dass in der ersten Subperiode signifikante β-Faktoren zwischen einer Vielzahl an gleichen makroökonomischen Faktoren und den beiden Indizes ermittelt werden konnten. In der zweiten Subperiode konnten jedoch kaum noch Übereinstimmungen in den die beiden Indizes beeinflussenden Faktoren festgestellt werden. Zudem wies der GPR 250 Europa im Zeitraum 1996-2002 erstaunlicherweise einen signifikanten Zusammenhang weder mit den langfristigen noch mit den kurzfristigen Zinsen auf. Der durchschnittliche Erklärungsgehalt der makroökonomischen Variablen fällt für den GPR 250 Europa in der ersten Subperiode höher aus als für den TOTMKEU, für den Immobilien-Aktienindex sinkt dieser in der zweiten Subperiode jedoch besonders deutlich. Die Wirkungszusammenhänge zwischen den einzelnen makroökonomischen Faktoren und den Indizes entsprechen insgesamt weitgehend den Erwartungen.

Die geschätzten Multi-Index Modelle zur Erklärung der Renditen des GPR 250 Europa zeigten schließlich, dass mit den in der ersten Subperiode verwendeten fünf makroökonomischen Faktoren weniger Varianz erklärt werden konnte als durch den Marktindex. In der zweiten Periode wurde hingegen durch die zwei verwendeten Faktoren ein größerer Varianzanteil als durch das Marktmodell erklärt. Zur Beschreibung der Renditen des TOTMKEU wurde ebenfalls für jede Subperiode ein Multi-Index Modell geschätzt, wobei der Erklärungsgehalt in der ersten Periode leicht unter und in der zweiten Subperiode deutlich über demjenigen des GPR 250 Europa lag. Die deutlichen Unterschiede der Modelle in den beiden Subperioden weisen daraufhin, dass die Formulierung eines zeitlich stabilen Erklärungsmodells besonders für den GPR 250 Europa nicht möglich ist und eine Ableitung von Aussagen über die zukünftige Entwicklung von Immobilien-Aktienrenditen erscheint somit ebenfalls nicht durchführbar.

Ein Vergleich des Einflusses verschiedener makroökonomischer Variablen sowie des Erklärungsgehaltes konnte erst mit der Schätzung von identischen Multi-Index Modellen zur Erklärung der Renditen von Immobilien- bzw. sonstigen Aktien erfolgen. Im Zeitraum 1990-1995 ergab diese Schätzung eines identischen Multi-Index Modells, dass der Erklärungsgehalt der Faktoren für den GPR 250 Europa erwartungsgemäß höher ausfällt als für den TOTMKEU. In der zweiten Subperiode nimmt der erklärte Varianzanteil beider Indizes deutlich ab, wobei derjenige der Aktienrenditen in dieser Periode deutlich höher ausfällt. Die verwendeten fünf Faktoren erklären für den GPR 250 Europa in der zweiten Subperiode nochmals einen höheren Varianzanteil als das individuelle Zwei-Faktoren Modell, obwohl kein signifikanter Zusammenhang zwischen den drei zusätzlich verwendeten Faktoren erkennbar war.

Insgesamt deuten die Ergebnisse der Single-Index Modelle an, dass Immobilien-Aktien ein im Zeitablauf stabiles bis sinkendes Risiko aufweisen. Zusätzlich zeigen die geschätzten Multi-Index Modelle, dass Immobilien-Aktien zwar in der ersten Subperiode von weitgehend ähnlichen Risikofaktoren beeinflusst werden wie die sonstigen Aktien, in der zweiten Subperiode aber offensichtlich deutliche Veränderungen in den Risikofaktoren auftreten. Während der Aktienindex immer noch einen hohen signifikanten Zusammenhang mit einer Vielzahl von makroökonomischen Faktoren aufweist, ist dieses für den GPR 250 Europa nicht mehr festzustellen. Die im 4. Kapitel aufgezeigte deutliche Abnahme der Korrelationen zwischen dem GPR 250 Europa und dem TOTMKEU wird insofern von den Ergebnissen diesen Kapitels bestätigt.

Ebenso lässt der hohe Anteil an nicht erklärter Varianz besonders in der zweiten Subperiode vermuten, dass Immobilien-Aktien ein tendenziell zunehmendes Diversifikationspotential aufweisen.

Abschließend stellt sich jedoch die Frage, warum das Risiko sowie der Erklärungsgehalt von Immobilien-Aktien in der zweiten Subperiode (deutlich) abnimmt.

Immobilien-Aktiengesellschaften sind, wie in Kapitel II beschrieben, meist nicht originär mit dem Ziel gegründet worden, ein Immobilien-Portfolio an die Börse zu bringen. Da sich eine Vielzahl an Immobilien-AGs aus Unternehmen entwickelt hat, die ursprünglich einen anderen Geschäftszweck verfolgt oder in das Geschäftsfeld Immobilien diversifiziert haben, könnte der weitgehend ähnliche Erklärungsgehalt bzw. das weitgehend ähnliche Risikoniveau der Immobilien- und sonstigen Aktien im Zeitraum 1990-1995 darauf zurückzuführen sein, dass bis Mitte der 90er Jahre das Spezifische der Immobilien-AGs nicht bekannt war oder erkannt wurde. Eine tatsächliche Spezialisierung dieser Aktiengesellschaften auf die Verwaltung und Vermietung von Immobilien, eine bessere Informationspolitik sowie einer Besinnung der Anleger auf Sachwerte in Phasen sinkender Aktienmärkte, könnte die Abkopplung der Immobilien- von den sonstigen Aktien im Zeitraum 1996-2002 begründen.

Der niedrige Erklärungsgehalt könnte hingegen entweder auf einen tatsächlich hohen Anteil an unsystematischem Risiko der Immobilien-Aktien oder auf andere nicht betrachtete Einflussfaktoren der Immobilien-Aktienrenditen zurückgeführt werden. Ist das Immobilienportfolio bestandshaltender Immobilien-AGs über Regionen/Länder/Städte und/oder Immobilientypen diversifiziert und spiegelt die Kursentwicklung der Immobilien-AGs die dadurch realisierten Mieteinkünfte wider, so weisen die Renditeentwicklungen kaum Gemeinsamkeiten auf und sind somit mit den gesamtwirtschaftlichen länderspezifischen Faktoren sicherlich schwer zu erklären. Die Berücksichtigung zusätzlicher das Angebot und die Nachfrage der regionalen bzw. typenspezifischen Immobilienmärkte abbildende Faktoren könnte eventuell zu einer Steigerung des Erklärungsgehaltes führen, jedoch werden diese immobilienwirtschaftlichen Größen bisher nicht systematisch erfasst.

6. Zusammenfassung und Ausblick

Der Ausgangspunkt der vorliegenden Arbeit war die Feststellung, dass Immobilien in Deutschland in einem zunehmend professionellen Umfeld beurteilt werden und Anleger insofern die gleichen Anforderungen an Immobilieninvestionen wie an andere Kapitalanlagen, insbesondere Finanzanlagen, stellen. Im Rahmen dieser Arbeit sollten daher zwei grundlegende Zielsetzungen verfolgt werden:

1. **Anwendbarkeit der Modernen Portfolio Theorie (MPT) auf Immobilienanlagen**

   Auf der Basis einer Darstellung der sich einem Investor auf dem Immobilienmarkt bietenden Anlagemöglichkeiten wurde die Anwendbarkeit der MPT auf diese Kapitalanlagen in Immobilien diskutiert.

2. **Messung des Diversifikationspotentials von Immobilien im Rahmen von Mixed-Asset Portfolios.**

   Für Aktien, Renten und Immobilien-Aktien/REITs wurden auf der Basis historischer Daten die Rendite-/Risikocharakteristika verglichen und das Diversifikationspotential dieser Assetklassen anhand von verschiedenen Verfahren im Rahmen von Mixed-Asset Portfolios quantifiziert.

In Anlehnung an die amerikanische Auslegung von Immobilienanlagemöglichkeiten wurde das Anlagespektrum auf dem Immobilienmarkt dargestellt und in das Konzept der 4-Quadranten der Immobilienwirtschaft eingefügt. Auf der Basis dieses erweiterten Verständnisses sowie durch die Zerlegung von Immobilienanlagen in einen eigenkapital- und einen rentenähnlichen Zahlungsstrom konnte gezeigt werden, dass die Möglichkeit besteht, Immobilienportfolios breiter, d.h. über alle vier Quadranten, zu streuen und sie auf den Verlauf des Immobilienzyklus bzw. die sich verändernden Anlegerpräferenzen feiner abzustimmen. Sollen Immobilien mit anderen Anlageformen in einem Portfolio gemischt werden, so ist der Risikodiversifikationseffekt des Immobilienanteils folglich von dessen Zusammensetzung abhängig und insofern ebenfalls gestaltbar.

Für die Diskussion der Möglichkeit, die Moderne Portfolio Theorie (MPT) auf die im vorherigen Kapitel dargestellten Immobilienanlagen anzuwenden, war es notwendig, eine kurze allgemeine Darstellung der Grundlagen dieser Theorie zu geben. Da für die Anleger bzw. für die Aktien- und Rentenmärkte von einer Erfüllung der Modellprämissen ausgegangen werden konnte, stand die Erörterung des Vorliegens der marktbezogenen Annahmen für jede einzelne

Immobilienanlagemöglichkeit im Vordergrund: Die begrenzte Teilbarkeit, das Vorliegen von diskriminierenden Steuern und Transaktionskosten sowie der unzureichende Informationszugang können grundsätzlich durch eine Modifizierung des Optimierungsprozesses bzw. die Formulierung weiterer Nebenbedingungen bei der Portfoliooptimierung berücksichtigt werden. Das Vorliegen von Markteinttritts-/Marktaustrittsbarrieren und von Märkten mit geringen Anbietern/Nachfragern stellt hingegen eine Anwendung der MPT in Frage. Insgesamt zeigte diese Untersuchung, dass eine Vielzahl der marktbezogenen Prämissen bei direkten Immobilienanlagen, geschlossenen Fonds sowie Immobilienfremdkapital nicht erfüllt sind. Eine Anwendung der MPT auf diese Formen der Immobilienanlage kann folglich nur in dem Bewusstsein einer evidenten Verletzung der Modellprämissen erfolgen. Im Gegensatz dazu zeigte sich für Immobilien-Aktien und offene Immobilienfonds, dass sie die Modellprämissen weitgehend erfüllen und somit eine Anwendbarkeit der MPT auf diese Anlageformen prinzipiell möglich erscheint.

Im Rahmen der statistischen Analysen dieser Arbeit wurden diejenigen Immobilienanlagen vernachlässigt, die die Prämissen der MPT nicht erfüllen. Auch offene Immobilienfonds wurden nicht verwendet, da die Verfügbarkeit von Informationen und die Preisfindung für die durchgeführten Analysen als nicht adäquat angesehen wurden. Die alleinige Verwendung von Immobilien-Aktien gründet sich auf die Erkenntnis, dass sie die einzige Form der Kapitalanlage in Immobilien darstellen, die die Annahmen der MPT weitestgehend erfüllen und insofern eine Anwendung dieses Modells erlauben. Unter der Prämisse, dass der U.S. Markt im Bereich der verbrieften Immobilienanlagen weiter entwickelt ist als der Europäische und insofern eine Tendenz für die zukünftige Entwicklung des europäischen Immobilien- bzw. Anlagemarktes vorzeichnet, wurden entsprechende U.S. Anlagen als Benchmark für den europäischen Markt herangezogen. Da es für eine effiziente Diversifikation notwendig ist, dass die betrachteten Assetklassen in sich homogen und untereinander heterogen sind, wurde in einem ersten Schritt untersucht, ob Immobilien-Aktien/Equity REITs eine eigenständige Assetklasse darstellen. Immobilien-Aktien unterscheiden sich formal nicht von den sonstigen Aktien, so dass sich differierende Rendite-/Risikocharakteristika dieser Anlagen vor allem durch die andersartige Geschäftstätigkeit begründen lassen dürften. Die Ergebnisse der Korrelations-, der Hauptkomponenten- sowie der Clusteranalyse unter Verwendung einzelner Aktien haben gezeigt, dass sich Immobilien-Aktien und REITs deutlich von den Renditeentwicklungen der sonstigen Aktien abheben. Diese Renditeunterschiede wiesen im Zeitablauf steigende Tendenzen auf. Immobilien-Aktien/REITs sind folglich als eigenständige Assetklasse zu qualifizieren. Die Ursache dafür dürfte in dem Vorliegen von immobilienspezifischen Risikofaktoren zu sehen sein.

Im Mittelpunkt der empirischen Untersuchung stand schließlich die Frage, welcher Diversifikationseffekt sich durch eine Beimischung von Immobilien-

Aktien in Mixed-Asset Portfolios innerhalb Europas bzw. in den USA tatsächlich erzielen ließ. Zur Quantifizierung des Diversifikationseffektes der Assetklassen Aktien, Renten und Immobilien-Aktien wurde eine Korrelationsanalyse auf dem Aggregationsniveau der entsprechenden Indizes durchgeführt, die zeigte, dass ein hohes Diversifikationspotential von Immobilien-Aktien bzw. REITs, besonders in Haussephasen, zu erkennen war. Die im Anschluss durchgeführte Effizienzlinienanalyse machte deutlich, dass durch ein Hinzufügen von Immobilien-Aktien bzw. REITs zu reinen Aktien-/Rentenportfolios höhere Renditen bei gleichem Risiko realisiert werden konnten. Aufgrund der beobachteten deutlichen Unterschiede in den europäischen Ergebnissen in der Gesamtperiode sowie für die beiden Subperioden, wurde zusätzlich eine Analyse der Zusammensetzung eines effizienten Portfolios im Zeitablauf durchgeführt. Diese ergab, dass innerhalb Europas in dem effizienten Portfolio nur am Anfang sowie gegen Ende des Untersuchungszeitraumes Immobilien-Aktien und in der zweiten Hälfte des Untersuchungszeitraumes Aktien enthalten waren, während in den USA bis auf einen kurzen Zeitraum alle drei Assetklassen im effizienten Portfolio vertreten waren. Ab Mitte der 90er Jahre stimmte interessanterweise die Gewichtung der drei Assetklassen in den effizienten Portfolios innerhalb Europas sowie in den USA weitgehend überein.

Insgesamt ergab der Vergleich des U.S. amerikanischen und des europäischen Marktes tendenziell übereinstimmende Ergebnisse. Jedoch wiesen REITs möglicherweise aufgrund ihrer längeren Historie und eindeutigen Abgrenzung von den sonstigen Aktien in dem gesamten Untersuchungszeitraum eine eigenständigere Entwicklung auf als Immobilien-Aktien. Daher unterlagen die Gewichtungen in dem effizienten Portfolio für den amerikanischen Markt nur geringfügigen zeitlichen Veränderungen.

Im Verlauf der empirischen Analyse wurde deutlich, dass Immobilien-Aktien im Vergleich zu Renten und sonstigen Aktien eine relativ heterogene Performance aufweisen. Aus diesem Grund zielte eine weitere Untersuchung darauf ab, die im Zeitablauf sehr unterschiedlichen Rendite-/Risikoeigenschaften von Immobilien-Aktien zu erklären. Das Schätzen von Marktmodellen sowohl auf dem Aggregationsniveau des Indizes als auch auf dem Niveau der einzelnen Aktien zeigte, dass der β-Koeffizient sowie das Bestimmtheitsmaß für die Immobilien-Aktien im Vergleich zu den sonstigen Aktien im Zeitablauf deutlich abgenommen haben. Dieser Unterschied in den Ergebnissen für die Immobilien- und sonstigen Aktien konnte darauf zurückgeführt werden, dass das Risiko der Immobilien-Aktien im Gegensatz zu den sonstigen Aktien im Zeitablauf abnimmt und teilweise sogar geringer als dasjenige des Marktes ausfällt. Zudem deutet der besonders in der zweiten Subperiode hohe Anteil an nicht durch das Single-Index Modell erklärtem, d.h unsystematischem, Risiko auf ein zunehmendes Diversifikationspotential der Immobilien-Aktien hin.

Zur Überprüfung, ob die Varianz der Renditen besser durch verschiedene makroökonomische Variablen erklärt werden kann, wurden im Anschluss verschiedene Multi-Index Modelle formuliert. Während in der ersten Periode durch die Verwendung von fünf makroökonomischen Faktoren der Anteil an erklärter Varianz im Gegensatz zum Marktmodell nicht gesteigert werden konnte, erklärten die verwendeten Faktoren im Zeitraum 1996-2002 einen deutlich höheren Varianzanteil. Insgesamt zeigten die Multi-Index Modelle, dass Immobilien-Aktien zwar in der ersten Subperiode von weitgehend ähnlichen Risikofaktoren beeinflusst wurden wie die sonstigen Aktien, in der zweiten Subperiode aber offensichtlich deutliche Veränderungen in den der Renditeentwicklung zugrundeliegenden Risikofaktoren auftraten. So wies der europäische Aktienindex im Zeitraum 1996-2002 immer noch einen hohen signifikanten Zusammenhang zu einer Vielzahl an makroökonomischen Faktoren auf, während dieses für den GPR 250 Europa nicht mehr festzustellen war. Zudem war für den Immobilien-Aktienindex in diesem Zeitraum erstaunlicherweise ein signifikanter Zusammenhang weder mit den langfristigen noch mit den kurzfristigen Zinsen zu beobachten. Der in der zweiten Subperiode dennoch hohe Anteil an weder durch das Marktmodell noch durch das Multi-Index Modell erklärter Varianz wies abermals darauf hin, dass Immobilien-Aktien ein hohes Diversifikationspotential aufweisen.

Die Ergebnisse der ex-post Analysen sind von der Wahl des Untersuchungszeitraumes (1990-2002) beeinflusst, der wiederum geprägt war durch die Wiedervereinigung in Deutschland, den Börsen-Boom bis Mitte des Jahres 2000 sowie einer anfänglich geringen Bedeutung von Immobilien-Aktien. Immobilien-Aktien waren in diesem Zeitraum von einer relativ unsteten Entwicklung gekennzeichnet, wobei gegen Ende der Untersuchungsperiode eine gewisse Stabilität ihrer Rendite-/Risikoeigenschaften erkennbar war. Diese Stabilität wiesen die U.S. amerikanischen REITs hingegen für den gesamten Zeitraum auf. Die Untersuchungen des Diversifikationspotentials von Immobilien-Aktien wurden auf dem Niveau der Indizes durchgeführt. Dies unterstellt wiederum, dass es sich bei diesen Indizes bereits um effiziente Portfolios handelt. Eine erneute Durchführung dieser Untersuchungen auf dem Niveau der einzelnen Aktien/Renten könnte zu anderen Ergebnissen bzgl. des Diversifikationspotentials von Immobilien-Aktien kommen.

Zusammenfassend lässt sich somit konstatieren, dass eine Vielzahl unterschiedlicher Möglichkeiten der Kapitalanlagen in Immobilien besteht, eine Anwendung der Modernen Portfolio Theorie erwartungsgemäß jedoch nur auf die an Finanzmärkten gehandelten Immobilienanlageformen bedenkenlos möglich ist. Diese Anlageform der Immobilien-Aktien repräsentiert gleichwohl nur einen geringen Anteil des tatsächlich in Immobilien investierten Vermögens. Ein Hinzufügen von Immobilien-Aktien zu Renten/Aktienportfolios erwies sich bereits als vorteilhaft, da Diversifikationsvorteile im Zeitablauf nachgewiesen werden konnten. Diese Diversifikationsvorteile scheinen auf unterschiedliche

Risikofaktoren der Immobilien-Aktien und der übrigen Finanzanlagen zurückzuführen zu sein. Eine Aussage bzgl. des zukünftigen Diversifikationspotentials von Immobilien-Aktien auf der Basis historischer Daten lässt sich hingegen nur unter der Vorraussetzung einer Strukturkonstanz der Immobilien-Aktien-, Renten- und Aktienmärkte ableiten.

Es gilt anzumerken, dass das Schätzen von Multi-Index Modellen besonders in der zweiten Subperiode gezeigt hat, dass kaum signifikante Zusammenhänge zwischen dem Immobilien-Aktienindex und den makroökonomischen Faktoren festzustellen waren. Da der GPR 250 Europa ein bereits über Länder und Immobilientypen diversifiziertes Portfolio darstellt, wäre es eine Herausforderung, für die einzelnen Immobilien-Aktien Multi-Index Modelle unter Berücksichtigung ihrer spezifischen Immobilienportfoliozusammensetzungen zu schätzen. Die Erzielung eines hohen Erklärungsgehalts wird jedoch immer einer geringen verfügbaren Historie, in denen die jetzigen Immobilien-AGs tatsächlich den Unternehmensgegenstand des Immobilienmanagements verfolgt haben, und nur quartalsweise oder jährlich zur Verfügung stehenden immobilienspezifischen Daten gegenüberstehen.

Darüber hinaus bleiben aus empirischer Sicht aufgrund einer mangelnden Datenverfügbarkeit im Bereich der Immobilienanlagen sowie der Beschränkung der durchgeführten Analysen auf den deutschen bzw. europäischen Immobilienmarkt diverse Fragen offen: So würde z.B. eine Quantifizierung des Diversifikationspotentials eines über alle vier Quadranten gestreuten deutschen oder auch europäischen Immobilienportfolios oder von internationalen Mixed-Asset Portfolios zu neuen Erkenntnissen führen. Eine Berechnung von Korrelationen zwischen den internationalen Anlagemöglichkeiten könnte außerdem zeigen, ob trotz oder gerade durch das Wechselkursrisiko ein weiterer Diversifikationseffekt erzielbar wäre.

Aus praktischer Sicht könnte es bedeutsam sein, einem Investor die Möglichkeit zu geben, seine Portfoliozusammensetzung auf Veränderungen des Immobilienmarktes durch den Kauf/Verkauf der liquideren indirekten Immobilienanlagen abzustimmen. Dazu ist zum einen eine höhere Liquidität und Marktbreite für Immobilien-Aktien zum anderen eine regionale und immobilientypenspezifische Spezialisierung von indirekten Immobilienanlagen notwendig.

Schließlich besteht aus theoretischer Sicht im Bereich des Managements von Immobilienportfolios der eindeutige Bedarf, Modelle für ein effizientes Portfoliomanagement zu formulieren, um in Zukunft auf diesen Modellen aufbauende rationale Anlageentscheidungen treffen zu können. Bestehende Modelle (z.B. die MPT) sollten so modifiziert werden, dass sie den spezifischen Charakteristika der Immobilien- als auch der Finanzanlagen gerecht werden. Eine Anwendung der MPT auf direkte Immobilienanlagen sowie die

Berechnung von Renditen, Risiken und Korrelationen von direkten Immobilienanlagen zu anderen Anlagen könnte durch die Konstruktion eines Indizes entscheidend erleichtert werden, dessen Zusammensetzung der Objektbestände sollte aber unbedingt die regionale und immobilientypenspezifische Struktur des Gesamtmarktes abbilden und Subindizes für diese einzelnen Regionen und Immobilientypen zur Verfügung stellen. Einen Anhaltspunkt könnte dafür der bereits seit 1978 in den USA zur Verfügung stehende NCREIF sein, der sich aus mehreren regionalen und immobilientypenspezifischen Subindizes zusammensetzt. Dem Vorteil einer rationalen Anlageentscheidung wird jedoch der Nachteil einer nur modellhaften Abbildung der Realität sowie einer äußerst komplexen Handhabung der Anlageentscheidungen gegenüber stehen.

Die vorliegende Arbeit hat sich zwar nur -gezwungen durch die eingeschränkte Datenverfügbarkeit- auf einen Ausschnitt aller am Markt verfügbaren Immobilienanlage-formen beschränkt, verdeutlichte aber dennoch, dass die Beimischung von Immobilien-Aktien zu Mixed-Asset Portfolios durch den nachgewiesenen Diversifikationseffekt vorteilhaft ist. Es wurde gleichzeitig deutlich, dass aus wissenschaftlicher Sicht ein enormer Untersuchungsbedarf im Bezug auf die traditionellen Immobilienanlageformen besteht. Die Arbeit hat hier sicherlich mehr Fragen aufgeworfen als Antworten gegeben.

Literaturverzeichnis

Abromeit-Kremser, B. **(Abromeit-Kremser, 1986)**: *Offene Immobilieninvestmentfonds*, Service-Fachverlag an der Wirtschaftsuniversität Wien, Wien, 1986.

Aigner, K.; Voecking, T.; Täte, K. **(Aigner et al., 2000)**: Immobilien als Bestandteil der Asset-Allocation, in: Deutsche Bank AG (Hrsg.): *Anlage-Strategie Privatkunden*, Frankfurt a.M. 2000.

Alexander, G.; Francis, J. **(Alexander/Francis, 1986)**: *Portfolio Analysis*, 3. Aufl., Prentice-Hall, Englewood Cliffs, 1986.

Arndt, F.-J. **(Arndt, 1999)**: Der Pfandbrief, in: Verband deutscher Hypothekenbanken e.V. (Hrsg.): *Der Pfandbrief*, 4. Aufl. Bonn, 1999.

Asabere, P.; Kleinman, R.; McGrowan, C. **(Asabere et al., 1991)**: The Risk-Return Attributes of International Real Estate Equities, in: Journal of Real Estate Research, Vol. 6 (2), S. 143-151.

Assmann, H.-D.; Schütze, R. (Hrsg.) **(Assmann/Schütze, 1998)**: *Handbuch des Kapitalanlagerechts*, 2. Auflage, C.H. Beck Verlag, München.

Backhaus, K.; Erichson, B.; Plinke, W.; Weiber, R. **(Backhaus et al., 2000)**: *Multivariate Analysemethoden*, 9. Aufl., Springer-Verlag, Berlin.

Bals, W. **(Bals, 1994)**: *Die ökonomische Position von Anteilinhabern offener Immobilienfonds*, P. Lang Verlag, Frankfurt et al.

Bamberg, G.; Baur, F. **(Bamberg/Baur, 2001)**: *Statistik*, 11. Auflage, Oldenbourg Verlag, München.

Barkham, R. **(Barkham, 1995)**: The Performance of the U.K. Property Company Sector: A Guide to Investing in British Property via the Public Stock Market, in: Real Estate Finance, Spring 1995, Vol. 12(1), S. 90-98.

Baur, J. **(Baur, 1997)**: *Investmentgesetze Band 2*, 2. Aufl., deGruyter Verlag, Berlin, 1997.

Beck, M. **(Beck, 2000a)**: Benchmarks für die Performance-Messung einer Aktie, in: Bankhaus Ellwanger & Geiger (Hrsg.): *Europäische Immobilien-Aktien*, Bankhaus Ellwanger & Geiger, Stuttgart, 2000.

Beck, M. **(Beck, 2000b)**: Innovative Immobilienanlageform der Zukunft – die europäische Immobilienaktie, in: Der Langfristige Kredit 12/2000, S. 415-418.

Beck, M. **(Beck, 2001)**: Immobilienaktien – Transparenz, Transparenz, Transparenz, in: Der Langfristige Kredit Sonderdruck aus Heft 21, S. 28-31.

Beck, M. **(Beck, 2003)**: Die geeignete Benchmark für die Performancemessung: indices deutscher und europäischer Immobilien-AGs, in: Rehkugler, H. (Hrsg.): *Die Immobilien-AG*, Oldenbourg, München, 2003, S. 133-164.

Bernoulli, D. **(Bernoulli, 1954)**: Exposition of a New Theory on the Measurement of Risk, in Econometrica, Vol. 22 (1), Jan. 1954, S. 23-36.

Black, F. **(Black, 1992)**: Global Reach, in: Risk, Vol. 5(11), S. 27-30.

Black, F.; Litterman, R. **(Black/Litterman, 1992)**: Global Portfolio Optimization, in: Financial Analyst Journal, September/October 1992, S. 28-43.

Blitzer, D. **(Blitzer, 1995)**: Survivorship Bias: Comment, in: Journal of Portfolio Managment, Winter 1995, S. 102-104.

Böckem, H.; Schurbohm, A. **(Böckem/Schurbohm, 2002)**: Die Bilanzierung von Immobilien nach den International Accounting Standards, in: Kapitalmarktorientierte Rechnungslegung 1/2002, S. 38-51.

Bohley, P. **(Bohley, 2000)**: *Statistik*, 7. Auflage, Oldenbourg Verlag, 2000.

Bone-Winkel, S. **(Bone-Winkel, 1994)**: *Das strategische Management von offenen Immobilienfonds*, R. Müller Verlag, Köln, 1994.

Bone-Winkel, S. **(Bone-Winkel, 1996)**: Immobilienanlageprodukte in Deutschland, in: Die Bank 11/96,1996, S. 670-677.

Bone-Winkel, S. **(Bone-Winkel, 1998)**: Immobilienanlageprodukte: Überblick und Vergleich, in: Schulte, K.-W.; Bone-Winkel, S.; Thomas, M. (Hrsg.): *Handbuch Immobilien-Investition*, R. Müller, Köln, 1998.

Booth, D.; Cashdan, D.; Graff, R. **(Booth at al., 1989)**: Real Estate: A Hybrid of Debt and Equity, in: Real Estate Review, Spring 1989, Vol. 19, S. 54-59.

Brueggeman, W.; Fisher, J. **(Brueggeman/Fisher, 1997)**: *Real Estate Finance and Investments*, Irwin McGraw Hill, Boston et al., 1997.

Bruns, C.; Meyer-Bullerdiek, F. **(Bruns/Meyer-Bullediek, 1996)**: *Professionelles Portfolio-Management*, Schäffer-Poeschel Verlag, 1996

Bundesverband Deutscher Investment- und Vermögensverwaltungs-Gesellschaften e.V. **(BVI, 2002)**: *Fondsvermögen/Mittelaufkommen Monat*, in: www.bvi.de/fsSEKM-4MYLGB.htm (Stand: 20.11.2002).

Burns, W.; Epley, D. **(Burns/Epley, 1982)**: The performance of portfolios of REITs + Stocks, in: Journal of Portfolio Managment, Spring 1982, S. 37-42.

Cadmus, A. **(Cadmus, 2003)**: REITs: Ein Vorbild für deutsche Immobilien-Aktiengesellschaften?, in: Rehkugler, H. (Hrsg.): *Die Immobilien-AG*, Oldenbourg, München, 2003, S. 195-216.

Cashdan, D. **(Cashdan, 1990)**: Real estate components reduce volatility, in: Pension&Investments, June 25, 1990, S. 43-44.

CB Richard Ellis **(CB Richard Ellis, 2001)**: *Global Market Rents*, January 2001, CB Richard Ellis, 2001.

Chan, K.; Hendershott, P.; Sanders, A. **(Chan et al., 1990)**: Risk and Return on Real Estate: Evidence from Equity REITs, in: AREUEA Journal, Vol. 18(4), S. 431-452.

Chandrashekaran, V. **(Chandrashekaran, 1999)**: Time-Series Properties and Diversification Benefits of REITs, in: Journal of Real Estate Research, Vol. 17(1/2), S. 91-112.

Chen, S.; Hsieh, C.; Vines, T.; Chiou, S. **(Chen et al., 1998)**: Macroeconomic Variables, Firm-Specific Variables and Returns to REITs, in: Journal of Real Estate Research, Vol.16(3), S. 269-277.

Clark, R.; Tullis, R. **(Clark/Tullis, 1999)**: How Much International Exposure is Advantageous in a Domestic Portfolio?, in: Journal of Portfolio Management, Winter 1999, S. 33-44.

Coleman, M.; Hudson-Wilson, S.; Webb, J. **(Coleman et al., 1994)** : Real Estate in the Multiasset Portfolio, in : Hudson-Wilson, S. ; Wurtzebach, C. (Hrsg.): *Managing Real Estate Portfolios*, 1994, S. 98-123.

Corgel, J.; deRoos, J. **(Corgel/deRoos, 1999)**: Recovery of Real Estate Returns for Portfolio Allocation, in: Journal of Real Estate Finance and Economics, Vol. 18(3), S. 279-296.

D'Arcy, E.; Lee, S. **(D'Arcy/Lee, 1998)**: A Real Estate Portfolio Strategy for Europe: A Review of the Options, in: Journal of Real Estate Portfolio Management, Vol. 4(2), S. 113-123.

DATEV eG (Hrsg.) **(DATEV, 2001)**: *Tabellen und Informationen für den steuerlichen Berater*, 2. Aufl., Datenverarbeitung und Dienstleistung für den steuerberatenden Beruf e.G., Nürnberg, 2001.

Deutsche Börse AG **(Deutsche Börse, 2001)**: *XTF Exchange Traded Funds*, Frankfurt, 2001.

Deutsche Bundesbank **(Deutsche Bundesbank, 1999)**: *Monatsbericht Januar 1999*, 51. Jahrgang, Nr. 1, Frankfurt a.M., 1999.

Deutsche Bundesbank **(Deutsche Bundesbank, 2002)**: *Monatsbericht Januar 2002*, 54. Jahrgang, Nr. 1, Frankfurt a.M., 2002.

DeWit, D. **(DeWit, 1997)**: Real Estate Diversification Benefits, in: Journal of Real Estate Research, Vol. 14 (1/2), 1997, S. 117-135.

Diamond, D; Lea, M. **(Diamond/Lea, 1992)**: Germany, in: Journal of Housing Research, Vol. 3(1), 1992, S. 79-114.

Dohrmann, G. **(Dohrmann, 1995)**: The Evolution of Institutional Investment in Real Estate, in: Pagliari, J.L. (Hrsg.): *Handbook of real estate portfolio management*, Irwin McGraw-Hill, 1995.

Doswald, H. **(Doswald, 2002)**: Auswirkungen von Basel II auf die Immobilienwirtschaft, in: Verband deutscher Hypothekenbanken (VDH) (Hrsg.): *Professionelles Immobilien-Banking*, Berlin 2002, S. 65-81.

Dowd, K. **(Dowd, 2000)**: Adjusting for risk: An improved Sharpe ratio, in: International Review of Economics and Finance, Vol. 9, S. 209-222.

Downs, D.; Hartzell, D. **(Downs/Hartzell, 1995)**: Real Estate Investment Trusts, in: Pagliari, J. (Hrsg.): *The Handbook of Real Estate Portfolio Management*, Irwin McGraw-Hill, Boston et al., 1995, S. 597-634.

Drummen, M. **(Drummen, 1992)**: *Europaweit diversifizierte Aktienportfolios*, Verlag Paul Haupt, Bern et al., 1992.

Drummen, M., Zimmermann, H. **(Drummen/Zimmermann, 1992)**: Portfolioeffekte des Währungsrisikos, in: Finanzmarkt und Portfolio Management, 6. Jhg., Nr. 1, S. 81-103, 1992.

Duchardt, U. **(Duchardt, 2001)**: Die Analyse von Geschlossenen Immobilienfonds, in: DStR 50/2001, S. 2170-2176.

Edwards, T. **(Edwards, 1999)**: *REITs Modernized*, National Association of Real Estate Investment Trusts, December 1999.

Eichholtz, P. **(Eichholtz, 1996)**: Does International Diversification Work Better for Real Estate than for Stocks and Bonds?, in: Financial Analyst Journal, Januar/Februar 1996, S. 56-62.

Eichholtz, P. **(Eichholtz, 1997)**: How To Invest Internationally? Region and Property Type on a Global Scale, in: Real Estate Finance, Fall 1997, S. 51-56.

Eichholtz, P.; Huisman, R.; Schuin, L. **(Eichholtz et al., 1998a)**: Continental Factors in International Real Estate Returns, in: Real Estate Economics, Vol. 26 (3), S. 493-509.

Eichholtz, P.; de Graaf, N.; Kastrop, W.; Op 't Veld, H. **(Eichholtz et al., 1998b)**: Introducing the GPR 250 Property Share Index, in: Real Estate Finance, Spring 1998, S. 51-61.

Elton, E.; Gruber M. **(Elton/Gruber, 1995)**: *Modern Portfolio Theory and Investment Analysis*, 5. Aufl. Wiley, New York, 1995.

Elton, E.; Gruber M. **(Elton/Gruber, 1997)**: Modern portfolio theory, 1950 to date, in: Journal of Banking & Finance, Vol. 21, S. 1743-1759.

Ennis, R.; Burik, P. **(Ennis/Burik, 1991)**: Pension Fund Real Estate Investment Under a Simple Equilibrium Pricing Model, in: Financial Analyst Journal, Mai-Juni 1991, S. 20-30.

Ernst & Young **(Ernst & Young, 2001)**: *Nonperforming Loan Report: Asia 2002 Executive Summary*, Ernst & Young, 2001.

Ernst & Young **(Ernst & Young, 2002)**: *Referentenentwurf zum Steuervergünstigungs-abbaugesetz – SteVAG*, Ernst & Young, 2002.

Fama, E. **(Fama, 1970)**: Efficient Capital Markets: A Review of Theory and Empirical Work, in: Journal of Finance, Vol. 25, May 1970, S. 383-417.

Fama, E. **(Fama, 1991)**: Efficient Capital Markets: II, in: Journal of Finance, Vol. 46 (5), December 1991, S. 1575-1617.

Findlay, M.; Hamilton, C.; Messner, S.; Yormark, J. **(Findlay et al., 1979)**: Optimal Real Estate Portfolios, in: AREUEA Journal, Vol. 7, S. 298-317.

Firstenberg, P.; Ross, S.; Zisler, R. **(Firstenberg et al., 1988)**: Real estate: The whole story, in: Journal of Portfolio Management, Spring 1988, S. 22-34.

Fisher, I. **(Fisher, 1963)**: *The Purchasing Power of Money*, 3. Aufl. (1. Auflage 1911), A.M. Kelly, New York, 1963.

Fisher, J.; Geltner, D. **(Fisher/Geltner, 2000)**: De-Lagging the NCREIF Index: Transaction Prices and Reverse-Engineering, in: Real Estate Finance, Spring 2000, S. 7-22.

Fisher, J.; Liang, Y. **(Fisher/Liang, 2000)**: Is Sector Diversification More Important Than Regional Diversification?, in: Real Estate Finance, Fall 2000, Vol. 17(3), S. 35-40.

Friedman, H. **(Friedman, 1970)**: Real Estate Investment and Portfolio Theory, in: Journal of Financial and Quantitative Analysis, April 1970, S. 861-874.

FTSE International Ltd. **(FTSE International Ltd., 2001)**: *FTSE Global Classification System*, London, 2001.

Garcia, C.; Gould, F. **(Garcia/Gould, 1993)**: Survivorship Bias, in: Journal of Portfolio Managment, Spring 1993, S. 52-56.

Garcia, C.; Gould, F.; Ma, C. **(Garcia et al., 1995)**: Survivorship Bias: Reply, in: Journal of Portfolio Managment, Winter 1995, S. 105-107.

Gastineau, G. **(Gastineau, 1995)**: The Currency Hedging Decision: A Search for Synthesis in Asset Allocation, in: Financial Analyst Journal, May-June 1995, S. 8-17.

Gastineau, G. **(Gastineau, 2001)**: Exchange-Traded Funds: An Introduction, in: Journal of Portfolio Management, Spring 2001, Vol. 27(3), S. 88-96.

Geltner, D. **(Geltner, 1989)**: Bias in Appraisal-Based Returns, in: AREUEA Journal, Vol. 17(3), S. 338-352.

Geltner, D. **(Geltner, 1999)**: Using the NCREIF Index to Shed Light on What Really Happened to Asset Market Values in 1998: An Unsmoother's view of the Statistics, in: Real Estate Finance, Vol. 16(1), S. 69-80.

Geltner, D.; Goetzmann, W. **(Geltner/Goetzmann, 1998)**: Two Decades of Commercial Property Returns: A NCREIF Index Using Independent Appraisals, Working Paper, 1998.

Geltner, D.; Rodriguez, J. **(Geltner/Rodriguez, 1998)**: Public and private Real Estate, in: Garrigan, R.; Parson, J. (Hrsg.): Real Estate investment Trusts, McGraw-Hill, New York et al., 1998.

Geltner, D.; Rodriguez, J.; O'Connor, D. **(Geltner et al., 1995)**: The Similar Genetics of Public and Private Real Estate and the Optimal Long-Horizon Portfolio Mix, in: Real Estate Finance, Vol. 12(3), S. 13-25.

Giliberto, M. **(Giliberto, 1992)**: The Allocation of Real Estate to Future Mixed-Asset Institutional Portfolios, in: The Journal of Real Estate Research, Vol. 7(4), S. 423-432.

Goetzmann, W.; Ibbotson, R. **(Goetzmann/Ibbotson, 1990)**: The Performance of Real Estate as an Asset Class, in: Journal of Applied Corporate Finance, Fall 1990, Vol. 13(1), S. 65-76.

Gordon, J. **(Gordon, 1994)**: The Real Estate Capital Markets Matrix: A Paradigm Approach, in: Real Estate Finance, Fall 1994, Vol. 11(3), S. 7-15.

Gordon, J.; Canter, T.; Webb, J. **(Gordon et al., 1998)**: The Effect of International Real Estate Securities on the Portfolio Diversification, in: Journal of Real Estate Porfolio Management, Vol. 4(2), S. 83-91.

Graaskamp, J.A. **(Graaskamp, 1991)**: The Failure of the Universities to Teach the Real Estate Process as an Interdisciplinary Art Form, in: Jarchow, S.P. (Hrsg.): *Graaskamp on Real Estate*, ULI-the Urban Land Institut, Washington, 1991.

Graff, R. **(Graff, 2001)**: Economic Analysis Suggests that REIT Investment Characteristics are Not as Advertised, in: Journal of Portfolio Management, Vol. 7(2), S. 99-124.

Grauer, R.; Hakansson, N. **(Grauer/Hakansson, 1995)**: Gains From Diversifying Into Real Estate: Three Decades of Portfolio Returns Based on the Dynamic Investment Model, in: Real Estate Economics, Vol. 23(2), S. 117-159.

Greer, G. **(Greer, 1997a)**: *Investment analysis for real estate decisions*, Dearborn Financial Publishing, Chicago, 1997.

Greer, R. **(Greer, 1997b)**: What is an Asset Class, Anyway?, in: Journal of Portfolio Management, Winter 1997, S. 86-91.

Grissom, T.; Kuhle, J.; Walther, C. **(Grissom et al., 1987)**: Diversification works in real estate, too, in: Journal of Portfolio Management, Winter 1987, S. 66-71.

Grossman, S.; Stiglitz, J. **(Grossman/Stiglitz, 1980)**: On the Impossibility of Informationally Efficient Marktes, in: The American Economic Review, June 1980, S. 393-408.

Grubel, H. **(Grubel, 1968)**: Internationally Diversified Portfolios: Welfare Gains and Capital Flows, in: American Economics Review, No. 58, Dec. 1968, S. 1299-1314.

Grubel, H.; Fadner, K. **(Grubel/Fadner, 1971)**: The Interdependence of International Equity Markets, in: Journal of Finance, March 1971, Vol. 26, S. 89-94.

Grupe, M.; DiRocco, C. **(Grupe/DiRocco, 1999)**: The NAREIT® Index of REIT Industry Performance, in: Real Estate Finance, Spring 1999, S. 21-50.

Gügi, P. **(Gügi, 1995)**: *Einsatz der Portfoliooptimierung im Asset Allocation-Prozess*, Verlag Paul Haupt, Bern et al., 1995.

Hardegen, V. **(Hardegen, 2000)**: Betreiberimmobilien aus der Sicht eines Kreditinstituts, in GuG 2/2000, S. 65 – 72.

Hardt, J. **(Hardt, 2000)**: Recent Developements in European Mortgage Markets, in: Housing Finance International, December 2000, Vol. 15(2), S. 15-25.

Hardt, J.; Lichtenberger, J. **(Hardt/Lichtenberger, 2001)**: The Economics and Financial Importance of Mortgage Bonds in Europe, in: Housing Finance International, June 2001, Vol. 15(4), S. 19-29.

Hartung, J. **(Hartung, 2002)**: *Statistik*, 13. Auflage, Oldenbourg Verlag, 2002.

Hartung, J.; Elpelt, B. **(Hartung/Elpelt, 1999)**: *Multivariate Statistik*, 6. Auflage, Oldenbourg Verlag, München.

Hartzell, D.; Hekman, J.; Miles, M. **(Hartzell et al., 1986)**: Diversification Categories In Investment Real Estate, in: AREUEA Journal, Vol. 14(2), 1986, S. 230-254.

Hartzell, D.; Shulman, D., Wurtzebach, C. **(Hartzell et al., 1989)**: Refining the Analysis of Regional Diversification for Income-Producing Real Estate, in: Journal of Property Management, July/August 1989, S. 19-24.

Hudson-Wilson, S. **(Hudson-Wilson, 1997a)**: Cross-Quadrant Asset Allocation – A Third Look!, in: Real Estate/Portfolio Strategist, November 1997, Vol. 1(6), S. 1-15.

Hudson-Wilson, S. **(Hudson-Wilson, 1997b)**: Timing the Real Estate Market – A silly idea or the only idea?, in: Real Estate / Portfolio Strategist, Vol. 1 (7), S. 1-8.

Hudson-Wilson, S. **(Hudson-Wilson, 2001)**: Why Real Estate?, in: Journal of Portfolio Management, Vol. 28 (1), S. 20-32.

Hudson-Wilson, S.; Elbaum, B.L. **(Hudson-Wilson/Elbaum, 1995)**: Diversification Benefits for Investors in Real Estate, in: Journal of Portfolio Management, Spring 1995; S. 92-99.

Hudson-Wilson, S.; Günther, D. **(Hudson-Wilson/Günther, 1995)**: The Four Quadrants: Diversification Benefits for Investors in Real Estate – A Second Look, in: Real Estate Finance, Summer 1995, Vol. 12(2), S. 82-99.

Ibbotson, R.; Carr, R.; Robinson, A. **(Ibbotson et al., 1982)**: International Equity and Bond Returns, Financial Analyst Journal July/August 1982, S. 61-83.

Ibbotson, R.; Siegel, L. **(Ibbotson/Siegel, 1984)**: Real Estate Returns: A Comparison with Other Investments, in: AREUEA Journal, Vol. 12(3), S. 219-242.

Ibhler, F.; Lucius, D. **(Ibhler/Lucius, 2001)**: Mezzanine-Finanzierungen gehört die Zukunft, in: Immobilien Zeitung, Nr. 24 22.11.2001, S. 13.

ING REAL ESTATE Asset Management **(ING REAL ESTATE Asset Management, 2001)**: *The Role of Real Estate in a Balanced Portfolio*, November 2001.

Jandura, D. **(Jandura, 2000)**: *Integration internationaler Finanzmärkte*, Uhlenbruch, Bad Soden/Ts., 2000.

Jandura, I.; Rehkugler, H. **(Jandura/Rehkugler, 2001)**: Anwendung der MPT auf Immobilienportfolios – Amerikanischer Standard und die Zukunft für Deutschland, in: GuG 3/2001, S. 129-142.

Jorion, P. **(Jorion, 1989)**: Asset allocation with hedged and unhedged foreign stocks and bonds, in: Journal of Portfolio Management, Summer 1989, S. 49-54.

Jorion, P. **(Jorion, 1994)**: Mean/Variance Analysis of Currency Overlays, in: Financial Analyst Journal, May-June 1994, S.48-56.

Kallberg, J.; Crocker, H.; Greig, W. **(Kallberg et al., 1996)**: The Role of Real Estate in the Portfolio Allocation Process, in: Real Estate Economics, Vol. 24(3), S. 359-377.

Kaplanis, E.; Schaefer, S. **(Kaplanis/Schaefer, 1991)**: Exchange Risk and International Diversifikation in Bond and Equity Portfolios, in: Journal of Economics and Business, Vol. 43, S. 287-307.

Khoo, T.; Hartzell, D.; Hoesli, M. **(Khoo et al., 1993)**: An Investigation of the Change in Real Estate Investment Trust bEtas, in: Journal of AREUEA, Vol. 21(2), S. 107-130.

Knight, R. **(Knight, 1991)**: Optimal Currency Hedging and International Asset Allocation: An Integration, in: Finanzmarkt und Portfolio Management, 5.Jhg. Nr. 2, S. 130-163, 1991.

Kuhle, J. **(Kuhle, 1987)**: Portfolio Diversification and Return Benefits – Common Stock vs. Real Estate Investment Trusts (REITs), in: The Journal of Real Estate Research, Vol. 2(2), S. 1-9.

Kurth, H; Grass, H. **(Kurth/Grass, 1990)**: *Der geschlossene Immobilienfonds*, 2. Auflage, R. Haufe, Freiburg i.Br., 1990.

Lausberg, C. **(Lausberg, 2001)**: *Das Immobilienmarktrisiko deutscher Banken*, Verlag Wissenschaft&Praxis, Sternenfels, 2001.

Laux, H. **(Laux, 1998)**: *Entscheidungstheorie*, 4. Auflage, Springer Verlag, Berlin et al., 1998.

Laux, M.; Ohl, K. **(Laux/Ohl, 1988)**: *Grundstücks-Investment*, F. Knapp Verlag, Frankfurt a.M., 1988.

Lee, St. **(Lee, 2001)**: The Relative Importance of Property Type and Regional Factors in Real Estate Returns, in: Journal of Real Estate Portfolio Management, Vol. 7(2), S. 159-167.

Lehner, A. **(Lehner, 1995)**: Rating für Immobilienfinanzierung, in: Der Langfristige Kredit, 11/1995, S. 366-369.

Leibold, S. **(Leibold, 2000)**: Grundlagen der Investition in Immobilienaktien, in: Bankhaus Ellwanger & Geiger (Hrsg.): *Europäische Immobilien-Aktien*, Bankhaus Ellwanger & Geiger, Stuttgart, 2000.

Leinemann, M. **(Leinemann, 2000)**: Warum liegen Immobilienaktiengesellschaften im Trend?, in: Der Langfristige Kredit 12/2000, S. 408-410.

Leis, W. **(Leis, (1988)**: *Die Portfolio-Selektions-Theorie und ihre Anwendung als Entscheidungsinstrument der Kapitalanlageplanung in Lebensversicherungsunter-nehmen*, Peter Lang, Frankfurt a.M. et al, 1988.

Levy, H.; Sarnat, M. **(Levy/Sarnat, 1970)**: International Diversification of Investment Portfolios, in: American Economics Review, No. 60, September 1970, S. 668-675.

Levy, H.; Sarnat, M. **(Levy/Sarnat, 1990)**: *Capital Investment & Financial Decisions*, 4. Aufl., Prentice Hall International, Engelwood Cliffs, 1990.

Liang, Y.; McIntosh, W.; Webb, J. **(Liang at el., 1995)**: Intertemporal Changes in Riskiness of REITs, in: Journal of Real Estate Research, Vol. 10(4), S. 427-443.

Liao, H.; Mei, J. **(Liao/Mei, 1998)**: Risk Characteristics of Real Estate Securities – An Extension of Liu and Mei (1992), in: Journal of Real Estate Research, Vol. 16(3), S. 279-290.

Linklaters Oppenhoff & Rädler **(Linklaters Oppenhoff & Rädler, 2002)**: *Mandanten-information "Die steuerliche Giftliste"*, Linklaters Oppenhoff & Rädler, 2002.

Loipfinger, S.; Nickl, L.; Richter, U. **(Loipfinger et al., 1997)**: *Geschlossene Immobilienfonds*, 3. Aufl., Deutscher Sparkassen Verlag, 1997.

Lüdicke, J.; Arndt, J. **(Lüdicke/Arndt, 2002)**: Abzugsverbot von Eigenkapitalvermittlungs-provisionen geschlossener Fonds, in: Betriebs-Berater, Heft 12 Jg. 57, S. 597-598.

Madlem, P.; Sykes, T. **(Madlem/Sykes, 2000)**: *The International Encyclopedia of Mutal Funds, Closed-End Funds and Real Estate Investment Trusts*, AMACOM, New York et al., 2000.

Maier, K. **(Maier, 1999)**: *Risikomanagement im Immobilienwesen*, F. Knapp Verlag, Frankfurt a.M., 1999.

Maier, K. **(Maier, 2000)**: Risikomanagement durch Asset Allocation, in: Der Langfristige Kredit 11/2000, S. 374-378.

Maringer, D. **(Maringer, 2002)**: Portfolioselektion bei Transaktionskosten und Ganzzahligkeitsbeschränkungen, in: ZfB, 72. Jg. Heft 11, S. 1155-1176.

Markowitz, H. **(Markowitz, 1952)**: Portfolio Selection, in: Journal of Finance, Vol. 7, March, 1952, S. 77-91.

Markowitz, H. **(Markowitz, 1959)**: *Portfolio Selection*, Wiley&Sons, New York 1959.

Markowitz, H. **(Markowitz, 1976)**: Markowitz revisited, in: Financial Analyst Journal, September/October 1976, S. 47-52.

Markowitz, H. **(Markowitz, 1991)**: *Portfolio Selection*, 2. Aufl., Blackwell, Oxford 1991.

Martin, S.; Maurer, R. **(Martin/Maurer, 1997)**: Diversifikationspotential und Inflationshedge-Eigenschaften deutscher Immobilienaktiengesellschaften, in: GuG 6/1997, S. 350-354.

Maurer, R.; Reiner, F. **(Maurer/Reiner, 2002)**: International Asset Allocation with Real Estate Securities in a Shortfall Risk Framework: The Viewpoint of German and U.S. Investors, in: Journal of Real Estate Portfolio Managment, Vol. 8(1), S. 27-43

Miles, M.; Cole, R.; Guilkey, D. **(Miles et al., 1990)**: A Different Look at Commercial Real Estate Returns, in: AREUEA Journal, Vol. 18 (4), S. 403-430.

Miles, M.; McCue, T. **(Miles/McCue, 1982)**: Historic Returns and Institutional Real Estate Portfolios, in: AREUEA Journal, Vol. 10(2), S. 184-199.

Miles, M.; McCue, T. **(Miles/McCue, 1984)**: Commercial Real Estate Returns, in: AREUEA Journal, Vol. 12(3), S. 355-377.

Mitropoulos, S.; Andersen, S. **(Mitropoulos/Andersen, 2000)**: *Immobilienaktiengesell-schaften – Neue Immobilienanlage vor dem Durchbruch?*, Deutsche Bank Research, 2000.

Mueller, G.; Pauley, K.; Morrill, W. **(Mueller et al., 1994)**: Should REITs Be Included in a Mixed-Asset Portfolio?, in: Real Estate Finance, Vol. 11(1), Spring 1994, S. 23-28.

Mueller, G.; Ziering, B. **(Mueller/Ziering, 1992)**: Real Estate Portfolio Diversification Using Economic Diversification, in: The Journal of Real Estate Research, Vol. 7(4), Fall 1992, S. 375-386.

Mull, S.; Soenen, L. **(Mull/Soenen, 1997)**: U.S. REITs as an Asset Class in International Investment Portfolios, in: Financial Analyst Journal, März/April 1997, S. 55-61.

Mullaney, J. **(Mullaney, 1998)**: *REITs – Buliding Profits with Real Estate Invesment Trusts*, J. Wiley&Sons, New York et al., 1998.

Nann, W. **(Nann, W. 1998)**:Geschlossener Immobilienfonds und Zweitmarkt, in: Nann, W. (Hrsg.): *Immobilien – Beiträge aus Wissenschaft und Praxis*, MBC, Bad Dürrheim, 1998.

National Association of Real Estate Investment Trusts **(NAREIT, 2000)**: *Investing in Real Estate Investment Trusts*, Washington, 2000.

o.V. **(o.V., 1998)**: Investing in Real Estate - The legal framework, Alliance of European Lawyers, Brüssel, 1998.

o.V. **(o.V., 2000a)**: *MSCI Newswatch*, December 2000.

o.V. **(o.V., 2000b)**: Die Bank am Risiko beteiligen, in: Real Estate 3/2000, S. 32-33.

o.V. **(o.V., 2002a)**: Kreditrisiken verkauft, in: Immobilien Zeitung, Nr. 17, 16.08.2002, S. 4.

o.V. **(o.V., 2002b)**: Ohne Informationen geht es den Zweitmarktpreisen an den Kragen, in: Immobilien Zeitung, Nr. 5, 28.2.2002.

O'Reilly, P.; Hardt, J. **(O'Reilly/Hardt, 2001)**: The Future of the European Mortgage Markets Part II: Mortgage Bonds vs MBS, in: Der Langfristige Kredit, Nr. 4 2001, S. 122-124.

Odier, P.; Solnik, B. **(Odier/Solnik, 1993)**: Lessons for International Asset Allocation, in: Financial Analyst Journal, March/April 1993, S. 63-77.

Oehler, A.; Unser, M. **(Oehler/Unser, 2001)**: *Finanzwirtschaftliches Risikomanagement*, Springer Verlag, Berlin et al., 2001.

Ohlson, J. **(Ohlson, 1975)**: The Asymtotic Validity of Quadratic Utility as the Trading Interval Approaches Zero, in: Ziemba, W., Vickson, R. (Hrsg.): Stochastic Optimization Models in Finance, New York et al., 1975, S. 221-234.

Oho, W.; Schelnberger, F.-J. **(Oho/Schelnberger, 1999)**: Steuerfolgen verschiedener Rechts- und Finanzierungsformen der Immobilienentwicklung und –investition, in: Usinger, W. (Hrsg.): *Immobilien – Recht und Steuern, Handbuch für die Immobilienwirtschaft*, 2. Aufl., R. Müller, 1999, S. 1293-1357.

Opitz, G. **(Opitz, 1998)**: *Geschlossene Immobilienfonds*, 2. Auflage, Haufe, Freiburg i.Br. 1998.

Paul, S. **(Paul, 1994)**: *Bankenintermediation und Verbriefung*, Gabler Verlag, 1994.

Paul, S.; Fehr, P. **(Paul/Fehr, 1996a)**: Hypothekenpfandbriefe versus MBS – Konkurrenz oder Komplementarität? (I), in: Die Bank, 6/1996, S. 351-356.

Paul, S.; Fehr, P. **(Paul/Fehr, 1996b)**: Hypothekenpfandbrief versus MBS (II), in: Die Bank, 7/1996, S. 404-407.

Peiß, S. **(Peiß, 1998)**: *Management kumulierter Risiken bei Banken: eine empirische Untersuchung im Immobilienfinanzierungsgeschäft*, Gabler Verlag, Wiesbaden, 1998.

Penny, P. **(Penny, 1980)**: Modern Investment Theory and Real Estate Analysis, in: The South African Journal of Economics, Vol. 48(1), 1980, S. 64-86.

Perridon L.; Steiner, M. **(Perridon/Steiner, 2002)**: *Finanzwirtschaft der Unternehmung*, 11. Aufl., Verlag Vahlen, München, 2002.

Petersen, J.; Hsieh, C. **(Peterson/Hsieh, 1997)**: Do Common Risk Factors in the Returns on Stocks and Bonds Explain Returns on REITs, in: Rela Estate Economics, Vol. 25(2), S. 321-345.

Pfingsten, A.; Homölle, S. **(Pfingsten/Homölle, 2001)**: Refinanzierung von Hypothekendarlehen – Pfandbriefemission versus MBS-Transaktionen, in: Der Langfristige Kredit, Nr. 17 2001, S. 619-621.

Phyrr, S.; Cooper, J.; Wofford, L.; Kapplin, S.; Lapides, P. **(Phyrr et al., 1989)**: *Real Estate Investment: Strategy, Analysis, Decisions*, 2. Aufl., John Wiley & Sons, New York et al., 1989.

Poddig, T. **(Poddig, 1996)**: *Analyse und Prognose von Finanzmärkten*, Uhlenbruch, Bad Soden/Ts.

Poddig, T.; Rehkugler, H.; Jandura, D. **(Poddig et al., 1994)**: Ein „Weltmodell" integrierter Finanzmärkte, in: Rehkugler, H./Zimmermann, H.-G. (Hrsg.): *Neuronale Netze in der Ökonomie*, Vahlen, München, S. 339-425.

Poddig, T.; Dichtl, H.; Petersmeier, K. **(Poddig et al., 2000)**: *Statistik, Ökonometrie, Optimierung*, Uhlenbruch Verlag, Bad Soden/Ts., 2000.

Quan, D.; Titman, S. **(Quan/Titman, 1999)**: Do Real Estate Prices and Stock Prices Move Together? An International Analysis, in: Real Estate Economics, Vol. 27(2), S. 183-207.

Radcliffe, R. **(Radcliffe, 1994)**: *Investment: Conceps, Analysis, Strategy*, 4. Aufl., HarperCollins, 1994.

Rehkugler, H. **(Rehkugler, 2000)**: Die Immobilien-AG als attraktive Kapitalanlage, in: Finanzbetrieb, 4/2000, S. 230-239.

Rehkugler, H. **(Rehkugler, 2001)**: Kapitalanlage in Immobilien, in: Gerke, W./Steiner, M. (Hrsg.): *Handwörterbuch des Bank- und Finanzwesens*, 3. Aufl., Schaeffer-Poeschel Verlag, 2001, S. 1207-1220.

Rehkugler, H.; Jandura, D.; zu Sayn-Wittgenstein, I. **(Rehkugler et al., 1999)**: Erfolg mit Timingstrategien?, in: Schlienkamp, C.; Frei, N. (Hrsg.): *Aktie im Fokus*, Gabler Verlag, Wiesbaden 1999.

Reilly, F.; Brown, K. **(Reilly/Brown, 1997)**: *Investment Analysis and Portfolio Management*, 5. Aufl., The Dryden Press, 1997.

Riel, C. **(Riel, 2001)**: Asset Backed Securities (ABS) – ein zeitgemäßes Finanzierungsinstrument, in: Sparkasse, Nr. 8/2001, S. 368-374.

Rode, D. **(Rode, 1993)**: Grundzüge des Hypothekarkredits, in: Rüchardt, K. (Hrsg.): *Handbuch des Hypothekarkredits*, 3. Aufl., Fritz Knapp Verlag, Frankfurt a.M., 1993.

Rölle, H. **(Rölle, 1990)**: *Börsennotierte Partnerships (MLP) und Immobilienfonds auf Aktien (REIT) in den USA*, Schäffer Verlag, Stuttgart, 1990.

Ross, S.; Zisler, R. **(Ross/Zisler, 1991)**: Risk and Return in Real Estate, in: Journal of Real Estate Finance and Economics, Vol. 4, S. 175-190.

Schaber, M.; Gill, K. **(Schaber/Gill, 1999)**: German Residential Mortgage Default Model, in: FITCHIBCA (Hrsg.): *Structured Finance*, London, 1999.

Schäfer, E. **(Schäfer, 1994)**: Rendite und Risiken bei der Finanzierung von Betreiberimmobilien, in: Der Langfristige Kredit 10/1994, S. 348 – 358.

Scharpenack, F.; Nack, U.; Haub, C. (**Scharpenack et al., 1998**): Immobilien-Aktiengesellschaften, in: Schulte, K.-W.; Bone-Winkel, S.; Thomas, M. (Hrsg.): *Handbuch Immobilien-Investition*, R. Müller Verlag, Köln, 1998, S. 655-687.

Schefzig, G. (**Schefzig, 1976**): *Eine vergleichende Untersuchung ausgewählter Depotoptimierungsmodelle*, Münster, 1976.

Schlag, A. (**Schlag, 1995**): *Innovative Formen der Kapitalanlage in Immobilien*, Wissenschaftsverlag Vauk, Kiel, 1995.

Schmidt, H.W. (**Schmidt, 1993**): Die Hypothekenbanken, in: Rüchardt, K. (Hrsg.): *Handbuch des Hypothekarkredits*, 3. Aufl., Fritz Knapp Verlag, Frankfurt a.M., 1993.

Schmidt, R.; Terberger, E. (**Schmidt/Terberger, 1996**): *Grundzüge der Investitions- und Finanzierungstheorie*, Gabler Verlag, Wiesbaden, 1996.

Schmidt-von Rhein, A. (**Schmidt-von Rhein, 1996**): *Die Moderne Portfoliotheorie im praktischen Wertpapiermanagement*, Uhlenbruch Verlag, Bad Soden i. Ts., 1996.

Schneider, S. (**Schneider, 2002**): Anlagen für Profis, in: Immobilien Manager, 10/2002, S. 46-49.

Schöpe, B. (**Schöpe, 2000**): *Immobilienfinanzierung*, Josef Eul Verlag, Lohmar, 2000.

Sharpe, W. (**Sharpe, 1966**): Mutual Fund Performance, in: Journal of Business, Vol. 39, 1966, S. 119-138.

Sharpe, W. (**Sharpe, 1990**): Asset Allocation, in: Maginn, J.; Tuttle, D. (Hrsg.): *Managing Investment Portfolios*, 2. Aufl., Warren, Gorham &Lamont, Boston/New York 1990.

Sharpe, W. (**Sharpe, 1992**): Asset allocation: Management style and performance measurement, in: Journal of Portfolio Management, Winter 1992, S. 7-19.

Sharpe, W. (**Sharpe, 1994**): The Sharpe Ratio, in: Journal of Portfolio Management, Fall 1994, Vol. 21(1), S. 49-59.

Sharpe, W.; Alexander, G.; Bailey, J. (**Sharpe et al., 1999**): *Investments*, 6. Aufl., Prentice Hall, Upper Saddle River, 1999.

Sills, B.; Rutter, J. (**Sills/Rutter, 2001**): The A-to-Z of exchange traded funds, in: Global Investor, July/August 2001, Issue 144, S. 36-40

Sivitanides, P. **(Sivitanides, 1998)**: A Downside-Risk Approach to Real Estate Portfolio Structuring, in: Journal of Real Estate Portfolio Management, Vol. 4(2), S. 159-168.

Solnik, B. **(Solnik, 1974)**: Why not Diversify Internationally Rather Than Domestically?, in: Financial Analyst Journal, July /August 1974, S. 48-54.

Solnik, B. **(Solnik, 1996a)**: Gloabl Asset Allocation and Currency Management, in: AIMR (Hrsg.): *Global Portfolio Management*, Proceedings of the AIMR Seminar 'Exploring the Frontiers of Global Portfolio Management', 29.-31. October 1995 (Frankfurt), Charlottsville, 1996, S. 58-68.

Solnik, B. **(1996b)**: *International Investments*, 3. Aufl., Addison-Wesley, Reading et al., 1996.

Solnik, B. **(Solnik, 1998)**: Global Asset Management, in: Journal of Portfolio Management, Summer 1998, S. 43-51.

Solnik, B.; Noetzlin, B. **(Solnik/Noetzlin, 1982)**: Optimal international asset allocation, in: Journal of Portfolio Management, Fall 1982, S. 11-21.

Sparwasser, R. **(Sparwasser, 2000)**: Bodenschutzrecht (insbesondere Altlastenrecht), in: Redeker, K.;Uechtritz, M. (Hrsg.): *Anwaltshandbuch für Verwaltungsverfahren*, 2. Aufl., 15 Lfg., Verlag Dr. Otto Schmidt, Köln, 2000.

Steiner, C. **(Steiner, 1990)**: *Immobilienfinanzierung in den Ländern der Europäischen Gemeinschaft*, F. Knapp, Frankfurt a.M., 1990.

Steiner, M.; Bruns, C. **(Steiner/Bruns, 2000)**: *Wertpapiermanagement*, 7. Aufl., Schäffer-Poeschel, Stuttgart, 2000.

Stevenson, S. **(Stevenson, 2001)**: Bayes-Stein Estimators and International Real Estate Asset Allocation, in: Journal of Real Estate Research, Vol. 21 (1/2), S. 89-103.

Suter, R.A. **(Suter, 1995)**: *Anlageentscheide bei Immobilien*, Difo-Druck, Bamberg, 1995.

Taylor, L. **(Taylor, 1998)**: Financial Analysis of REIT Securities, in: Garrigan, R.; Parson, J. (Hrsg.): *Real Estate Investement Trusts*, McGraw-Hill, New York et al., 1998.

Tiemann, H.J. **(Tiemann, 1998)**: Geschlossene Immobilienfonds, in: Schulte, K.-W.; Bone-Winkel, S.; Thomas, M. (Hrsg.): *Handbuch Immobilien-Investition*, R. Müller, Köln, 1998.

Tobin, J. **(Tobin, 1958)**: Liquidity Preference as Behavior Towards Risk, in: Review of Economic Studies, Vol. 25, 1958, S. 65-86.

Treynor, J.; Black, F. **(Treynor/Black, 1973)**: How to Use Security Analysis to Improve Portfolio Selection, in: Journal of Business, Vol. 46, 1973, S. 66-86.

Truxius, D. **(Truxius, 1980)**: *Portfeuilleplanung und Risikoverhalten*, Verlag Harri Deutsch, Thun/Frankfurt, 1980.

Viezer, T. **(Viezer, 2000)**: Evaluating “Within Real Estate” Diversification Strategies, in: Journal of Real Estate Portfolio Management, Vol. 6 (1), 2000, S. 75-95.

Vogel, M. **(Vogel, 1990)**: Anlagepolitik und «Asset Allocation», in: Sparkasse Nr.10, 107. Jhg., 1990, S. 446-448.

von Auer, L. **(von Auer, 1999)**: *Ökonometrie*, Springer Verlag, Heidelberg et al., 1999.

Webb, J.; Curcio, R.; Rubens, J. **(Webb et al., 1988)**: Diversification Gains From Including Real Estate in Mixed-Asset Portfolios, in: Decision Sciences, Vol. 19 (2), S. 434-452.

Werle, C.; Krüger, A. **(Werle/Krüger, 2001)**: Der Pfandbriefmarkt erfolgreich in Euroland, in: Sparkasse 1/2001, S. 28 – 30.

Westdeutsche ImmobilienHolding GmbH (Hrsg.) **(Westdeutsche ImmobilienHolding GmbH, 1999)**: *Immobilienaktien in Europa – Marktbericht VIII*, Düsseldorf, 1999.

Westrup, L. **(Westrup, 2001)**: Germany buoyed by corporate activity, in: EuroProperty, 10.2001, S. 53-54

Westrup, L. **(Westrup, 2002)**: Real Estate Investment Banking, in: Verband deutscher Hypothekenbanken (VDH) (Hrsg.): *Professionelles Immobilien-Banking*, Berlin 2002, S. 29-52.

Wheaton, W.; Torto, R.; Sivitanides, P.; Southard, J.; Hopkins, R.; Costello, J. **(Wheaton et al., 2001)**: Real Estate Risk: A Forward Looking Approach, Torto Wheaton Research, May 2001, Boston.

Wittrock, C. **(Wittrock, 1995)**: *Messung und Analyse der Performance von Wertpapierportfolios*, Uhlenbruch, Bad Soden/Ts. 1995.

Wurtzebach, C.H.; Miles, M.E. **(Wurtzebach/Miles, 1995)**: *Modern Real Estate*, 5. Aufl., John Wiley & Sons, New York et al., 1995.

Young, M.; Greig, W. **(Young/Greig, 1995)**: Leases as a Key to Performance and Value: Understanding What You Have Versus What You Hope For, in: Pagliari, J. (Hrsg.): *The Handbook of Real Estate Portfolio Management*, Irwin McGraw-Hill, Boston et al., 1995, S. 241-270.

Ziering, B.; Hess, R. **(Ziering/Hess, 1995)**: A Further Note on Economic versus Geographic Diversification, in: Real Estate Finance, Fall 1995, Vol. 12(3), S. 53-60.

Zimmermann, H.; Rudolph, M.; Jaeger, S.; Zogg-Wetter, C. **(Zimmermann et al., 1996)**: Moderne Performance-Messung, Haupt Verlag, Bern 1996.

Ziobrowski, A.; Curcio, R. **(Ziobrowski/Curcio, 1991)**: Diversification Benefits of U.S. Real Estate to Foreign Investors, in: The Journal of Real Estate Research, Vol. 6(2), S. 119- 142.

Ziobrwoski, B.; Ziobrowski, A. **(Ziobrowski/Ziobrowski, 1995)**: Exchange rate risk and internationally diversified portfolios, in: Journal of international Money and Finance, Vol. 14(1), S. 65-81, 1995.

Zitelmann, R. **(Zitelmann, 2000)**: Immobilienprodukte in der Krise, in: Die Bank, 12/2000, S. 836-839.

Zitelmann, R. **(Zitelmann, 2002)**: Immobilienfonds vor dem Umbruch – der 5. Bauherrenerlass, in: Die Bank, 10/2002, S. 712-714.

zu Sayn-Wittgenstein, I. **(zu Sayn-Wittgenstein, 1999)**: Diversifikationspotentiale in einem einheitlichen europäischen Finanzmarkt: Länder- vs. Branchendiversifikation, in: von Rosen, R. (Hrsg.): *Studien des Deutschen Aktieninstituts*, Heft 5, Frankfurt a.M.

Anhang

Anzahl	*Unternehmen (Performanceindex)*	*Datastream-Code*	*Bezeichnung*
1	**A&J MUCKLOW GROUP PLC**	MKLW(RI)	I_UK_MKLW
2	ABB LTD. R	S:ABB(RI)	A_SW_ABB
3	ACCIONA	E:ANA(RI)	A_ES_ANA
4	ACERINOX R	E:ACX(RI)	A_ES_ACX
5	ADECCO R	S:ADEN(RI)	A_SW_ADEN
6	**AEDES S.P.A.**	I:AED(RI)	I_IT_AED
7	AEGON	H:AEGN(RI)	A_NL_AEGN
8	AIR FRANCE	F:UTA(RI)	A_FR_UTA
9	AIR LIQUIDE	F:AIR(RI)	A_FR_AIR
10	AKZO NOBEL	H:AKZO(RI)	A_NL_AKZO
11	ALLIANZ	D:ALV(RI)	A_BD_ALV
12	ALLIED DOMECQ	ALLD(RI)	A_UK_ALLD
13	ALLIED IRISH BANKS	ALBK(RI)	A_UK_ALBK
14	ALTADIS	E:TAB(RI)	A_ES_TAB
15	AMB GENERALI HDG.	D:AMB2(RI)	A_BD_AMB2
16	AMEC	AMEC(RI)	A_UK_AMEC
17	ANG.IR.BK.	ANGL(RI)	A_IR_ANGL
18	ARRIVA	ARI(RI)	A_UK_ARI
19	ASSD.BRIT.PORTS	ABP(RI)	A_UK_ABP
20	AUREA	E:AUM(RI)	A_ES_AUM
21	AWG	AWG(RI)	A_UK_AWG
22	AXA	F:MIDI(RI)	A_FR_MIDI
23	BAA	BAA(RI)	A_UK_BAA
24	BANCA DI ROMA	I:BRM(RI)	A_IT_BRM
25	BANCA FIDEURAM	I:BFI(RI)	A_IT_BFI
26	BANK OF IRELAND	BKIR(RI)	A_IR_BKIR
27	BANK OF PIRAEUS	G:PEIR(RI)	A_GR_PEIR
28	BANKINTER R	E:BKT(RI)	A_ES_BKT
29	BARCLAYS	BARC(RI)	A_UK_BARC
30	BBA GROUP	BBA(RI)	A_UK_BBA
31	BBV ARGENTARIA	E:BBVA(RI)	A_ES_BBV
32	BCA.PPO.LODI	I:PLO(RI)	A_IT_PLO
33	BCA.PPO.NOVARA	I:PNO(RI)	A_IT_PNO
34	BEIERSDORF	D:BEI(RI)	A_BD_BEI
35	**BENCHMARK GROUP PLC**	BMK(RI)	I_UK_BMK
36	BENETTON	I:BEN(RI)	A_IT_BEN
37	BIC	F:BIC(RI)	A_FR_BIC
38	BIPOP CARIRE	I:BIP(RI)	A_IT_BIP
39	BOOTS	BOOT(RI)	A_UK_BOOT
40	BOUYGUES	F:BYG(RI)	A_FR_BYG
41	BP	BP.(RI)	A_UK_BP
42	BPB	BPB(RI)	A_UK_BPB
43	BRITANNIC GROUP	BRT(RI)	A_UK_BRT
44	BRITISH AIRWAYS	BAY(RI)	A_UK_BAY
45	**BRITISH LAND COMPANY PLC**	BLND(RI)	I_UK_BLND
46	**BRIXTON PLC**	BXTN(RI)	I_UK_BXTN
47	BUNZL	BNZL(RI)	A_UK_BNZL
48	CAP GEMINI	F:CGS(RI)	A_FR_CGS
49	CAPITA GROUP	CPI(RI)	A_UK_CPI
50	**CAPITAL & REGIONAL PLC**	CAL(RI)	I_UK_CAL

Anzahl	*Unternehmen (Performanceindex)*	*Datastream-Code*	*Bezeichnung*
51	CAPITAL RADIO	CAPT(RI)	A_UK_CAPT
52	CARREFOUR	F:CRFR(RI)	A_FR_CRFR
53	CATTLES	CTLS(RI)	A_UK_CTLS
54	COMMERZBANK	D:CBK(RI)	A_BD_CBK
55	CONTINENTAL	D:CON(RI)	A_BD_CON
56	COOKSON GROUP	CKSN(RI)	A_UK_CKSN
57	**CORIO NV**	H:VIB(RI)	I_NL_VIB
58	CORUS GROUP	CS.(RI)	A_UK_CS.
59	CREDIT SUISSE R	S:CSGN(RI)	A_SW_CSGN
60	CSM CERT.	H:CSMC(RI)	A_NL_CSMC
61	D/S SVENDBORG B	DK:DSB(RI)	A_DK_DSB
62	**DAEJAN HOLDINGS**	DJAN(RI)	I_UK_DJAN
63	DANISCO	DK:DAO(RI)	A_DK_DAO
64	DANSKE BANK	DK:DAB(RI)	A_DK_DAB
65	DAVIS SER.GP.	DVSG(RI)	A_UK_DVSG
66	DE LA RUE	DLAR(RI)	A_UK_DLAR
67	DEGUSSA	D:DGX(RI)	A_BD_DGX
68	**DERWENT VALLEY HOLDINGS PLC**	DWNT(RI)	I_UK_DWNT
69	DEUTSCHE BANK	D:DBK(RI)	A_BD_DBK
70	**DEVELOPMENT SECURITIES PLC**	DSC(RI)	I_UK_DSC
71	DIAGEO	DGE(RI)	A_UK_DGE
72	DIXONS GP.	DXNS(RI)	A_UK_DXNS
73	E ON	D:EOA(RI)	A_BD_EOA
74	EFG EUROBANK ERGASIAS	G:EFG(RI)	A_GR_EFG
75	ELECTRABEL	B:ELB(RI)	A_BG_ELB
76	ELECTROLUX B	W:SE@G(RI)	A_SD_SE@G
77	EMAP	EMAPO(RI)	A_UK_EMAPO
78	EMI GROUP	EMI(RI)	A_UK_EMI
79	EMS-CHEMIE 'B'	S:EMS(RI)	A_SW_EMS
80	EURAZEO	F:ERF(RI)	A_FR_ERF
81	EXEL	EXL(RI)	A_UK_EXL
82	FIAT	I:F(RI)	A_IT_F
83	FINMECCANICA	I:FNC(RI)	A_IT_FNC
84	FKI	FKI(RI)	A_UK_FKI
85	FRESENIUS PREF.	D:FRE3(RI)	A_BD_FRE3
86	**GECINA**	F:GFC(RI)	I_FR_GFC
87	GEHE	D:GEH(RI)	A_BD_GEH
88	GKN	GKN(RI)	A_UK_GKN
89	GLAXOSMITHKLINE	GSK(RI)	A_UK_GSK
90	GN STORE NORD	DK:GSN(RI)	A_DK_GSN
91	**GRAINGER TRUST PLC**	GRNT(RI)	I_UK_GRNT
92	GRANADA	GAA(RI)	A_UK_GAA
93	**GREAT PORTLAND ESTATES PLC**	GPOR(RI)	I_UK_GPOR
94	**GREEN PROPERTY PROPERTY PLC**	GPR(RI)	I_IR_GPR
95	GUS	GUS(RI)	A_UK_GUS
96	HAGEMEYER	H:HAG(RI)	A_NL_HAG
97	**HAMMERSON PLC**	HMSNO(RI)	I_UK_HMSNO
98	HANSON	HNS(RI)	A_UK_HNS
99	HAVAS ADVERTISING	F:EURC(RI)	A_FR_EURC
100	HEIDELB.ZEMENT	D:HEI(RI)	A_BD_HEI

Anzahl	*Unternehmen (Performanceindex)*	*Datastream-Code*	*Bezeichnung*
101	HEINEKEN HLDG. 'A'	H:HBA(RI)	A_NL_HBA
102	HILTON GROUP	HG.(RI)	A_UK_HG.
103	HOLMEN B	W:SM@G(RI)	A_SD_SM@G
104	**HUFVUDSTADEN AB**	W:HUA(RI)	I_SD_HUA
105	HUHTAMAKI	M:HUIF(RI)	A_FN_HUIF
106	IBERDROLA	E:IBE(RI)	A_ES_IBE
107	IMP.CHM.INDS.	ICI(RI)	A_UK_ICI
108	INDE.NEWS & MEDIA	INWS(RI)	A_IR_INWS
109	INDUSTRIVARDEN A	W:IU(RI)	A_SD_IU
110	INSTRUMENTARIUM	M:INB(RI)	A_FN_INB
111	INTERSERVE	IRV(RI)	A_UK_IRV
112	**INTERSHOP HOLDINGS**	S:IS(RI)	I_SW_IS
113	INVENSYS	ISYS(RI)	A_UK_ISYS
114	ISS-INTL.SER.SY.	DK:ISS(RI)	A_DK_ISS
115	ITALGAS	I:IG(RI)	A_IT_IG
116	**IVG HOLDING AG**	D:IVG(RI)	I_BD_IVG
117	JARDINE LLOYD THOMPSON	JLT(RI)	A_UK_JLT
118	JB.'B'	S:BAER(RI)	A_SW_BAER
119	JOHNSON MATTHEY	JMAT(RI)	A_UK_JMAT
120	KARSTADT QUELLE	D:KAR(RI)	A_BD_KAR
121	KBC BKVS.HDG.	B:KB(RI)	A_BG_KB
122	KELDA GROUP	KEL(RI)	A_UK_KEL
123	**KLEPIERRE**	F:LOI(RI)	I_FR_LOI
124	KUONI REISEN B	S:KUNN(RI)	A_SW_KUNN
125	LA FONDIARIA ASSIC.	I:FAS(RI)	A_IT_FAS
126	LAFARGE	F:LFG(RI)	A_FR_LFG
127	LAGARDERE GROUPE	F:MMB(RI)	A_FR_MMB
128	**LAND SECURITIES PLC**	LAND(RI)	I_UK_LAND
129	LEGAL & GENERAL	LGEN(RI)	A_UK_LGEN
130	LEX SERVICE	LEX(RI)	A_UK_LEX
131	LOGITECH R	S:LOGN(RI)	A_SW_LOGN
132	**LONDON MERCHANT SECURITIES**	LNMS(RI)	I_UK_LNMS
133	LONMIN	LMI(RI)	A_UK_LMI
134	L'OREAL	F:OR@F(RI)	A_FR_OR@F
135	LUFTHANSA	D:LHA(RI)	A_BD_LHA
136	MAN	D:MAN(RI)	A_BD_MAN
137	MEGGITT	MGGT(RI)	A_UK_MGGT
138	**METROVACESA SA**	E:MVC(RI)	I_ES_MVC
139	MISYS	MISY(RI)	A_UK_MISY
140	MORRISON(WM)SPMKTS.	MORW(RI)	A_UK_MORW
141	MUNCH.RUCK.REGD.	D:MUV2(RI)	A_BD_MUV2
142	NATEXIS BQ POP	F:KN@F(RI)	A_FR_KN@F
143	NESTLE R	S:NESN(RI)	A_SW_NESN
144	NH HOTELES (EX-COFIR)	E:NHH(RI)	A_ES_NHH
145	NOKIA	M:NOKP(RI)	A_FN_NOKP
146	NORSK HYDRO	N:NHY(RI)	A_NW_NHY
147	NORTHERN FOODS	NFDS(RI)	A_UK_NFDS
148	NOVAR	NVR(RI)	A_UK_NVR
149	NOVARTIS R	S:NOVN(RI)	A_SW_NOVN
150	NOVO NORDISK B	DK:NON(RI)	A_DK_NON

Anzahl	*Unternehmen (Performanceindex)*	*Datastream-Code*	*Bezeichnung*
151	NUMICO (KON.)	H:NUVB(RI)	A_NL_NUVB
152	OCE	H:OCE(RI)	A_NL_OCE
153	**OLAV THON EINDOM A/S**	N:OLT(RI)	I_NW_OLT
154	OLIVETTI	I:OL(RI)	A_IT_OL
155	OMV	O:OMV(RI)	A_OE_OMV
156	ORKLA	N:ORK(RI)	A_NW_ORK
157	PARGESA 'B'	S:PARG(RI)	A_SW_PARG
158	PEARSON	PSON(RI)	A_UK_PSON
159	PENNON GROUP	PNN(RI)	A_UK_PNN
160	PETROLEOS (CEPSA)	E:CEP(RI)	A_ES_CEP
161	PEUGEOT SA	F:PGT(RI)	A_FR_PGT
162	PHILIPS ELTN.KON.	H:PHIL(RI)	A_NL_PHIL
163	PILKINGTON	PILK(RI)	A_UK_PILK
164	PINAULT PRINTEMPS	F:PRNT(RI)	A_FR_PRNT
165	PIRELLI SPA	I:PPA(RI)	A_IT_PPA
166	RANK GROUP	RNK(RI)	A_UK_RNK
167	RAS	I:R(RI)	A_IT_RAS
168	RECKITT BENCKISER	RB.(RI)	A_UK_RB.
169	**REG REAL ESTATE GROUP**	S:RESN(RI)	I_SW_RESN
170	REPSOL YPF	E:REP(RI)	A_ES_REP
171	REUTERS GP.	RTR(RI)	A_UK_RTR
172	REXAM	REX(RI)	A_UK_REX
173	REXEL	F:CDME(RI)	A_FR_CDME
174	RICHEMONT B	S:CFR(RI)	A_SW_CFR
175	RIETER HOLDING R	S:RIEN(RI)	A_SW_PIEN
176	RIO TINTO	RIO(RI)	A_UK_RIO
177	ROCHE HOLDING GSH.	S:ROG(RI)	A_SW_ROG
178	ROYAL & SUN ALL.IN.	RSA(RI)	A_UK_RSA
179	ROYAL DUTCH PTL.	H:RD(RI)	A_NL_RD
180	RYL.BK.OF SCTL.	RBOS(RI)	A_UK_RBOS
181	SAGE GROUP	SGE(RI)	A_UK_SGE
182	SAINSBURY (J)	SBRY(RI)	A_UK:SBRY
183	SAIPEM	I:SPM(RI)	A_IT_SPM
184	SANDVIK	W:SAND(RI)	A_SD_SAND
185	SANOFI-SYNTHELABO	F:SQ@F(RI)	A_FR_SQ@F
186	SANTANDER CTL.HISPANO	E:SCH(RI)	A_ES_SCH
187	SAP	D:SAP(RI)	A_BD_SAP
188	**SAVILLE GORDON ESTATES PLC**	SAVL(RI)	I_UK_SAVL
189	SCHERING	D:SCH(RI)	A_BD_SCH
190	SCHNEIDER ELTE.SA	F:QT@F(RI)	A_FR_QT@F
191	SCHRODERS	SDR(RI)	A_UK_SDR
192	SCOR	F:SCO(RI)	A_FR_SCO
193	SCOT.& NEWCASTLE	SCTN(RI)	A_UK_SCTN
194	SERCO GROUP	SERC(RI)	A_UK_SERC
195	SEVERN TRENT	SVT(RI)	A_UK_SVT
196	SGS SURVEILLANCE N	S:SGSN(RI)	A_SW_SGSN
197	**SHAFTESBURY PLC**	SHFT(RI)	I_UK_SHFT
198	SHB A	W:SVK(RI)	A_SD_SVK
199	SHELL TRANSPORT & TRDG.	SHEL(RI)	A_UK_SHEL
200	SIEMENS	D:SIE(RI)	A_BD_SIE

Anzahl	*Unternehmen (Performanceindex)*	*Datastream-Code*	*Bezeichnung*
201	**SILIC**	F:SL@F(RI)	I_FR_SL@F
202	**SIMCO**	F:SC@F(RI)	I_FR_SC@F
203	SIX CONTINENTS	SXC(RI)	A_UK_SXC
204	**SLOUGH ESTATES PLC**	SLOU(RI)	I_UK_SLOU
205	SMITH & NEPHEW	SN.(RI)	A_UK_SN.
206	SMITHS GROUP	SMIN(RI)	A_UK_SMIN
207	SMURFIT (JEF.) GP.	SMFT(RI)	A_IR_SMFT
208	**SOCIETE FONCIERE LYONNAISE**	F:FOL(RI)	I_FR_FOL
209	SOCIETE GENERALE	F:SGE(RI)	A_FR_SGE
210	SODEXHO ALLIANCE	F:SDX(RI)	A_FR:SDX
211	SOLVAY	B:SOL(RI)	A_BG_SOL
212	SONAE SGPS	P:SON(RI)	A_PT_SON
213	**SOPHIA SA**	F:IR@F(RI)	I_FR_IR@F
214	SPIRENT	SPT(RI)	A_UK_SPT
215	**ST. MODWEN PROPERTIES PLC**	SMP(RI)	I_UK_SMP
216	STORA ENSO R	M:EGR(RI)	A_FN_EGR
217	SWISS RE R	S:RUKN(RI)	A_SW_RUKN
218	TAYLOR NELSON SOFRES	TNN(RI)	A_UK_TNN
219	TELECOM ITALIA	I:TI(RI)	A_IT_TI
220	TELEFONICA	E:TEF(RI)	A_ES_TEF
221	TF1 (TV.FSE.1)	F:TVFS(RI)	A_FR_TVFS
222	THALES (EX THOMSON-CSF)	F:CSF(RI)	A_FR_CSF
223	TIETOENATOR	M:TIET(RI)	A_FN_TIET
224	TITAN CMT.	G:TITK(RI)	A_GR_TOTK
225	TOMKINS	TOMK(RI)	A_UK_TOMK
226	TOMRA	N:TOM(RI)	A_NK_TOM
227	TOTAL FINA ELF SA	F:CFP(RI)	A_FR_CFP
228	**TOWN CENTRE SECURITIES PLC**	TCSC(RI)	I_UK_TCSC
229	TRAVIS PERKINS	TPK(RI)	A_UK_TPK
230	TRINITY MIRROR	TNI(RI)	A_UK_TNI
231	UBS R	S:UBSN(RI)	A_SW_UBSN
232	UCB	B:UCB(RI)	A_BG_UCB
233	UNAXIS HOLDING AG	S:UNAX(RI)	A_SW_UNAX
234	**UNIBAIL**	F:UBL(RI)	I_FR_UBL
235	**UNI-INVEST**	H:VERE(RI)	I_NL_VERE
236	UNILEVER (UK)	ULVR(RI)	A_UK_ULVR
237	UNILEVER CERTS.	H:UNIL(RI)	A_NL_UNIL
238	UNITED UTILITIES	UU.(RI)	A_UK_UU.
239	VALEO	F:VAL(RI)	A_FR_VAL
240	**VALLEHERMOSO SA**	E:VAL(RI)	I_ES_VAL
241	**VASTNED OFFICES/INDUSTRIAL**	H:VAWA(RI)	I_NL_VAWA
242	**VASTNED RETAIL**	H:VAST(RI)	I_NL_VAST
243	VINCI (EX SGE)	F:DG@F(RI)	A_FR_DG@F
244	VODAFONE GROUP	VOD(RI)	A_UK_VOD
245	VP BANK VADUZ 'B'	S:VPB(RI)	A_SW_VPB
246	**WARNER ESTATES HOLDINGS**	WNER(RI)	I_UK_WNER
247	WELLA PREF.	D:WAD3(RI)	A_BD_WAD3
248	**WERELDHAVE NV**	H:WH(RI)	I_NL_WH
249	WOLSELEY	WOS(RI)	A_UK_WOS
250	WOLTERS KLUWER CERT	H:WSG(RI)	A_NL_WSG
251	WPP GROUP	WPP(RI)	A_UK_WPP
252	ZARDOYA OTIS	E:ZOT(RI)	A_ES_ZOT
253	ZODIAC	F:ZOD(RI)	A_FR_ZOD
254	**ZÜBLIN HOLDING AG**	S:ZUB(RI)	I_SW_ZUB

Anhang 1: Verwendete Aktien für Europa

Anzahl	*Unternehmen (Performanceindex)*	*Datastream-Code*	*Bezeichnung*
1	3M CO.	U:MMM(RI)	A_US_MMM
2	ABBOTT LABS.	U:ABT(RI)	A_US_ABT
3	ADC TELECOM.	@ADCT(RI)	A_US_ADCT
4	ADOBE SYS.	@ADBE(RI)	A_US_ADBE
5	AFLAC	U:AFL(RI)	A_US_AFL
6	ALBERTO CULVER 'B'	U:ACV(RI)	A_US_ACV
7	**ALEXANDER´S, INC.**	U:ALX(RI)	I_US_ALX
8	ALLERGAN	U:AGN(RI)	A_US_AGN
9	ALLTEL	U:AT(RI)	A_US_AT
10	AMER.EXPRESS	U:AXP(RI)	A_US_AXP
11	AMER.INTL.GP.	U:AIG(RI)	A_US_AIG
12	AMER.POWER CONV.	@APCC(RI)	A_US_@APCC
13	**AMERICAN LAND LEASE, INC.**	511297(RI)	I_US_511297
14	AMGEN	938692(RI)	A_US_938692
15	AMR (AMERICAN AIRLINES)	U:AMR(RI)	A_US_AMR
16	AMSOUTH BANC.	U:ASO(RI)	A_US_ASO
17	AON CORP.	U:AOC(RI)	A_US_AOC
18	APPLE COMPUTERS	@AAPL(RI)	A_US_@AAPL
19	ARCHER-DANLS.-MIDL.(NYS)	U:ADM(RI)	A_US_ADM
20	**ARCHSTONE-SMITH TRUST**	U:ASN(RI)	I_US_ASN
21	ASHLAND	U:ASH(RI)	A_US_ASH
22	BALL	U:BLL(RI)	A_US_BLL
23	BANK OF AMERICA	U:BAC(RI)	A_US_BAC
24	**BANYAN STRATEGIC REALTY TRUST**	@BSRTS(RI)	I_US_@BRSRTS
25	BARD C R	U:BCR(RI)	A_US_BCR
26	BB & T	U:BBT(RI)	A_US_BBT
27	BEAR STEARNS	U:BSC(RI)	A_US_BSC
28	BECTON DICKINSON	U:BDX(RI)	A_US_BDX
29	**BEDFORD PROPERTY INVESTORS, INC.**	U:BED(RI)	I_US_BED
30	BELLSOUTH	U:BLS(RI)	A_US_BLS
31	BEMIS	U:BMS(RI)	A_US_BMS
32	BLOCK H R	U:HRB(RI)	A_US_HRB
33	**BNP RESIDENTIAL PROPERTIES, INC.**	U:BNP(RI)	I_US_BNP
34	BOEING	U:BA(RI)	A_US_BA
35	**BRANDYWINE REALTY TRUST**	U:BDN(RI)	I_US_BDN
36	**BRE PROPERTIES, INC:**	U:BRE(RI)	I_US_BRE
37	BROWN-FORMAN 'B'	U:BFB(RI)	A_US_BFB
38	BRUNSWICK	U:BC(RI)	A_US_BC
39	BURLINGTON RES.	U:BR(RI)	A_US_BR
40	**BURNHAM PACIFIC PROPERTIES, INC.**	511840(RI)	I_US_840
41	CARNIVAL	U:CCL(RI)	A_US_CCL
42	CATERPILLAR	U:CAT(RI)	A_US_CAT
43	CENDANT	U:CD(RI)	A_US_CD
44	CENTEX	U:CTX(RI)	A_US_CTX
45	CHARLES SCHWAB	U:SCH(RI)	A_US_SCH
46	CHARTER ONE FINL.	U:CF(RI)	A_US_CF
47	CHEVRONTEXACO	U:CVX(RI)	A_US_CVX
48	CIGNA	U:CI(RI)	A_US_CI
49	CINTAS	@CTAS(RI)	A_US_@CTAS
50	CITIGROUP	U:C(RI)	A_US_C

Anzahl	*Unternehmen (Performanceindex)*	*Datastream-Code*	*Bezeichnung*
51	CMP.SCIENCES	U:CSC(RI)	A_US_CSC
52	CMS ENERGY	U:CMS(RI)	A_US_CMS
53	COCA COLA	U:KO(RI)	A_US_KO
54	COCA COLA ENTS.	U:CCE(RI)	A_US_CCE
55	**COMMERCIAL NET LEASE REALTY, INC.**	@NNN(RI)	I_US_@NNN
56	COMPUTER ASSOCS.INTL.	U:CA(RI)	A_US_CA
57	CONCORD EFS	@CEFT(RI)	A_US_@CEFT
58	COORS ADOLPH 'B'	U:RKY(RI)	A_US_RKY
59	COUNTRYWIDE CREDIT INDS.	U:CCR(RI)	A_US_CCR
60	**COUSINS PROPERTIES INCORPORATED**	U:CUZ(RI)	I_US_CUZ
61	CTZN.COMMS.	U:CZN(RI)	A_US_CZN
62	DANA CORP.	U:DCN(RI)	A_US_DCN
63	DANAHER	U:DHR(RI)	A_US_DHR
64	DELL COMPUTER	@DELL(RI)	A_US_@DELL
65	DELTA AIR LINES	U:DAL(RI)	A_US_DAL
66	DELUXE	U:DLX(RI)	A_US_DLX
67	DILLARDS 'A'	U:DDS(RI)	A_US_DDS
68	DOLLAR GEN.	U:DG(RI)	A_US_DG
69	DOMINION RES.	U:D(RI)	A_US_D
70	DONNELLEY R R	U:DNY(RI)	A_US_DNY
71	**DUKE REALTY CORPORATION**	U:DRE(RI)	I_US_DRE
72	DYNEGY 'A'	U:DYN(RI)	A_US_DYN
73	**EASTGROUP PROPERTIES, INC.**	U:EGP(RI)	I_US_EGP
74	EASTMAN KODAK	U:EK(RI)	A_US_EK
75	EATON	U:ETN(RI)	A_US_ETN
76	ECOLAB	U:ECL(RI)	A_US_ECL
77	EDISON INTL.	U:EIX(RI)	A_US_EIX
78	EMC MASS.	U:EMC(RI)	A_US_EMC
79	ENTERGY	U:ETR(RI)	A_US_ETR
80	EXELON	U:EXC(RI)	A_US_EXC
81	EXXON MOBIL	U:XOM(RI)	A_US_XOM
82	FAMILY $.STRS.	U:FDO(RI)	A_US_FDO
83	FANNIE MAE	U:FNM(RI)	A_US_FNM
84	**FEDERAL REALTY INVESTMENT TRUST**	U:FRT(RI)	I_US_FRT
85	FEDEX	U:FDX(RI)	A_US_FDX
86	**FIRST UNION REAL ESTATE INVESTMENTS**	U:FUR(RI)	I_US_FUR
87	FIRSTENERGY	U:FE(RI)	A_US_FE
88	FISERV	@FISV(RI)	A_US_@FISV
89	FPL GROUP	U:FPL(RI)	A_US_FPL
90	GANNETT	U:GCI(RI)	A_US_GCI
91	GEN.DYNAMICS	U:GD(RI)	A_US_GD
92	GEN.ELEC.	U:GE(RI)	A_US_GE
93	GEN.MILLS	U:GIS(RI)	A_US_GIS
94	GENUINE PARTS	U:GPC(RI)	A_US_GPC
95	**GETTY REALTY CORP.**	U:GTY(RI)	I_US_GTY
96	GILLETTE	U:G(RI)	A_US_G
97	GOODRICH BF	U:GR(RI)	A_US_GR
98	GOODYEAR TIRE	U:GT(RI)	A_US_GT
99	HALLIBURTON	904678(RI)	A_US_904678
100	HARLEY-DAVIDSON	U:HDI(RI)	A_US_HDI

Anzahl	*Unternehmen (Performanceindex)*	*Datastream-Code*	*Bezeichnung*
101	HASBRO	U:HAS(RI)	A_US_HAS
102	**HEALTH CARE PROPERTY INVESTORS, INC.**	U:HCP(RI)	I_US_HCP
103	HEALTHSOUTH	U:HRC(RI)	A_US_HRC
104	HEINZ HJ	902262(RI)	A_US_902262
105	HEWLETT-PACKARD	U:HPQ(RI)	A_US_HPQ
106	HILTON HOTELS	U:HLT(RI)	A_US_HLT
107	**HMG/ COURTLAND PROPERTIES, INC.**	514726(RI)	I_US_514726
108	HNTGTN.BCSH.	951068(RI)	A_US_951068
109	HOME DEPOT	U:HD(RI)	A_US_HD
110	**HOST MARRIOTT CORPORATION**	U:HMT(RI)	I_US_HMT
111	**HRPT PROPERTIES TRUST**	U:HRP(RI)	I_US_HRP
112	HUMANA	U:HUM(RI)	A_US_HUM
113	INCO (NYS)	U:N(RI)	A_US_N
114	**INCOME OPPORTUNITY REALTY INVESTORS**	U:IOT(RI)	I_US_IOT
115	INGERSOLL-RAND	U:IR(RI)	A_US_IR
116	INTEL	@INTC(RI)	A_US_@INTC
117	INTL.BUS.MACH.	U:IBM(RI)	A_US_IBM
118	INTL.FLAV.& FRAG.	U:IFF(RI)	A_US_IFF
119	INTL.GAME TECH.	U:IGT(RI)	A_US_IGT
120	INTL.PAPER	U:IP(RI)	A_US_IP
121	**IRT PROPERTY COMPANY**	U:IRT(RI)	I_US_IRT
122	ITT INDUSTRIES	U:ITT(RI)	A_US_ITT
123	J P MORGAN CHASE & CO.	U:JPM(RI)	A_US_JPM
124	JOHNSON & JOHNSON	U:JNJ(RI)	A_US_JNJ
125	KB HOME	U:KBH(RI)	A_US_KBH
126	KELLOGG	U:K(RI)	A_US_K
127	KERR-MCGEE	U:KMG(RI)	A_US_KMG
128	KEYSPAN	U:KSE(RI)	A_US_KSE
129	KINDER MORGAN KANS	U:KMI(RI)	A_US_KMI
130	KLA TENCOR	@KLAC(RI)	A_US_@KLAC
131	KNIGHT-RIDDER	U:KRI(RI)	A_US_KRI
132	**KOGER EQUITY, INC.**	U:KE(RI)	I_US_KE
133	KROGER	U:KR(RI)	A_US_KR
134	**LA QUINTA PROPERTIES, INC.**	U:LQI(RI)	I_US_LQI
135	LEGGETT&PLATT	U:LEG(RI)	A_US_LEG
136	LILLY ELI	U:LLY(RI)	A_US_LLY
137	LINCOLN NAT.	U:LNC(RI)	A_US_LNC
138	LIZ CLAIBORNE	U:LIZ(RI)	A_US_LIZ
139	MATTEL	U:MAT(RI)	A_US_MAT
140	MAXIM INTEG.PRODUCTS	@MXIM(RI)	A_US_@MXIM
141	**MAXUS REALTY TRUST INC.,**	@MRTI(RI)	I_US_@MRTI
142	MAY DEPT.STORES	U:MAY(RI)	A_US_MAY
143	MAYTAG	U:MYG(RI)	A_US_MYG
144	MBIA	U:MBI(RI)	A_US_MBI
145	MEADWESTVACO	U:MWV(RI)	A_US_MWV
146	MEDTRONIC	U:MDT(RI)	A_US_MDT
147	MELLON FINL.	U:MEL(RI)	A_US_MEL
148	MERCK	U:MRK(RI)	A_US_MRK
149	MICROSOFT	@MSFT(RI)	A_US_@MSFT
150	**MID-ATLANTIC REALTY TRUST**	U:MRR(RI)	I_US_MRR

Anzahl	*Unternehmen (Performanceindex)*	*Datastream-Code*	*Bezeichnung*
151	**MISSION WEST PROPERTIES**	U:MSW(RI)	I_US_MSW
152	**MONMOUTH REAL ESTATE INVESTMENT CORP.**	@MNRTA(RI)	I_US_@MNRTA
153	NABORS INDS.	U:NBR(RI)	A_US_NBR
154	NAT.CITY	U:NCC(RI)	A_US_NCC
155	NAT.SEMICONDUCTOR	U:NSM(RI)	A_US_NSM
156	**NATIONWIDE HEALTH PROPERTIES, INC.**	U:NHP(RI)	I_US_NHP
157	NEWELL RUBBERMAID	U:NWL(RI)	A_US_NWL
158	NEWMONT MINING	U:NEM(RI)	A_US_NEM
159	NISOURCE	U:NI(RI)	A_US_NI
160	NORDSTROM	U:JWN(RI)	A_US_JWN
161	NORFOLK STHN.	U:NSC(RI)	A_US_NSC
162	NORTEL NETWORKS (NYS)	U:NT(RI)	A_US_NT
163	NOVELLUS SYSTEMS	@NVLS(RI)	A_US_@NVLS
164	NUCOR	U:NUE(RI)	A_US_NUE
165	OFFICE DEPOT	U:ODP(RI)	A_US_ODP
166	OMNICOM	U:OMC(RI)	A_US_OMC
167	**ONE LIBERTY PROPERTIES, INC.**	U:OLP(RI)	I_US_OLP
168	ORACLE	719618(RI)	A_US_719618
169	P G & E	U:PCG(RI)	A_US_PCG
170	PACCAR	@PCAR(RI)	A_US_PCAR
171	PALL	U:PLL(RI)	A_US_PLL
172	PARKER-HANNIFIN	U:PH(RI)	A_US_PH
173	**PARKWAY PROPERTIES, INC.**	@PKY(RI)	I_US_@PKY
174	**PENNSYLVANIA REAL ESTATE INVESTMENT TRUST**	U:PEI(RI)	I_US_PEI
175	PEPSICO	U:PEP(RI)	A_US_PEP
176	PFIZER	U:PFE(RI)	A_US_PFE
177	PHARMACIA	U:PHA(RI)	A_US_PHA
178	PHELPS DODGE	U:PD(RI)	A_US_PD
179	PHILIP MORRIS	U:MO(RI)	A_US_MO
180	PINNACLE WEST CAP.	U:PNW(RI)	A_US_PNW
181	PITNEY-BOWES	U:PBI(RI)	A_US_PBI
182	**PITTSBURGH & WEST VIRGINIA RAIL ROAD**	912457(RI)	I_US_912457
183	**PLUM CREEK TIMBER COMPANY, INC.**	U:PCL(RI)	I_US_PCL
184	PNC FINL.SVS.	U:PNC(RI)	A_US_PNC
185	PPG INDUSTRIES	U:PPG(RI)	A_US_PPG
186	PPL	U:PPL(RI)	A_US_PPL
187	PROCTER & GAMBLE	U:PG(RI)	A_US_PG
188	PROVIDIAN FINL.	923418(RI)	A_US_923418
189	PUB.SER.ENTER.GP.	U:PEG(RI)	A_US_PEG
190	**PUBLIC STORAGE, INC.**	U:PSA(RI)	I_US_PSA
191	PULTE HOMES	U:PHM(RI)	A_US_PHM
192	RADIOSHACK	U:RSH(RI)	A_US_RSH
193	**RAMCO-GERSHENSON PROPERTIES TRUST**	517937(RI)	I_US_517937
194	RATIONAL SOFTWARE	@RATL(RI)	A_US_@RATL
195	RAYTHEON NEW	U:RTN(RI)	A_US_RTN
196	RELIANT EN.	U:REI(RI)	A_US_REI
197	ROHM & HAAS	U:ROH(RI)	A_US_ROH
198	**ROUSE COMPANY, THE**	U:RSE(RI)	I_US_RSE
199	ROYAL DUTCH PTL.NY REGD.	U:RD(RI)	A_US_RD
200	SARA LEE CORP.	U:SLE(RI)	A_US_SLE

Anzahl	*Unternehmen (Performanceindex)*	*Datastream-Code*	*Bezeichnung*
201	SBC COMMUNICATIONS	U:SBC(RI)	A_US_SBC
202	SCIENTIFIC-ATL.	U:SFA(RI)	A_US_SFA
203	SEALED AIR	U:SEE(RI)	A_US_SEE
204	SEARS ROEBUCK	U:S(RI)	A_US_S
205	SEMPRA EN.	U:SRE(RI)	A_US_SRE
206	SIGMA ALDRICH	@SIAL(RI)	A_US_@SIAL
207	SLM	U:SLM(RI)	A_US_SLM
208	SOLECTRON	U:SLR(RI)	A_US_SLR
209	SOUTHERN	U:SO(RI)	A_US_SO
210	SOUTHTRUST	@SOTR(RI)	A_US_@SOTR
211	SPRINT	U:FON(RI)	A_US_FON
212	ST.PAUL	U:SPC(RI)	A_US_SPC
213	STANLEY WORKS	U:SWK(RI)	A_US_SWK
214	STAPLES	@SPLS(RI)	A_US_@SPLS
215	STATE STR.	U:STT(RI)	A_US_STT
216	STRYKER	U:SYK(RI)	A_US_SYK
217	SUNOCO	U:SUN(RI)	A_US_SUN
218	SUNTRUST BANKS	U:STI(RI)	A_US_STI
219	SYNOVUS FINL.	510056(RI)	A_US_510056
220	SYSCO	U:SYY(RI)	A_US_SYY
221	TECO ENERGY	U:TE(RI)	A_US_TE
222	TEMPLE INLAND	U:TIN(RI)	A_US_TIN
223	TERADYNE	U:TER(RI)	A_US_TER
224	TEXAS INSTS.	U:TXN(RI)	A_US_TXN
225	THERMO ELECTRON	U:TMO(RI)	A_US_TMO
226	TIFFANY & CO	U:TIF(RI)	A_US_TIF
227	**U.S. RESTAURANT PROPERTIES, INC.**	U:USV(RI)	I_US_USV
228	UNILEVER N Y SHS.	U:UN(RI)	A_US_UN
229	UNION PACIFIC	U:UNP(RI)	A_US_UNP
230	UNISYS	U:UIS(RI)	A_US_UIS
231	**UNITED DOMINION REALTY TRUST, INC.**	U:UDR(RI)	I_US_UDR
232	**UNITED MOBILE HOMES, INC.**	U:UMH(RI)	I_US_UMH
233	UNOCAL	U:UCL(RI)	A_US_UCL
234	UNUMPROVIDENT	U:UNM(RI)	A_US_UNM
235	**URSTADT BIDDLE PROPERTIES INC.**	923462(RI)	I_US_923462
236	**VENTAS, INC.**	U:VTR(RI)	I_US_VTR
237	VERIZON COMMS.	U:VZ(RI)	A_US_VZ
238	**VORNADO REALTY TRUST**	U:VNO(RI)	I_US_VNO
239	WACHOVIA	U:WB(RI)	A_US_WB
240	WAL MART STORES	U:WMT(RI)	A_US_WMT
241	**WASHINGTON REAL ESTATE INVESTMENT TRUST**	U:WRE(RI)	I_US_WRE
242	WASTE MAN.	U:WMI(RI)	A_US_WMI
243	WELLS FARGO & CO	U:WFC(RI)	A_US_WFC
244	WEYERHAEUSER	U:WY(RI)	A_US_WY
245	WINN-DIXIE STRS.	U:WIN(RI)	A_US_WIN
246	WRIGLEY WILLIAM	U:WWY(RI)	A_US_WWY
247	WYETH	U:WYE(RI)	A_US_WYE
248	XEROX	U:XRX(RI)	A_US_XRX
249	ZIONS BANCORP.	@ZION(RI)	A_US_@ZION

Anhang 2: Verwendete Aktien / REITs für die USA

Verwendete Bezeichnung	Datastream Kürzel	Quelle
BD Industrieproduktion sa	BDOPR035G	OECD
BD Industrieproduktion nsa	BDOPR035H	OECD
EC Industrieproduktion sa	ECOPR035G	OECD
FR Industrieproduktion sa	FROPR035G	OECD
FR Industrieproduktion nsa	FROPR035H	OECD
NL Industrieproduktion sa	NLOPR035G	OECD
NL Industrieproduktion nsa	NLOPR035H	OECD
UK Industrieproduktion sa	UKOPR035G	OECD
UK Industrieproduktion nsa	UKOPR035H	OECD
US Industrieproduktion sa	USOPR035G	OECD
US Industrieproduktion nsa	USOPR035H	OECD
BD allg. Wirtschaftsindikator	BDOCLDNG	OECD
EU allg. Wirtschaftsindikator	EUOCLDNG	OECD
FR allg. Wirtschaftsindikator	FROCLDNG	OECD
NL allg. Wirtschaftsindikator	NLOCLDNG	OECD
UK allg. Wirtschaftsindikator	UKOCLDNG	OECD
US allg. Wirtschaftsindikator	USOCLDNG	OECD
EC Einzelhandelsumsatz sa	ECXDD015G	OECD
FR Einzelhandelsumsatz sa	FRXDD015G	OECD
NL Einzelhandelsumsatz sa	NLODD007G	OECD
NL Einzelhandelsumsatz nsa	NLODD007H	OECD
UK Einzelhandelsumsatz sa	UKODD007G	OECD
UK Einzelhandelsumsatz nsa	UKODD007H	OECD
BD Arbeitslosenrate sa	BDOCSUN%E	OECD
EC Arbeitslosenrate sa	ECOCSUN%E	OECD
FR Arbeitslosenrate sa	FROCSUN%E	OECD
NL Arbeitslosenrate sa	NLOCUNS%E	OECD
UK Arbeitslosenrate sa	UKOCSUN%E	OECD
US Arbeitslosenrate sa	USOCSUN%E	OECD
BD 3-Monatszins	BDEURO3.	FT Interest Rates
FR 3-Monatszins	FREURO3.	FT Interest Rates
NL 3-Monatszins	NLEURO3.	FT Interest Rates
UK 3-Monatszins	UKEURO3.	FT Interest Rates
US 3-Monatszins	USEURO3.	FT Interest Rates
BD realisierte Inflation (CPI) nsa	BDI64...F	IMF
EU realisierte Inflation (CPI) nsa	EUI64...F	IMF
FR realisierte Inflation (CPI) nsa	FRI64...F	IMF
NL realisierte Inflation (CPI) nsa	NLI64...F	IMF
UK realisierte Inflation (CPI) nsa	UKI64...F	IMF
US realisierte Inflation (CPI) nsa	USI64...F	IMF
BD langfristige Staatsanleihen	BDI61...	IMF
FR langfristige Staatsanleihen	FRI61...	IMF
NL langfristige Staatsanleihen	NLI61...	IMF
UK langfristige Staatsanleihen	UKI61...	IMF
US langfristige Staatsanleihen	USI61...	IMF
BD realisierte Inflation (PPI)	BDI63...F	IMF
NL realisierte Inflation (PPI)	NLI63...F	IMF
UK realisierte Inflation (PPI)	UKI63...F	IMF
US realisierte Inflation (PPI)	USI63...F	IMF
BD Vertrauensindikator für die Bauwirtschaft sa	BDEUSBCIQ	EC
EC Vertrauensindikator für die Bauwirtschaft sa	ECEUSBCIQ	EC
FR Vertrauensindikator für die Bauwirtschaft sa	FREUSBCIQ	EC
NL Vertrauensindikator für die Bauwirtschaft sa	NLEUSBCIQ	EC
UK Vertrauensindikator für die Bauwirtschaft sa	UKEUSBCIQ	EC

sa: seasonally adjusted
nsa: not seasonally adjusted

Anhang 3: Bezeichnung, Datastream-Kürzel und Quelle der verwendeten makroökonomischen Reihen

FSC
www.fsc.org
MIX
Papier | Fördert
gute Waldnutzung
FSC® C083411

Kolibri 360 GmbH
Ferdinand-Jühlke-Straße 7
99095 Erfurt, Deutschland
produktsicherheit@kolibri360.de

Druck:
CPI Druckdienstleistungen GmbH
im Auftrag der
Kolibri 360 GmbH
Ferdinand-Jühlke-Str. 7
99095 Erfurt